蔣中正日記

Chiang Kai-shek Diaries, 1959

◆ 民國四十八年 ◆

民國歷史文化學社

國史館
Academia Historica

感謝

蔣經國國際學術交流基金會
世界大同文創股份有限公司

贊助出版

編輯凡例

一、本書為蔣中正民國四十八年 (1959) 日記,係根據日記原件打字排版。

二、本書卷首列有總序,旨在說明蔣日記之整體歷史意義與價值。

三、本書各年各冊均精選國史館授權使用照片若干幀,與日記內容呼應,不無左圖右史之義。後附索引,意在讀者易於檢索、利用。

四、日記內容本分「雪恥」、「注意」、「預定」等欄目者,本書均依照原有欄目處理。日記原件每月起始有「本月大事預定表」;每週附有「上星期反省錄」、「本星期預定工作課目」;每月月底附「上月反省錄」,全年日記之末並以「雜錄」、「姓名錄」殿之。本書悉依原有形式出版。

五、同日日記遇有草稿、抄稿、秘書抄稿並存時,則以最完整稿置前,其餘附後。

六、日記內文提及之相關人物與重要事件,編輯整理時酌加頁註。相關人物第一次出現時,當頁註釋其全名及當年或前後之職銜,以利查考。外國人名第一次出現時,當頁註釋其拉丁化全名,以資識別。

七、本書用字尊重現今常用字,俗字、簡字、古字等異體字改為正體字。惟遇通同正體字時,為因應讀者閱讀習慣及通俗用法,採用現今通用正體字,如「并」改為「並」,「証」改為「證」,「甯」改為「寧」等。

八、日記用詞保留當時用法,不以錯字視之。若與現今用詞有差異處,遵照蔣中正個人習慣用法,如:舊歷、古鄉、托管、烏乎、處治、火食、琉璜;及部分地名如:大坂、蔣林、角畈山。

九、日記中遇明顯錯別字詞，在該字後以〔　〕符號將正確字詞標出。遇明顯漏字，則以〔＿〕符號將闕漏字詞補入。無法判明者，則加註「原文如此」。本書收錄日記中所附帶之信函、手令、批示等稿件，非蔣原筆跡手稿者，以楷體字體表示。

十、日記中遇損壞、破損而無法辨識字跡者，以■表示。

十一、日記中提及人名偶有筆誤，以錯字訂正形式處理；外國人名譯音有前後不一致情況時，但見索引，不另做處理。書中出現編目「一、一、一、一、」者，為遵照原稿設計，不予修改。

十二、標點符號除原稿上所加之問號、驚嘆號、引號等外，僅以「，」「、」「。」「：」標之。

十三、本書涉及人物、事件複雜，議題涵蓋廣泛，編者思慮難免不周，如有錯誤疏漏，尚請讀者不吝指正，以便日後修整。

序　一

　　蔣中正，學界通稱為蔣介石，是國家級和世界級的領袖人物，早為史家研究的對象。日本學界有蔣介石研究會，臺灣中央研究院近代史研究所有蔣介石研究群，浙江大學有蔣介石研究中心，而學者個人研究蔣介石者，如楊天石、山田辰雄、黃自進等皆為名家。近年臺海兩岸各大學和研究機構，以蔣介石為主題所開的研討會，如「蔣介石與抗日戰爭」、「蔣介石與抗戰時期的中國」、「蔣介石與世界」、「日記中的蔣介石」、「蔣中正日記與民國史研究」等，亦結集了許多研究蔣介石的成果。

　　史學界之所以熱衷於蔣介石研究，除蔣之歷史地位重要外，蔣介石日記開放給史學界使用亦為重要因素。蔣日記初由自己保管，1975 年蔣介石死後由其子蔣經國保管，1988 年蔣經國死後由其子蔣孝勇保管，蔣孝勇死後由其妻蔣方智怡保管。蔣介石原望其日記存於臺灣，於其逝世五十一年後（2026）開放，後因蔣孝勇夫婦移居加拿大，日記乃被帶到該處。2005 年蔣方智怡將日記移存美國史丹佛大學胡佛研究所，並授權該所保管，2006 年起分批開放蔣日記給學者作為研究之用。蔣介石日記開放給學者作為研究之用後，各國學者紛紛前往史丹佛大學閱讀，學者並開始以蔣日記為主要資料寫論文或專書，使蔣介石的研究成果更為深入與豐富。

　　蔣介石日記，從 1917 年起記到 1972 年 7 月止，凡五十五年，四百五十萬字。其中 1924 年日記失落，1917 年的日記為回憶幼時至 1917 年之重要記事，僅約萬餘字。這五十五年，蔣追隨孫中山，並以繼承孫中山的革命志業自居，日記中所記，為民國史留下重要史料。日記史料往往反映一

個人的性格，蔣為軍人出身，做了國家領袖以後，對友邦，只望協助，不喜干涉；對部屬，只望服從，不喜爭權奪利。譬如抗戰勝利後，國家進入憲政時期，蔣的權力受約束，不能全力應付危局，乃制定動員戡亂時期臨時條款，使權力超出憲法以外；又如 1949 年 1 月，國民黨對共產黨有主戰主和之分，蔣主戰，副總統李宗仁主和，蔣辭職下野，另成立總裁辦公室，以黨領政領軍。及李宗仁避往美國，蔣復行視事，始得統一國家事權。

　　由蔣之日記，可略窺蔣之終生志業。但將蔣日記作為史料，像許多其他日記一樣，有不易了解處。譬如記朋友不稱名而稱號，記親戚和家人不稱名而稱親屬的稱謂或暱稱；對不便明說的事吞吞吐吐，語焉不詳；記事突兀，背景不明。在這種情形下，如能對日記作箋注，即可增加對日記內容的了解，由國史館授權，民國歷史文化學社所出版的《蔣中正日記》，即為箋注本，當能應合讀者需要。是為序。

中央研究院院士　張玉法

於翠湖畔寓所

2023 年 5 月 20 日

序　二

一部罕見的國家領導人日記

2006 年，「蔣中正日記」的開放，是民國史研究重要的里程碑；2023 年，《蔣中正日記》的正式出版，更是推展民國史研究令人矚目的一頁。

和蔣中正同時的美國總統羅斯福（Franklin D. Roosevelt,1882-1945）、英國首相邱吉爾（Winston Churchill,1874-1965）、蘇聯共黨中央總書記史大林（Joseph Stalin,1878-1953）、德國納粹頭子希特勒（Adolf Hitler,1889-1945），都稱得上是當年掀動國際風雲的「大人物」。羅斯福不寫日記，史大林沒有日記，邱吉爾的《第二次世界大戰回憶錄》，於 1953 年得過諾貝爾文學獎，具有的是文學創作之美的價值，畢竟不屬於歷史，也不是日記；1983 年號稱「新發現」的六十卷「希特勒日記」，轟動一時，僅僅十天之後，即被證明是舊貨商牟利的贗品。蔣中正（介石，1887-1975）應該是同一時代世界重量級人物中，唯一真正留有五十五年個人日記的領導人。

蔣日記不是中國傳統史官代撰的起居注，也非皇朝實錄，這部當代政治領袖用毛筆楷書親自書寫超過半世紀的日記，記錄一位曾是滬濱浪蕩子走向全國性政治人物的發跡過程，又提供一個「大」又「弱」的古老國家政治領導者，如何想方設法謀求一統天下，並期盼與國際接軌的一段艱難歷程的重要見證，是十分罕見的歷史素材。

有些審慎的歷史學者提醒道：「日記」作為史料，要分辨「真實的蔣」（person），與蔣「要我們知道的蔣」（persona），日記中能讀出真實的蔣，才是本事。蔣中正的日記複印本開放已逾十年以上，閱者、使用過的學者上千，沒有人懷疑它的真實性，沒有人說它是為別人寫的。作為民國歷史研究的第一手資料，作為民國史最珍貴史料，蔣中正日記的重要不可忽視，相當值得出版。

日記的本質與運用

日記本屬個人生活方式的記錄，是「我之歷史」，但不能沒有社會性——涉及他人、他事的記載，日記歷史文獻價值因此存在。故就歷史研究言之，史家早就視日記為史料之一種重要形式。清季以降，士紳大夫、知識分子寫日記者頗不乏人，日記創作風氣鼎盛。日記固屬私人，但頗多日記出諸官紳，所記內容，自不僅止於私密之內心世界，實多有涉軍國大事要聞者，於是日記又成為認識公眾歷史的重要憑藉。日記既有公、私之記載，也因此能打破正史之文獻表述與壟斷。所以「日記學」在近代史學研究中，不能不為史學界所看重。文化史家柳詒徵謂：「國史有日歷，私家有日記，一也。日歷詳一國之事，舉其大而略其細；日記則洪纖畢包，無定格，而一身一家一地一國之真史具焉，讀之視日歷有味，且有補於史學。」正因日記內容「洪纖畢包」，材料廣泛，如記載時間拉長，固為多元歷史留下大量線索，提供歷史研究絕佳素材，同時是執筆者記錄當下作為自行修身、事後檢討反思的依據，此即宋明理學家「自勘」、「回勘」的工夫，曾國藩的日記、蔣中正寫日記，多寓此意。蔣中正記日記，在生前即囑秘書作分類工夫，「九記」、「五記」及「事略稿本」均有自省及建立形象作用。以日記為主體，衍生出不同類型的版本，內容不免有取捨不同，品人論事可能輕重不一，而這正是「日記學」有趣的課題。多年以來，靠蔣日記撰寫出來的傳記，不在少數，論者已多，不待贅述。

1961 年 12 月，中央研究院院長胡適談到「近史所為什麼不研究民國史」，表示「民國以來的主要兩個人，一位是孫中山先生，他的史料都在

國史館裡；還有一位是蔣介石先生，他的史料誰能看得到？」這樣的情況，
終於在 1980 年代以後出現了變化。1987 年 7 月 15 日，蔣經國總統宣告臺
灣「解嚴」。對中國近代史的研究而言，實亦一嶄新局面的出現。新時期
尤其受歷史學者歡迎的是，史政機構史料的空前開放。1990 年國民黨黨史
會率先把重要史料一口氣開放到 1980 年代；國史館於 1995 年奉命接管近
三十萬件的《蔣中正總統文物》（即「大溪檔案」），兩年後全部正式開
放，對民國史學者而言，好比是近代史學界的一顆震撼彈。可以說，胡適
眼中視若「禁區」的蔣中正時代史料，在蔣逝世三十年後，基本上已全數
向學界開放了。這批史料的的確確是研治國民政府軍事史、政治史的稀世
之寶，如今能全部亮相，是十幾二十年前歷史學者不敢想像的事，而這些
正是能和「蔣中正日記」相互對應參證不可或缺的重要史料。

　　史家陳寅恪曾說：一個時代之學術，必有其新材料與新問題；取用新
材料以研究新問題，則為此時代學術之新潮流。1960 年代兩岸對峙局面
初成，修纂民國史之議，浮上檯面，民國史料的整理、開放，實極迫切。
1990 年代以降，在臺北的國史館對蔣中正總統文物的整理、開放，甚至
是出版工作，無疑具相當關鍵作用。1975 年，蔣中正總統過世後，「蔣
中正日記」和後來的經國先生日記，從臺北移到加拿大，2004 年暫時落
腳美國史丹佛大學胡佛研究所檔案館（Hoover Institution Archives, Stanford
University），2023 年回歸臺北，這一段兩蔣日記「出走」「回來」的過
程和故事，已為眾人所熟知。2006 年，存放在胡佛研究所的「蔣中正日記」
決定率先向學界公開，這無疑的更進一步帶動了學界「蔣中正研究」與民
國史研究的熱潮與興趣。蔣日記又促成了民國研究熱，其內容包含日記所
涉新資料的挖掘、運用，研究範圍與議題的提出、研究途徑與方法的更新，
以及如何重新看待「民國」等，這些討論與探索，使蔣中正研究、民國史
研究更為紮實，也綻放出新的面貌。

日記外型

　　蔣中正自始所使用之「日記本」是有固定格式，早期使用商務印書
館印製的「國民日記」，爾後自行印製固定格式，除每日記事外，每年有

該年大事表，每月有本月大事預定表、本月反省錄（後改為「上月反省錄」），每週有本週反省錄（後改為「上星期反省錄」）、下週預定表（後改為「本星期預定工作課目」）。蔣氏日記持續以毛筆書寫，除每日記事外，每週、每月、每年開始必定按照上述表、錄，檢討上週、上月之施政或個人行事，思考本週、本月、本年之預定工作，每年年終會對全年之政治、外交、黨務、軍事等工作進行分項檢討。1925 年 6 月沙基慘案之後，蔣痛恨英帝國主義者慘殺無辜中國軍民，日記稱英國為「陰番」以洩憤，並每日立下格言、標語誓滅「英夷」，時間長達一年又兩個半月。1928 年「五三慘案」發生後，有感於國難深重，自身責任重大，「國亡身辱」，集國恥、軍恥、民恥「三恥」於一身，於是年 5 月 10 日記道：「以後每日看書十頁，每日六時起床，紀念國恥。」此後，每天的日記前必記「雪恥」一項，以誌不忘國恥。抗戰勝利後，蔣氏 1945 年 9 月 2 日自記：「舊恥雖雪，而新恥又染，此恥又不知何日可以湔雪矣！勉乎哉！今後之雪恥，乃雪新恥也，特誌之。」1949 年來到臺灣，日記中雪恥一欄仍不間斷，因為「新恥」未止。

蔣中正日記的內涵

平心而言，從蔣的日記中的確可以看出作為一個從「平凡人」到「領導者」的心路歷程，無需刻意神聖化，也不必妖魔化。

許多人都知道蔣是用度非常節儉的一個人，他補破衣、不挑食，一口假牙，吃東西十分簡單。蔣不喝酒、不吸煙，只喝白開水，其實生活很是平淡。從他的日記中可以體會到，他是很容易結盟，又是容易結仇的人。結盟或許與上海的生活經驗有關，結仇就可能涉及他的個性。他的日記中看出他對人物批評十分苛刻，有軍人作風，黃埔軍校畢業生拿到校長所贈的寶劍上都刻有「不成功便成仁」的字眼，既現代又傳統。但因為他喜歡讀書，所以跟一般純粹的武人仍有不同，能趕上時代，展現一些文人氣息。他自承脾氣暴躁，對文官雷霆責罵，對武人甚至拳打腳踢，日記中常為自己的錯誤「記大過」，也常懺悔，雖然一直想克制自己，但是個性似乎不

易改變。1960 年 11 月，蔣對第九十九師師長鄧親民所製小冊內容不當，大動肝火，聲嘶力竭叱責，以致喉裂聲啞，半年之久，元氣才告恢復。蔣勤於任事，甚至過火，越級指揮壞了戰局，修整文稿苦了文字秘書。大小事情都會過問，碰到交通阻梗，親出指揮，看到街道周邊髒亂，就會破口大罵指斥官員。這些個性的表現，在日記中都可覆按。這正是親近幕僚楊永泰所講的，他「事事躬行」，常致「輕重不均、顧此失彼」。盟兄黃郛則批評他有「毅力」而欠「恢弘」之氣象，均屬中肯之語。

一般人展讀別人日記，除了「偷窺」心理外，多半對主人公不免有先入為主的印象。蔣中正從一介平民到作為一個國家領導人，他奮鬥的歷程，後人難免加油添醋、說三道四。如果平實的對蔣中正日記進行觀察，會覺得他是一個民族主義者，是孫中山的信徒，是一位虔誠的基督徒，他不喜歡英國，嫉俄、日如仇讎；日記中顯示他知道自己學養不足，常師法先賢、勤讀宋明理學。1930 年代當了中央領袖，還特別禮邀學者進行「講課」，甚至不斷向「敵人」學習，有他堅持與成功的一面。但長時期以來，尤其是部分西方媒體和他的政敵，一直視他扮演的是一個「失敗者」的角色，因此多從負面來理解。

蔣中正當過軍校校長、軍隊總司令、軍事委員會委員長、黨的總裁、國家主席、總統，一生的作為不能樣樣令人滿意，當然有多方面的因素，例如說在大時代裡頭要重建一個近代國家的制度與規模，當時確實缺少一個可以運作的規則；在兵馬倥傯中還要對付內外的腐敗與變亂，何況想迅速建立「近代國家」本來就是一種苛求，幾近不可能的任務。外交是內政的延長，蔣大半輩子與美國人打交道，他的「美國經驗」，酸甜苦辣備嘗，因國力弱，政治不上軌道，一路走來需要美利堅的扶持，根本上又難符美國「要一個強大而親美的中國」的期盼。在 1930 年代之後，美國由扶蔣、輕蔣、辱蔣，甚至倒蔣的戲碼，輪番上演，是有原因的。蔣一生對日本、美國愛恨交加，日記中透露了諸多內心穩忍的秘辛與苦楚。其次，蔣當時確實不夠重視黨組織，大部分的心力不是放在軍事，就是放在對付敵人。從某個角度看，1920 年代孫中山依違於英美政黨政治與列寧式政黨之間，

所幸蔣沒進一步學取極端嚴格的動員性政黨組織模式，保有了憲政理想。
但底層力量的薄弱，派系對權力的競逐，則加深他的黨組危機。1940 年
11 月，在日記中他自承「一生之苦厄，全在於黨務也」。從另一角度看，
孫中山西方民主政治的理想，他遵循，也心嚮往之，但最終做到的只是徒
有其名而無其實。另外，他在群雄中要衝出頭是有很多困難的，他的輩分
比較低，多半的成功是靠謀略與機運。1920 年代的北伐及其後，急功近利，
對各地軍閥採取收編、妥協政策，結果形成一個諸多山頭的統一，他似乎
只成無奈的「盟主」。同時當他有權力之後又甚為自負，不太接受挑戰，
一方面是尊嚴的問題，一方面是權力意識，一方面是支撐他地位的架構，
一方面是財政來源的困難，最後可能涉及到家族的網絡問題。他身處在農
業社會傳統未褪盡，資本主義浪潮下「現代國家」制度尚待建立的威權時
代，他的作為與形象很難符合後人的要求與期待，他做事的動機和過程，
大多可以在他的日記中捕捉、體會。

蔣中正日記的重要性已如上述，讀者讀過之後更大的感受：這是一套
有血、有肉、有靈魂的資料。1920 年代之後，日記中許多蔣、宋、孔有關
國家大事、家中生活細節的諸多紀錄，正顯現他們平實居家生活的寫照。
他除了讀書外，喜歡旅遊，對奉化「古鄉」，頗有依戀之情。平日生活不
失赤子之心，1933 年 10 月 4 日，中央忙於應付日本侵略，又忙於對付中
共問題時，他「與妻觀月，獨唱岳飛滿江紅詞」，這與蔣平日予人嚴肅刻
板印象，頗有落差。可見這日記提供的不只是歷史的發展線索，更重要的
是人性的揭露。歷史的研究本來就應該以人性作基礎，作有「人味」的研
究，這套日記正好提供了一份珍貴的原料。

蔣中正日記的公開，迄今已十數年，對海峽兩岸、英日美近代史學
界，究竟造成多大的影響？「蔣中正日記」自 2006 年開放以來，引來各
地史學家競相閱覽、關注與利用，是不爭的事實。除海峽兩岸學者有大
量論著，忙著開會、籌組成立研究中心、讀書會之外，西方學界也開過幾
次以蔣日記為主體的學術會議。不同國家的學者如陶涵（Jay Taylor）、米
德（Rana Mitter）、方德萬（Hans van de Ven）、戴安娜‧拉里（Diana

Lary）、潘佐夫（Alexander V. Pantsov）等，近年均從不同角度切入，注意到日記的利用，其重要研究成果，有目共睹。即以潘佐夫的《蔣介石：失敗的勝利者》一書言，大量利用蔣的日記，又用俄羅斯的俄文檔案比證，娓娓道來，讓人覺得他真是講故事的高手。齊錫生的中文近著《分崩離析的陣營：抗戰中的國民政府，1937-1945》，其取蔣日記加之中西方檔案作精準比較，史事正負面並陳，同時賦予客觀詮釋，令人耳目一新。這說明研究者、讀者對日記有重大依賴，均能從中直接得到啓發，也就是說，對民國史研究，「蔣日記」之為用，是有相當積極而重要意義。

根據手稿本出版

蔣中正之日記，特別值得一談的是蔣記日記的時間長達半個世紀以上（共五十五年六十六冊），絕對難得。現存的日記，1915 年只有山東討袁一星期的記事，其他都在 1918 年冬永泰之役中喪失。1916 到 1917 年的日記也可能因為 1918 年在廣東戰役中遺失。1924 年正當孫中山致力改善中蘇關係、積極推動國共合作之際，蔣這一年日記則遍尋不著，誠為全套日記出版的最大遺憾。對 1918 年以前的行事，蔣曾經幾度補述，有一部份詳細敘述了他幼年的回憶，附在日記手稿之前；有一部分放在 1929 年 7 月的雜記及 1931 年 2 月的回憶中，嚴格說來不算是日記。1918 年以後雖有部分潮濕霉爛、水漬污染（尤其 1935-1936 年），所幸修補之後，大體完整。

從外型上看，蔣中正日記分為四種形態：蔣中正日記原本、蔣中正日記手抄本、蔣中正日記複印本及蔣中正日記微卷；放在胡佛研究所的蔣中正日記複印本是提供學者閱讀者。事實上，日記的版本應該只有一種，即是目前暫存美國史丹佛大學胡佛研究所之日記原本的「手稿本」，其他所有與日記相關的「版本」，都是由「手稿本」發展出來的。這套《蔣中正日記》是依據原件一個字一個字「刻」（Key）出來的，絕對真實，可靠性無庸置疑。附加的註腳，力求周延，同時方便讀者的索解。

這是學術界、出版界的盛事

　　日記不可能是個人全部生活的百科書全書，不能求全。日記記載的主觀性與選擇性也顯然的，故而日記史料的利用，更需要其他材料的對應和比較，是而斷章取義、各取所需、過度詮釋，都非所宜。歷史家有好的材料，更應具有好的歷史研究素養和技藝，這是學者可以同意的共識。

　　過去幾年，能親自參閱蔣中正日記者，畢竟有限，於是許多抄錄者形成的《蔣中正日記》地下版充斥，揭密居奇者正不在少，故而學界及社會各界要求正式出版蔣日記的呼聲極高。最近，日記出版的時機已告成熟，我們的出版立場是學術的、嚴謹的，我們的要求是明確的，這一定會是學界、社會各界期望的出版方向！

　　我們感謝蔣家家人的同意、國史館陳儀深館長的出版授權、蔣經國國際學術交流基金會錢復董事長、朱雲漢前執行長及今執行長陳純一先生對本案的贊助、世界大同文創公司的支持，使日記順利出版。當然，史學界的朋友，我們曾為蔣中正的善政、失政與作為爭得面紅耳赤，也曾為日記中一個字、詞的辨識吵得翻天覆地，我們的真情是為學術，最大「野心」是努力以嚴謹、負責態度維護出版品水平。這一方面，我們學社同仁自董事長至編輯同仁的付出與辛勞，全在不言中。

　　我們自信這會是一套擁有「精準」、「正確」特質，具權威性版本的《蔣中正日記》。相信這絕對是民國史、近代中國出版史的一椿盛事。

民國歷史文化學社社長　呂芳上

2023 年 8 月 10 日

序 三

　　蔣中正，字介石，浙江奉化人。早年在中國率軍東征、北伐、領導對日八年抗戰，到戰後由訓政走向憲政，於 1948 年當選行憲後第一任總統。1949 年中央政府遷臺後，蔣氏於 1950 年宣布復職為總統並得到美國的支持，迄 1975 年過世為止，是近半個世紀以來統治臺灣最久的領導人，對近代東亞歷史的發展影響深遠；而蔣中正在臺灣，人們對他的評價卻褒貶不一，可說是毀譽參半。

　　中日戰爭的勝利是蔣中正政治生涯的最高峰，獲譽為世界四強的「偉大領袖」，但短短不到四年時間，就從高峰跌到谷底，變成中共口中的「人民公敵」。另一方面，在威權統治時期的臺灣，他被黨國體制宣傳為「民族的救星」、「世界的偉人」，迄 1987 年解嚴之後，臺灣社會與學界才逐漸擺脫言論自由、思想自由的限制，重新審視蔣中正的歷史定位。直至今日，不論是海峽對岸，或是臺灣社會內部的不同群體，都對蔣中正的功過得失，存在著相當對立與矛盾的詮釋，離所謂的「蓋棺論定」，可能還有一段遙遠的距離。

　　關於蔣中正的學術研究，其契機始於 1995 年總統府分批將「大溪檔案」（即「蔣中正總統檔案」）從陽明山中興賓館移轉至國史館庋藏。該批檔案，是蔣中正統軍領政期間之親筆手稿、文件、電令、諭告，也有經過幕僚統整之檔案彙編、事略稿本，並有蔣氏之相關文物照片等，時間涵蓋 1924 年至 1975 年，為研究蔣中正生平及國民政府、國共內戰、1949 年至 1975 年間中華民國在臺灣之歷史的珍貴重要史料。經過本館初步編目

整理，兩年後即全部正式對外公開，是當年學術界的一大盛事。其後，本館更在「蔣中正總統檔案」的開放基礎上，為開拓研究視野並嘉惠學界，從中披沙揀金，先後出版《蔣中正總統事略稿本》82 冊、《蔣中正總統五記》、《蔣中正先生年譜長編》12 冊，後續並將觸角拓展至戰後臺灣史，先後出版《中華民國政府遷臺初期重要史料彙編－中美協防、臺海危機》5 冊及《二二八事件檔案彙編（17）－大溪檔案》等，這些都是完整取材自「蔣中正總統檔案」的原始文獻，從以上出版主題的多元性來看，不難一窺近 30 萬件的「蔣中正總統檔案」，絕對是中華民國史研究者必須參考的材料。

1988 年蔣經國總統逝世後，蔣家家人將兩蔣日記攜至海外，最終寄存於美國史丹佛大學胡佛研究所檔案館。2006 年史丹佛大學胡佛研究所檔案館正式對外開放《蔣中正日記》的閱覽服務，以致以《蔣中正日記》為文本的歷史書寫，方興未艾。本人為了研究二二八事件、1949 大變局、兩次臺海危機以及 1971 年失去聯合國席位的經過等大問題，亦屢次飛去史丹佛大學抄錄蔣日記。隨著日記內容的不斷披露，海峽兩岸與國際漢學界都有研究蔣中正的學界團體與國際會議，出版的研究論著更是隨著時間累積而呈倍數成長。然而受限於時間與成本，絡繹不絕前去史丹佛大學抄錄的學者，往往只能選擇自己最需要參考的部分，而難窺其全貌，這也使得至今《蔣中正日記》雖有多種版本在坊間流傳，但終究都不是正確而完整的內容。

《蔣中正日記》起自 1917 年，迄至 1972 年 7 月止，除了 1924 年份佚失外，大致完整地保存了蔣中正一生橫跨 55 年的日記，其內容不僅是私人之內心世界，更多涉及軍國大事要聞者，對於歷史研究之重要意義，實不言可喻。本館掌理纂修國史及總統副總統文物之典藏管理及研究，長期致力爭取兩蔣日記返國典藏，歷經 10 年纏訟，終於在 2023 年臺灣及美國法院都將兩蔣父子「任職總統期間的」文物所有權判給國史館；加上從 2014 年呂芳上前館長開始、歷經吳密察前館長以及本人任內的溝通努力，陸續得到蔣家後人的捐贈，今日國史館遂擁有這批兩蔣文物的完整所有

權。有鑑於社會各界對於開放日記之殷切期盼，本館立即著手規畫《蔣中正日記》的出版工作，惟考量日記內容卷帙浩繁，決定先從蔣中正就任中華民國行憲後第一任總統任期（1948-1954）的日記開始出版，後續再根據任期及年度依序出版。

這次《蔣中正日記》之所以能夠快速而順利出版，要感謝呂芳上前館長所主持的民國歷史文化學社，因學社內的編輯同仁早已著手校正日記內容的正確性，也為日記中提到的人物及事件作註解，使得日記的深度、廣度大為提升。相信藉由《蔣中正日記》的出版，必定有助於呈現一個有血有肉、在感情上常常天人交戰、在理性上屢屢自我挑戰、在政治上功過參半的政治人物，也就是更真實的蔣中正。

國史館館長　陳儀深

2023 年 8 月 31 日

蔣中正日記
Chiang Kai-shek Diaries

圖像集珍

日記原件。1959 年 1 月 1 日。

「上午入府約會中日策進會石坂泰三等，約一小時會，續核前稿，正午宴中日策進會全體委員。」（1月15日）

「十時海軍官校舉行（上年期生）畢業典禮與點名。」（1月23日）

「登太武山新舊觀察所與雷達站，展望廈門雲頂岩及連河，凝神注視而不忍捨也。」（1月24日）

「帶武、勇二孫往遊鵝鑾鼻，先至墾丁植物試種所，視察招待所地址，甚不合宜。十三時半到燈塔午膳。」（2月1日）

「正午得報砂島捕鯨已獲得兩尾，因武、勇二孫雀躍不勝，乃於午餐後即帶二孫乘車直達砂島，其鯨尚整條在場上，另一尾尚在灘頭水中。」（2月4日）

「十三時帶武、勇登德安砲艦往遊小琉球。自十三時半啟椗，十六時方達小琉球目的地，先到警察局，乃驅車至大福小學校巡視後，至東端海口子瞭望鵝鑾鼻，未見即折回。至烏鬼洞，並無風景可觀。」（2月5日）

「朝餐聽報畢，步往沙灘散步，武、勇二孫隨來，直至北邊礁石林立之處為止。」（2月8日）

「晚宴教廷雅靜安主教。」（3月2日）

「正午與約但王在大溪便餐，聽取其阿拉伯各國軍情報告，約王以最小國力抵抗四周環繞之強敵，而能屹立不搖，甚望其能興邦也。」（3 月 12 日）

「往祭趙家驤、吉星文、章傑三烈士，並與其各家屬照相後回。」（3 月 28 日）

「入府接見日本大使呈遞國書。」（4 月 14 日）

「自五時起舉行外交團春節茶會。」（4月15日）

「本（廿一）日巡視銅門與龍澗二
電廠後，特感復國後建國事業之光
明偉大，及其前途之無量也。」
（4月21日）

「十時到金門，即與劉壽如及經兒
等渡至小金門，視察二四榴砲兵陣
地及觀察所，瞭望大二膽、虎仔嶼
各島，歷歷如在掌上。」（5月10日）

「召見雷虎小組在美表演成功，加以獎勉。」（5月25日）

「正午到溪內瀑布『觀瀑亭』略憩後，前往瀑布頂上之溪中，閑看武、勇二孫游泳，乘橡皮小艇划槳，上爭逆流與遊玩為快。」（6月10日）

「乘車至新竹清華原子爐研究所參觀，尚無設備，該爐廠房高八十尺，亦未建築完成，惟我國原子專家孫君等已開始工作矣。」
（6月14日）

「至陸軍育幼院視察，甚嘉。」（6月16日）

「至陸軍育幼院視察，甚嘉。」（6月16日）

「見加拿大廣播公司杜時美，訪問錄音後回。」（8 月 5 日）

「與周主席巡視彰化與大肚橋水災區，在彰化縣署巡視，並對陸軍工兵隊修路官兵獎勉。」（9 月 1 日）

「晡與妻車遊山下一匝，並在後公園為日記者要求攝影。」（9月3日）

「昨（廿九）日朝課後聽報，入府，召見西藏反共軍副司令嘉瑪等七人。」（9月30日）

「十一時見美國防部長麥艾樂，約談一小時，以臺灣正式軍事行動定守諾言，決配合美國政策而行，但大陸反共革命半軍事計畫應以我為主體，美國應尊重中國意旨纏行，彼甚以為然。」（10月1日）

「朝課後八時往龍潭，十時對陸軍總校閱後訓話畢，召見美顧問魯倫、傑克生等，報告其對第一軍團之工作與觀感畢。」（10月3日）

「午課後四時入府,在陽臺上接受廿一萬群眾歡呼,形勢燦爛,人潮澎湃,為十年來希有之氣象,更感欣慰,可說四十八年以來未有如今日雙十節之盛大與熱烈也。」(10 月 10 日)

「朝課後先與經兒登駐室山巔之擎天峰,此峰名為劉壽如司令所新定者,巔上風大,沙飛石走,步履維艱,在巔上眺望大陸敵陣,自煙燉山經廈門澳頭至圍頭,歷歷如在掌上。」(10 月 25 日)

「上午入府,接受哥斯達利加大使與教廷公使到任國書。」(10 月 29 日)

「上午辭修、岳軍與各總司令等以及經、緯各家皆來拜壽，惟令孝武、孝勇讀書莫來，准其明日星期來此野餐也。」（10月31日）

「十一時武、勇二孫來，帶有重要情報資料，詳閱為慰。中午乃帶其到石門水庫視察工程後，即在該地野餐，親自炒蛋飯餉之，其祖母亦認為最佳之味也。」（11月1日）

「晚與妻參觀商品展覽會，頗為難得。」（11月11日）

「晡與妻遊湖，雲霞絢爛頓呈壯觀，殊不易見之景色。」
（12月9日）

「晚課後宴雷德福，授其勳章。十時禮拜，聖誕夜十一時半寢。」（12 月 24 日）

目錄

目錄

民國四十八年大事表 [1]

熱情、篤愛、奮發、堅定、澈底、決心,為民族精神教育之要目。

功成在子何殊我,祇惜無人快着鞭。陸放翁 [2] 詩。

得魚同一喜,何必手持竿。

匪軍之主要弱點與恐懼心理是什麼?

生活的目的在增進
人類全體之生活
生命的意義在創造
宇宙繼起之生命
　　　　　　蔣中正

一月二十晨。

急迫浮露。寬厚深沉。樂道。積極備戰。創造時勢。警覺防奸。

寓理帥氣。忍辱負重。逆來順受。不爭不求。不惱(妄)不怒。難得糊塗,學成渾厚。不愧不怍。不憂不懼。

反共革命需要暴力與流血。

1　「蔣中正日記」在一月份起頭之前「大事表」內,先附載不同時間之簡記,出版時即依日記原標排印。

2　陸游(1125-1210),字務觀,號放翁,南宋詩人、詞人。自言「六十年間萬首詩」,後人每以其為南宋詩人之冠。

一、引發導線日期，預定九月廿五日為準。一月十九日。

二、軍事反攻，以解放黑暗奴役的地獄中無數同胞為目標。如對輾轉於痛苦車輪下悲啼呻吟的手足，而不能攘臂救援，則人生還有意義？政府存在又有何意義？故恢復國土不是今日之主要目標，而乃以拯救同胞為我第一要務矣。

三、明（四十九）年秋季就是美總統大選年，實為決定世界將來安危與共黨存亡之年，而我國大選亦在同年之春季，當有重大關係，注重勿忽。

四、解救自己同胞的奴役與危亡，掌握自己國家的命運與自由，而再不能坐待宰割與滅亡。

一、毛匪倒塌[1] 為俄共壓迫，絕無疑問。

二、人民公社由毛匪自動發動，乃為俄共所不容。

三、近年俄援無論機械、武器皆消極延誤，工業失敗，所以發動人民公社以求自主獨立的表現。

四、毛匪倒臺後，將為人民公社之改制或延期進行，以緩和人民之反抗與怨恨？

五、共產制度決無退職或下野之可能，只有清算與處死之結果，故毛匪退職無異宣告其死刑。（一月中旬）

六、最後結論：毛匪之發動人民公社主要原因，實由其鑒於匈牙利反共革命以後，而大陸知識分子又發動反共運動之普遍表現，乃其恐民眾終將有匈民反共革命之到來所致也。

1　毛澤東，字潤之，湖南湘潭人。1945 年任中國共產黨中央委員會主席。1949 年 10 月，中華人民共和國成立，當選為中央人民政府主席。1954 年 9 月，《中華人民共和國憲法》通過後，獲選為國家主席。「毛匪倒塌」一語，實指 1958 年 12 月 10 日，中共八屆六中全會根據毛的意願，作出〈同意毛澤東同志提出的關於他不作下屆中華人民共和國主席候選人的建議的決定〉。本年 4 月 27 日，劉少奇在第二屆全國人民代表大會第一次會議上當選國家主席。

一、空降部隊以組訓當地人員，分發至重要都市偽裝滲入、散布謠言，與積極宣傳、響應暴動為主要工作之一。

二、匪幹脫離匪黨必須正式聲明，並加入反共同心會宣誓。

三、反共同心會誓詞應速擬訂（簡要），並與連保、連坐及約言禁條同時宣布。

四、陳綏民[1]，湘龍山，中央六組專委（軍校十六期）。

五、一月二十一日記事（一）（二）（三）項之行動，同月十七日之（一）項須加研究。又二月一日、三日、四日之記事及第一周工作表繼續研究。五之二、空軍地圖與經緯度數目代名詞之通信訓練。五之三、土法製造彈藥之研究。

六、武漢計畫預期效果：甲、第一波實施後之一個月內，地方民兵投誠歸編。乙、匪軍部隊由各別小部隊歸誠，乃至團級以上部隊之倒戈響應，紛紛起義。丙、民眾四處暴動，奪取匪槍，佔據公社，殺害匪幹。丁、民眾沿途襲擊匪行軍部隊。戊、民眾襲擊匪司令部，破壞其黨政、交通、通信與經濟金融機構。

七、歐洲國民戰爭與革命戰爭史。

八、每一革命官兵皆應熟習組織技術、統御要旨、考察方法及警覺習性，須與情報判斷及決心行動並重也。

八[2]、防止假降，拒絕和談。投降條件必先要其公開通電「反共倒毛」。

九、（防止假降）。

十、通電稿（以起義匪幹名義）。

十一、宜賓、敘永、酉秀地型〔形〕圖。

十二、中途空降之準備。

1　陳綏民，號大勛，湖南龍山人。曾任中國國民黨中央委員會第六組匪情研究委員，時任第六組專門委員。

2　原文如此。

一、二中全會與軍事年會定三、四月召開。

一、中央秘書長人選：袁[1]、唐[2]、倪（文亞）[3]、郭（澄）[4]。

一、武漢計畫之督導與實施，為本年度中心業務。

一、發展大陸之情報與黨務，推動反共革命大運動。

一、整汰軍總額至六十四萬名。

一、督導步兵十六個師、裝甲二個師、陸戰隊一個師之戰備與運輸計畫。

一、國防研究院與三軍聯合大學之成立。

一、整建海軍，使之整個統一不分派系。

一、財經政策之建立。

一、小型船艇與潛艇定製計畫。

1　袁守謙，字企止，湖南長沙人。1952 年 10 月起獲選為中國國民黨第七屆至十二屆中央常務委員。1954 年 6 月至 1960 年 7 月任行政院政務委員兼交通部部長。1962 年任交通銀行董事長。

2　唐縱，字乃建，湖南酃縣人。1952 年 10 月，任中國國民黨中央委員會第一組主任。1957 年 1 月，調任臺灣省政府委員兼秘書長，1959 年 5 月，出任中國國民黨中央委員會秘書長。

3　倪文亞，浙江樂清人。1948 年 5 月當選第一屆立法委員，1950 年至 1952 年任中國國民黨臺灣省黨部主任委員。1957 年 10 月獲選為中國國民黨第八屆中央委員。1961 年 2 月當選立法院副院長。

4　郭澄，字鏡秋，1952 年 10 月任中國國民黨中央委員會副秘書長，1953 年 5 月任中央委員會第五組主任，1954 年 1 月任臺灣省黨部主任委員，1959 年 5 月調任臺灣省政府秘書長。

一、本年應看書目：

甲、（傳記）：畢士麥[1]、林肯[2]、華盛頓[3]、拿破崙[4]、菲德列[5]、左宗棠[6]、李鴻章[7]。

乙、（歷史）：美國、英國、俄國、日本、唐史、清史。

丙、（兵學）：馬漢[8]戰略論、約米尼[9]戰爭藝術、俄軍陸軍之腦[10]、福煦[11]戰爭論、李德哈達[12]戰爭論、兵學七書、讀史兵略。

1　俾斯麥（Otto von Bismarck, 1815-1898），又譯俾士麥、畢士麥，普魯士人，1867 年至 1871 年出任北日耳曼邦聯首相，1871 年德意志帝國成立後成為德意志帝國首相，後世史學家稱作「鐵血宰相」。

2　林肯（Abraham Lincoln, 1809-1865），第十六任美國總統，1861 年 3 月就任，直至 1865 年 4 月遇刺身亡。領導美國經歷南北戰爭，維護聯邦完整，廢除奴隸制，增強聯邦政府權力，並推動經濟現代化。

3　華盛頓（George Washington, 1732-1799），1775 年至 1783 年美國獨立戰爭時殖民地軍總司令，1789 年成為美國第一任總統。

4　拿破崙（Napoléon Bonaparte, 1769-1821），法國陸軍將領，法國大革命時崛起，1804 年至 1815 年為法蘭西皇帝。

5　腓特烈二世（Friedrich II, 1712-1786），又譯菲烈德、菲德列，1740 年任普魯士國王兼布蘭登堡選帝侯，被後世稱為腓特烈大王。

6　左宗棠（1812-1885），字季高，湖南湘陰人。清朝大臣，著名湘軍將領。親歷討伐太平軍、洋務運動、陝甘回變、新疆之役等事件。官至東閣大學士、軍機大臣。

7　李鴻章（1823-1901），字少荃，號儀叟，謚文忠，晚清重臣，官北洋通商大臣、直隸總督。歷經討伐太平軍、平定捻軍、洋務運動、中法戰爭、甲午戰爭、義和團運動，淮軍的創建者和領導者，並為清朝建立西海軍北洋水師。

8　馬漢（Alfred T. Mahan, 1840-1914），美國軍事家，提出海權論，1911 年發表《海軍戰略論》。

9　約米尼（Antoine H. Jomini, 1779-1869），瑞士軍事家，著有《戰爭藝術》（*The Art of War*）等書。

10　「俄軍陸軍之腦」，蘇聯前總參謀長夏波希尼可夫（Boris Mikhailovich Shaposhnikov）原著（英文音譯 *Mozg Armii*，英文意譯 *The Brain of the Army*）。該書陳述國家提早動員的重要性，拒絕戰爭偉人史觀，強調集體工作的價值，主張作戰參謀本部為軍隊之腦、非直接武力作戰部（即政治工作）為國家之腦。1960 年，經朱士熊逐譯為《軍隊之腦》，由國防部（臺北）出版。

11　福煦（Ferdinand Foch, 1851-1929），法國陸軍將領，第一次世界大戰後期任協約國聯軍總司令。

12　李德哈特（B. H. Liddell Hart），又譯李德達、李德哈達，英國軍事史家，著有《第一次世界大戰戰史》、《第二次世界大戰戰史》等書。

對去年（四十七年）反省要則：

一、孔子「七十而從心所欲，不踰矩」。吾今亦七十，自反其多有未盡
　　能，但亦時有所能，而並不為之強勉，此或近年來修養之一進步乎？

本年度外人對共匪的看法（布瑞格茲[1]）：

一、毛匪能保持其最高權力？

二、共匪推行公社制度至此程度，而致民眾怨憤爆發，成為革命？

三、共匪又將製造一項糾紛，或又挑起一次臺海危機，以轉移民眾對內的
　　怨憤？

四、俄共集團及其他亞洲國家，對共匪公社化運動反應如何？

五、共匪工業化與農業生產的目標速度，果能如他所吹噓的一樣邁進？

六、匪公社制如果成功，不僅中、俄共形勢改變，而且共產統制世界亦將不
　　成問題。

今後反攻復國方策之考案（一）。四月間。

本年主要課題：

甲、自動反攻，對美政策之考慮。

乙、美絕無事前默認我反攻之希望。

丙、如必須仰賴美國政策之轉變，則復國絕望。

丁、如我自動反攻，美政府與國會必然起而反對，惟其反對程度大有差別，
　　即其全國國民與國會當亦大有差異，不得不作詳密研究。

戊、美國政府與國會以及國際之一般觀念，皆視我為無力之附庸，彼要如何
　　就將如何。若我不能自動興起，決無法改變我國家與政府之地位。

己、今日形勢在主觀方面，已臨到自動反攻打破環境之階段。當開始時，在

1　布瑞格茲（Ellis O. Briggs），美國外交官，曾任駐烏拉圭大使、駐捷克大使、駐韓國
　　大使、駐祕魯大使，1956 年 7 月至 1959 年 5 月任駐巴西大使，1959 年 7 月至 1962 年
　　2 月任駐希臘大使。

美、英必將群起反對與吵鬧侮辱，但亦有不少有識與尚義之人民，予我以贊助或觀望，此時只有決心冒險，以孤注一擲之精神趨之。須知革命事業只有冒險，決不可以國際環境，尤其不能以外國政策為轉移，何況此時已到此可以冒險之程度乎。

庚、只要自我有相當力量與準備，一經發動之後，大陸人民果能群起響應，則美國朝野自不能不改變其對我之觀念與方針，因為我臺灣地位之得失，究與其美國利害關係太切，決不能如往昔之遺棄不顧耳。

辛、本年中心工作：

一、武漢計畫（導發大陸反共大革命運動之籌備實施）。

二、光華（凱旋）計畫（三棲反攻與登陸軍之準備）。以上為三月以前所記。

今後反攻復國之方策（二）。四月廿四日上午記於日月潭。

一、自西藏反共革命發生與美國務卿易人以後，對於軍事與政治反攻之計畫應重加考慮，以哈達 [1] 必始終反對我自動用正式軍事登陸作戰也。故必至大陸抗暴運動普遍發動，共匪根本動搖時機十分成熟，方能有成。

甲、以武漢計畫空投遊〔游〕擊為中心工作。

乙、以間接路線為主要方針。

丙、以神經戰、遊〔游〕擊戰號召民眾，引發大陸普遍反共暴動，促使共匪崩潰。

丁、以空間換時間，拖延時間牽制匪軍力量，使之到處分散，以便進行策反工作。

戊、今日形勢對時間已屬我有利，無論政治、經濟、軍事、國際諸方面，其時間愈久，共匪喪心病狂、倒行逆施日甚一日，弱點益多，困艱愈增，故我今後祇要能自立不搖與自強不息，雖不能坐待共匪

1　赫塔（Christian A. Herter），又譯哈達、哈脫、赫特、哈太，美國政治家，共和黨人。1953 年 1 月至 1957 年 1 月任麻薩諸塞州州長，1957 年 2 月至 1959 年 4 月任國務次卿。

自行崩潰，而其崩潰程度必將與日俱增，愈久愈速，乃可斷言。

己、武漢計畫第一期應定為三年有成，三年之後如其公社制度果成，則革命危矣。

國際對共匪的心理：

一、伍爾說俄與匪的關係對國家關係而言，一部份俄人對於中共力量急速增長與激進主義私下感到不安，但對其黨的關係而言，北平已作一次退卻，而莫斯科也付出了重大經援的代價，重建了政治與思想上領導地位。

二、卡爾[1]說（加州大學校長）中共已獲有令人不能置信的經濟進展，如果其保持這種步調十年－二十年的話，那末遠東的重大危機可以預期到來。以上二月十日錄。

三、公社制動員六億人民，對遠東及世界之未來安全受到嚴重威脅。

今後反攻復國之方策（三）。五月十三日。

庚、武漢計畫與登陸計畫前後聯合相應，與單獨長期空降作戰是否有效，應重加考慮。

辛、傘具未充足以前不宜發動武漢計畫，如單獨行動更應先足傘具，不斷空投與普遍空投或能生效。

二、重整黨務為今日主要工作之一。五月卅日。

三、正規登陸戰未準備完成以前應減少損耗，須厚蓄戰力避免逐漸（消耗）戰爭為要旨，故對金馬沿海十二浬走廊一帶，避免空戰為第一，非獲得二倍以上之優勢兵力與確實掌握主動時，亦不予敵空軍作無把握之戰爭為第二要旨。

1　克爾（Clark Kerr），又譯卡爾，美國經濟學家。1952 年至 1957 年任加州大學柏克萊分校第一任校長，1958 年至 1967 年任加州大學第十二任校長。

已抄

軍事年會訓示：

一、高級將領對低層單位與基本細務視察與督導欠缺，對於堅實程度甚少認識。

二、官兵外出對於抬頭、齊步、挺胸，特別是戴帽不着頂之習性切改。

三、原則性訓示應特別注意與應用：甲、三角形戰鬥群。乙、新、速、實、簡等。

四、剿匪戰法：應加甲、保防（安全）。乙、偽裝。丙、滲透。丁、潛伏（隱蔽）。戊、民眾運動與控制社會監視行動，其他即搜索、警戒、掩護、聯絡、偵察、觀測六項。

五、軍官團教育與精神規約具體條目。

統一用兵思想：

一、三角形攻擊戰鬥群之戰法（一角拘束，二角包圍）。

二、以寡擊眾之要領：甲、造成局部絕對優勢作為。乙、造成敵人之錯誤思想與判斷（分散其兵力）。丙、（造成）轉變敵我優劣（倒轉）之形勢。丁、非造成絕對優勢，絕不作決戰之行動。

三、三分敵前七分敵後，一至三分成為拘束力，九至七分成為打擊力，不作平行陣地戰。

四、戰爭面的戰法，三分軍事七分政治。

五、前進後退道路上，預防敵軍節節伏擊，避戰與分路退卻的戰法。

六、機動戰法、奇襲戰法、伏擊戰法、增援戰法、圍點打援戰法之反覆演練。

七、正規戰與游擊戰之分別與並用。

八、集中與分散戰法之演練與防敵。

九、戰爭之蓋然性與偶然性及突發戰。

十、情報、偵探、用間、反間戰之演練。

十一、搜索、偵察、潛伏、滲透、審俘、假供、防俘等行動之訓練與演習，偽裝、化裝、諜報。

今後反攻復國方策之考案（四）。五月卅一日。

一、引發大陸人民反共抗暴之普遍革命運動。

二、促成與國（韓、越、泰、菲與美）對我復國之信念及其協助之熱忱，與共同行動，或贊成我正規軍登陸反攻戰爭。

三、以引發大陸抗暴革命運動為主。

四、以促成與國協同行動為從。

五、以單獨登陸反攻戰爭為戒，至少必須在大陸抗暴普及於華南地區後，再作獨立作戰行動。即以大陸反共抗暴運動為主，登陸反攻作戰為從。

六、美、俄雙方備戰（現狀）形勢，大戰必將爆發（三－五年）。

七、共匪罪行倒行逆施之程度，大陸必易發起革命（二－三年）。

八、以引發大陸革命為主。

九、以配合世界大戰為從。

十、（九月二十日續）甲、應以武漢計畫空投傘兵與大陸游擊部隊配合行動，發展普遍反共抗暴運動為主。乙、煽動匪的民兵與正規軍之官兵（即策反）為主要目標。丙、促成彭德懷[1]與林彪[2]新舊兩派軍隊之分裂為主要手段。丁、造成大陸上全面混亂紛崩現象，必須獲得此第一步驟，而後纔用國軍正式開始反攻，否則（戊）基地國軍必須在原地養精蓄銳、厚積實力，決不輕舉妄動為國家根本之圖，務立於不敗之地，如此更須忍辱負重、沉機策變，再作五年、十年長期之計耳。

---

1 彭德懷，號石穿，湖南湘潭人。1950 年任中國人民志願軍司令員兼政治委員，領導抗美援朝。1954 年任國務院副總理兼第一任國防部部長、中共中央軍事委員會副主席。

2 林彪，原名育蓉，字陽春，湖北黃岡人。中華人民共和國成立後，先後任國務院副總理、中國共產黨中央委員會副主席、國防部部長、中共中央軍委第一副主席等職務。

一月

蔣中正日記
Chiang Kai-shek Diaries

民國四十八年一月

本月大事預定表

一月一日：今日第一思潮，大陸人民慘景至此，如我不能自動興起、解救同胞，而惟以國際形勢與美國政策相依從，則今日政府之存在究有何意義，而且建立此一力量究更有何作用，尚得靦顏自解乎。

今後無論內外情勢對我如何阻遏，必須依照自我腹案，如期實施，至於成敗利鈍，一聽於天，但求心之所安而已。

二月十日：吾心信其可行，則移山填海之難，終有成功之日。吾心信其不可行，則反掌折枝之易，亦無收效之期也。心之為用大矣哉。（總理[1]學說自序）

五月廿八日：臺灣在亞洲防衛體系上之戰略地位的價值，及其非共政治的重要性。

一月一日（元旦）　星期四　氣候：光明　晡陰

雪恥：拿翁語錄：「使我失敗者，是我自己而不是他人。我一生最大之敵人是我自己。」此言實得我心，誠為千古偉人皆應引為圭臬之格言也，戒之勉之。

1　孫中山（1866-1925），名文，字逸仙，化名中山樵，廣東香山人。曾任中華民國臨時大總統，中國國民黨總理。

六時二十分起床，朝課畢，武、勇二孫[1]先來拜年，在靜坐默禱時已聞其在室外嬉戲不息矣。審讀文告，增補三句「因為這兩個行動……亦無改變的」，更覺充實無缺矣。十時中山堂團拜，十一時國軍戰鬥英雄等團拜，正午聚餐，對各英雄點名獎勉。午課後帶兩孫遊覽庭院，臨時決上角畈復興鄉休養，不感寂寞也。晚課後膳畢，散步，禱祝感謝上帝後沐浴，九時就寢。

元旦第一思潮另錄於本月預定表中。

一月二日　星期五　氣候：晴

雪恥：本晨初醒，頓覺共匪福州鐵路已經通車，今年馬祖危機與防務比金門為重大，應特別注意與準備，不可稍事疏忽，戒之。

六時半起床，昨夜睡眠甚佳，乃是沐浴後就寢之故。朝課後審核荒漠甘泉重訂本三篇，聽報，武孫射鳥回來，散步，指示植梅為樂，記事。午課後寫妻[2]信，晚課後觀影劇「怒海焚舟[3]」，晚膳，散步，入浴，就寢。

1　蔣孝武，字愛理，為蔣經國和蔣方良次子，生於重慶；蔣孝勇，為蔣經國和蔣方良三子，生於上海。兩人皆於 1949 年隨家庭來臺。

2　宋美齡，原籍廣東文昌，生於上海。蔣中正夫人。1950 年 1 月，自美國返臺，支持「反共復國」，並創辦中華婦女反共聯合會、華興育幼院等。1953 年 10 月，受任為中國國民黨中央婦女工作會指導長。

3　怒海焚舟（*Twilight for the Gods*），劇情電影，演述一艘雙桅木船從檀香山航向墨西哥的海上冒險、浪漫故事。導演：Joseph Pevney，主演：洛・赫遜（Rock Hudson）、雪特・卻麗絲（Cyd Charisse）。出品：美國環球公司（Universal），1958 年。

一月三日　星期六　氣候：上晴　下霧

雪恥：近日對於投機政客、無恥學者的心術與言行常懷憤怒。此種學者自名為無黨無派者，而實則只有自私自利、釣名沽譽，不僅是害國害民，可說是比忘恩負義、不知廉恥敗類為甚。惟吾因之悲憤殊不值得，只要置之不理、聽其自壞，就可減少無上煩擾，致力於當前反攻復國之要務，以保養身心也。

朝課後聽報，上午氣候甚佳，暖日和風正如春光迎面，無限自得。朝膳後帶武孫巡視鄉村全境，鄉公所、憲兵營以及公廁、小巷皆遍視一匝，看出很多毛病了，約二小時後回，記事。午課後清理積案甚多，補記上月反省錄未完，未刻後全村雲霧籠罩，注雨不止。晚觀影劇，感想甚切，且多悔恨不及之念。晚課。

上星期反省錄

一、本年重要課題：甲、自動反攻，對美政策之考慮。乙、美國絕無事前默認之希望。丙、如必仰視美國之態度，則復國無望。丁、如我自動反攻，美政府與議會必然起而反對，惟其反對程度如何，而其政府與反對黨之程度差別又如何，不得不作詳密研究。戊、美國朝野與國際現皆視我政府為無能無力之附庸，彼要如何就如何之觀念，如我不能自動興起，決無法改變我政府之地位也。

一月四日　星期日　氣候：陰雨

雪恥：一、俄共二日發射月球火箭，如獲成功，其對於美國之影響以及對我反攻復國之前途如何，是否又多發生一種新的阻礙因素，因其更怕俄共引起大戰也。

朝課後聞子安[1]今日突來臺北，究為何故。上午散步後回，記事，記上月反省錄未完。午課後續記上月反省錄，晡經兒[2]由臺北來報告自立晚報將被反動派所收買事[3]，並稱共匪在去年編製小說「金陵春夢」[4]，將我家世顛倒毀滅之奸計，是其不僅要毀滅我父子本身而已。

一月五日　星期一　氣候：晴　溫度：四十五　地點：角畈

雪恥：一、對美觀念與政策應重加研究：甲、卅五、六年我以為美國對我東北最後必將協助我確保不失，此完全為美國政略計、為一般戰略計皆必然之常識，尤其「馬下兒[5]」為一統帥，更必負責實行此政策，不料其始終置之不顧，聽其為俄佔據，由此更可斷言其美國人只知目前現實，而決不為其將來

1　宋子安，原籍廣東文昌，生於上海。宋嘉樹、倪桂珍之子。兄子文、子良，姊靄齡、慶齡、美齡。曾任中國國貨公司董事、廣州銀行董事會主席、西南運輸公司總經理等職，1948 年經香港轉美國舊金山定居。與妻子胡其瑛育有伯熊、仲虎二子。

2　蔣經國，字建豐，浙江奉化人。蔣中正長子。時任中國青年反共救國團主任、國防會議副秘書長、行政院國軍退除役官兵就業輔導委員會主任委員、行政院政務委員。

3　實指李玉階、吳三連接觸情事。1951 年 9 月《自立晚報》復刊後，以李玉階為發行人兼社長，惟仍難改善該報財務窘境。李多年借貸之餘，動念開放股份，勤與臺南紡織董事長、臺灣省議員吳三連接觸，引為主要合作對象。根據《雷震日記》記述，1958 年 11 月，吳三連已表示願意出資一百萬元，但要求以成舍我任社長。至本年 1 月 2 日，李玉階、吳三連對報社資產淨值的估算頗有落差，合作暫陷僵局。此時，執政當局對於吳三連等無黨籍勢力或將擴充言論陣地的最新動態表示疑慮，開始委請中國國民黨籍的省議員許金德以個人身分與李商洽，積極尋求入股，不免又形成三方角力的局面。爭執多時後，各方終於達成妥協。本年 8 月 23 日，自立晚報社舉行增資股東大會，產生新董事會，推李玉階、許金德、吳三連為常務董事，並互推李玉階為董事長，吳三連任發行人，聘葉明勳為社長。

4　實指該書的最新出版動態。《金陵春夢》係兩百三十萬字的章回體歷史小說，共八集三百二十回，以蔣中正身世、崛起到遷臺之間的生涯起伏為編作主軸。作者唐人，本名嚴慶澍，時供職於香港《新晚報》。1952 年起，該作在《新晚報》副刊連載，中經結集付梓，至 1958 年完整出版。

5　馬歇爾（George C. Marshall, 1880-1959），日記中有時記為馬下兒，美國陸軍將領，曾任陸軍參謀長、駐華特使、國務卿、美國紅十字會主席、國防部部長，1953 年底獲得諾貝爾和平獎，本年 10 月逝世。

遠見利害如何也。所以今日再與美國談未來政策與行動計畫則絕不可能，惟有獨立自主，造成事實，使之追隨之一道而已。

朝課後記事，記本周與上月反省錄完。午膳後帶武孫回蔣林，午課，批閱，清理積案。晡約子安來談半小時辭去，晚與經兒車遊市區，談大陸人民公社實際情況，有益。晚課後，九時半就寢。

昨（四）日晚膳後，經兒回去，余續觀電影畢，晚課，十時前寢。

一月六日　星期二　氣候：陰

雪恥：續昨。乙、昨記美國只知目前現實，而不可與謀將來利害，是對其自動協助我或默認我反攻絕無可能。須知美國立國精神雖為自由與博愛、民主，但其新民族性實已演成為多變多疑與不定無恆。換言之，就是今日所謂彈性紳〔伸〕縮性之美名，其實成為不可靠、不可信，萬不可向之存有依賴之心，「馬下兒」性格頑固自私、自大、自是、執一不化、衝動偏激、至死不悟之惡劣成性，可說是其代表也。但其冷酷與拙蠢之特性，而與其美國民族性之熱情與尚義完全不同，乃不可一概而論也。

昨夜睡眠七小時半，甚佳。七時起床，朝課。上午入府召見五員，批閱公文，約子安午膳。午課後記事，召見三員。晡帶武孫車遊淡水道上，膳後散步，晚課，夜失眠。

一月七日　星期三　氣候：晴

雪恥：續昨。丙、前、昨二日所記美國外交無遠見與不可靠二點，乃可決定我反攻計畫再不能奢望其終將援助（仗義）之妄念，即使有之，亦是有始無終、虎頭蛇尾之所為，若無自立自強之決心，總將為其所遺棄。故我軍

今後無論空降遊〔游〕擊或乘機反攻，勢必為其激烈阻礙，並停止其接濟之壓迫行動。吾人必須將此等不測險惡之遭遇，澈底研究明白與準備周到，非有六成以上之把握，不能開始實施也。

昨夜睡眠最是不佳，恍惚昏迷不知所止，但今晨精神並未減損。朝課後記事，上午主持中央常會，決定在菲過期遊僑二千七百人的交涉解決方針。午課後批閱，帶武孫自後公園步行山徑至頂北投，約半小時，以鍛鍊體力醫治失眠症也。晚觀影劇，散步，晚課。

一月八日　星期四　氣候：陰晴

雪恥：續昨。丁、我軍在臺之所以未能決然反攻大陸者：一、為沉機觀變，待時而動。二、延長時間使美覺悟，期其默認不致交惡。三、實力不足，無力實施主動反攻也。四、共匪內部與大陸民心尚無重大矛盾與變化之發現也。今日形勢其（一）（二）兩項已認為絕無可能，而（三）（四）兩項則比前進步，若我再在此靜待世變或再求充實武力，無異俯仰由人、束手待亡，再事延長只有坐亡，決無他望，而且我之責任乃為復國救民，而非為個人權位，更非窮兵黷〔黷〕武，即使冒險失敗，於心無虧，只要目的正大、行動光明，既有相當把握，則不立即興起，尚復何待。美之阻礙與壓力，如能減少更好，否則只有不計成敗，盡我職責，毅然自主反攻而已。

一月九日　星期五　氣候：陰

雪恥：昨（八）日朝課後記事，上午入府會客，召見調職四員後，批閱公文。午課前後修正「教戰要則」草案，甚費心力，以此案為建軍基本工作，不能不詳加研求完善也。晡車遊後續修前稿未完。晚觀影劇後晚課，入浴。

本（九）日朝課後記事，九時約子安來談。上午入府會客後，主持軍事會談，財經狀況並不如美使[1]所慮之甚，而且比較穩妥也。惟金鈔黑市激漲至金鈔為一與四八之比也。午課後續修「教戰要則」稿二小時以上，未完。晡車遊時仍深思修考之重點所在也。晚帶經兒、武孫散步半小時回，晚課後入浴，安眠。

續昨。（戊）一、再事延期尚有可待否，美俄戰爭是否能在三年內發生。二、共匪內部團結堅強與大陸同胞不致反共迎我乎。三、我軍戰力能再加強乎。四、共匪弱點更可暴露乎。

一月十日　星期六　氣候：陰　溫度：五十六

雪恥：續昨。（己）一、勝利是屬於忍耐之最後者，現在尚有再事忍耐而獲得最後勝利之可能否。二、美國妨礙與反對之程度及其原因與總因何在。三、反攻開始後是否因其反對，而我即失敗乎。四、如我反攻順利，人民擁護我革命戰爭時，美國仍將妨礙我發展成功乎。五、美民主黨與其政府之政策完全相反時，於我利害究如何。

朝課後記事，上午入府，召見本黨優秀學者薩孟武[2]、林紀東[3]等十餘人畢，主持軍事會談，解決士官與老兵提高俸給問題，此乃軍事制度之基礎，實為建軍根本問題，相持數年，今得確定為慰。午課後續修前稿未完，越修越難矣。晚散步，車遊，晚課。

1　莊萊德（Everett Drumright），又譯莊乃德，1958 年 2 月 17 日受任美國駐華大使，3 月 3 日到任，3 月 8 日呈遞到任國書，1962 年 3 月 8 日離任。

2　薩孟武，名本炎，字孟武，以字行，福建福州人。曾任國民參政員、中央政治學校行政系、法政系主任。時任臺灣大學法學院院長。

3　林紀東，福建福州人，民國憲法學、行政法學家。1958 年獲總統提名，監察院同意，就任中華民國第二屆司法院大法官。

上星期反省錄

一、俄共發射月球火箭,在四日已越過月球,雖未能射中月球,但其已進入
　　太陽系運行,不能不說其科學程度在太空中已戰勝了美國,殊堪注意。

二、俄米高陽[1]四日在其月球火箭發射之翌日到美,殊堪玩味。

三、俄於十日致美、英、法照會,主張兩個月內召集國際會議(共匪在內),
　　商討對德和平條約。

四、法戴高樂[2]第五共和新政府成立(九日)。

五、古巴臨時政府吳路夏[3]總統就職,任命卡斯楚[4]為三軍總司令。

六、士官與老兵俸級提高後,軍士制度之基礎已經確立為慰。

七、對於反攻與共匪命運問題研究頗切,惟尚未能作結論耳。

一月十一日　星期日　氣候:陰

雪恥:續昨。(庚)一、美國民主黨對臺灣政策其果能放棄落在俄共掌中,
以撤退其遠東勢力乎。抑想交聯合國托管而消滅我中華民國政府,並能先解
除我武裝乎。或指使臺灣人民對我政府革命,而讓其自治成為獨立國乎。以
上問題即為美國政策癥結之所在,應特別研究而預備之。

本日七時前起床,朝課,上午續修教戰要則,禮拜。午課後記事,續修前稿。
晡帶兩孫車遊山上一匝回,觀影劇後晚膳,散步,晚課,入浴。

1　米高揚(Anastas Mikoyan),時任蘇聯部長會議第一副主席。

2　戴高樂(Charles de Gaulle),二次大戰自由法國領袖、臨時政府主席,曾任總理,第
　　五共和成立後續任總理,並於本年 1 月 8 日就任總統。

3　吳路夏(Manuel Urrutia Lleo),古巴政治家,1959 年 1 月 3 日至 7 月 17 日任古巴總統。

4　卡斯楚(Fidel Alejandro Castro Ruz),又譯卡斯托羅,古巴革命領袖,1959 年 1 月推
　　翻原政府。出任古巴總理,1962 年擔任古巴社會主義革命統一黨第一書記,實際掌權。

一月十二日　星期一　氣候：晴　寒

雪恥：續昨。（辛）一、民主黨其果能承認共匪，或准匪入聯合國，對我退出聯合國而不顧乎。二、美、俄究能妥協，以遺棄我中華民國與對其歐洲盟邦於不顧乎。

朝課後續修教戰要則，上午主持研究院研究周，對立、監兩院黨委宣誓致詞，召見陳之邁[1]大使。午課前後仍續修要則及記事，晡帶武、勇二孫車遊山上，散步。晚膳，散步，晚課，入浴。

一月十三日　星期二　氣候：晴

雪恥：一、中、俄共高級會議消息之偵察。二、反攻之口號為拯救大陸同胞脫離死亡與奴役，恢復其生活之自由與家庭之團圞康樂幸福。

朝課後續修教戰要則第三稿，上午入府會客，主持宣傳會談二小時之久，有益。午課後記事，續修前稿，巡視石牌榮民醫院，其規模之大與設備之新，殊為可觀。晚膳後散步，晚課，十時半就寢。

一月十四日　星期三　氣候：陰晴

雪恥：一、林肯解放美國黑奴不惜引起內戰，難道美國今日能阻止我拯救自己同胞脫離奴役與死亡，以恢復其自由生活的行動，而反對戰爭，此乃不重人道而只徒自私之政策，必為人類所不容，故今日反攻復國口號「拯救同胞、脫離奴役、免除死亡、恢復自由、申張人權」，而不必多言收土復國也。

1　陳之邁，筆名微塵，天津人，祖籍廣東番禺。1955 年 10 月出任駐菲律賓大使。1959 年 8 月出任駐澳大利亞大使，1961 年 8 月兼駐紐西蘭大使。

朝課後續修前稿，上午主持中央常會。午課後記事，續修前稿成為定稿後，在車遊途中發覺缺點，乃再作修正。晚膳後散步，晚課。本日晨起，右腿股神經刺痛甚激，但乍發乍止，午後電療後乃癒。

一月十五日　星期四　氣候：陰

雪恥：一、杜卿[1]謂共匪集體管制，強迫勞工墜入黑暗時代，墜入奴役深淵。
二、愛克[2]稱在幾年之中一定會在大陸上發生嚴重問題，造成一股波瀾。
三、日本預言家稱在本年三月－十月間蔣總統一定會回到大陸等語。這是十年來世人所絕未夢想的事，而今日竟出之於愛克之口，何耶。
朝課後仍重核教戰總則，加以修正。上午入府約會中日策進會石坂泰山〔三〕[3]等，約一小時會，續核前稿，正午宴中日策進會全體委員。午課後記事，續核前稿，作為第二次定稿。晚車遊山上回，晚課。

一月十六日　星期五　氣候：晴　溫度：五十

雪恥：一、華盛頓開國史與林肯解放黑奴戰爭發動前後之歷史約人講述。
二、本月廿三或廿五日巡視金、馬？三、教戰總則軍事科學一目中，其首句應改為軍事科學理論與戰爭藝術實施之效果「自有差異」為妥，其他似已

1　杜勒斯（John F. Dulles, 1888-1959），又譯陶勒斯、陶拉士、杜拉斯，美國政治家，曾短暫為參議員，1950 年至 1952 年為杜魯門總統外交顧問。1953 年 1 月至 1959 年 4 月任國務卿，本年 5 月逝世。
2　艾森豪（Dwight D. Eisenhower），又譯艾生豪、愛生豪、艾克、愛克，曾任盟軍歐洲戰區最高指揮官、駐德美軍佔領區司令官、美國陸軍參謀長、哥倫比亞大學校長、歐洲盟軍司令部司令，1953 年 1 月至 1961 年 1 月兩任美國總統。
3　石坂泰三，日本商業領袖，歷任第一生命保險公司社長、東京芝浦電器公司、阿拉伯石油公司董事長。時為中日合作策進會日方委員。

無缺點矣。

朝課後記事，上午入府會客，主持情報會談，介民[1] 對共匪研究較深也。午課後批閱，清理要案，核定國防研究院組織與教育方針，甚用心思。晡車遊後晚課，膳後散步，入浴。

一月十七日　星期六　氣候：晴　溫度：四十五　見白霜甚冷

雪恥：一、人民公社的民兵指揮機構與其行政機構之統屬與命令關係如何，應加研究。二、人民公社四月以後如果取消或改變緩和其程度時，對我反攻與特戰工作有否困難影響，抑或對我更為便利？

朝課後記事，上午入府，與唐縱談話，主持軍事會談，決定裁減全軍員額至六十四萬人案（本年度六月止）。午課後批閱公文，審核三軍晉升將官案未完。晡帶武孫遊覽後公園，因今日最寒，令其實習寒冷生活也。晚課後，觀影劇「呂四娘[2]」古劇後，入浴，十時寢。

上星期反省錄

一、近日對反動橫逆誣蔑不誠者，仍時動剛腸發怒，但尚能自制，且時以十年前忿怒敗事為戒，今日真欲雪恥復國，惟有忍辱負重，不怒不急為第一事。

1　鄭介民（1897-1959），原名庭炳，字耀全，廣東文昌人。1952 年 10 月，任中國國民黨中央委員會第二組主任。1954 年 8 月，任國家安全局局長。1959 年 12 月 11 日去世，追晉一級上將。
2　《呂四娘》，古裝武俠電影。導演：羅臻，主演：李麗華、嚴俊。出品：香港金龍影業公司，1958 年。

二、國際與美國（特別是愛克）對共匪人民公社發生後之觀感似已漸變，昔日以為共匪強固決難推倒者，今將以為非推倒不可矣。此則對於我反攻復國之形勢，亦漸有利矣。

三、本周考慮者，仍集中於俄共形勢與美國對我之趨勢重要問題。

四、本周工作：甲、教戰總則十二條已草成，自覺其與廿年前步兵操典綱領相較，其內容充實真不可同日而語，亦可測知學業之進步矣。

五、國防研究院組織與教育方針已修正。

六、晉升將級官者百餘人事已核定，惟對緯國[1]特予緩晉，乃於公私皆有益也。

本星期預定工作課目

1. 匪幹脫離匪黨必須正式聲明，並令加入反共同心會宣誓。
2. 巡視金門防務。
3. 海軍官校畢業典禮。
4. 海總、聯總人事之決定。
5. 國防與實踐學員之核定。
6. 軍師長人選之準備。
7. 應看書目之決定。
8. 畢士麥傳之閱讀。

---

1 蔣緯國，字建鎬，蔣中正次子。1958 年 3 月，任國防部第五廳廳長，8 月復任裝甲兵司令。1963 年 9 月，調任陸軍指揮參謀大學校長，兼陸軍總司令部裝甲兵室主任。

一月十八日　星期日　氣候：晴

雪恥：一、毛酋倒下後，匪黨組織之形勢及其後繼者究為何人，林伯渠[1]似有可能，此為其緩和內部之破裂也。二、如我在其未破裂以前反攻，將促其內部之團結乎，抑可促成其破裂乎。三、俄對中共政策，今後似將以其不能統治整個中國為有利，如我反攻不越過黃河，則俄不致正面干涉乎？

朝課後聽讀虎報評匪六中全會決議文，甚有所感，但其判斷並不深入。上午記事，禮拜。午課前後審核晉升將官名冊。晡見石坂泰山〔三〕後，車遊淡水道上，膳後散步，晚課。本日停止電療。

一月十九日　星期一　氣候：陰雨

雪恥：一、讀荒漠甘泉者應先解決一個問題，就是創造宇宙的是否有一位神在冥冥中為之主宰一切。如果沒有神為之主宰，則這樣茫茫無窮的宇宙如何乃能存在和進步，故必須承認是有主宰宇宙的神而且信仰之，則讀此乃始有益。至於宗教其他問題，或可暫時存疑，以待將來研究心得以後再求解決，未為晚也。

朝課後記事，十時主持研究院紀念周，對學員二百餘名點名。午課前後重習約米尼傳記，午課後記上周反省錄與本周課程表。晡車遊山上一匝回，入浴，晚課。經兒視察崎崍山回來，膳後帶武孫車遊回，禱告，九時半寢。

1　林伯渠（1886-1960），名祖涵，字遽園，號伯渠，以號行，湖南安福人。1954 年當選為第一屆全國人大常委會副委員長。1956 年，在中國共產黨第八次全國代表大會及八屆一中全會上再次當選為中央委員和政治局委員。1960 年 5 月 29 日，在北京病逝。

一月二十日　星期二　氣候：陰晴

雪恥：一、對「荒漠甘泉」序言，應引述解決共產主義思想……的根本問題所說：「我總以為人生在世，特別是在此反共抗俄與唯物主義戰爭間，無論你有否宗教信仰，亦無論你對於宗教的觀念如何，但是我們必須承認宇宙之中是有一位神，在冥冥中為之主宰的。……這就是我們天人合一的哲理，這哲理乃是我們中華民族歷五千年而不變的傳統精神。」

朝課後記事，上午入府會客後，主持宣傳指導會二小時半之久，對反動報刊應取之方針詳加指示。午課後研閱大軍統帥簡報完，有益。晡巡視南京東路，無進步。膳後散步，晚課。

一月二十一日　星期三　氣候：晴

雪恥：一、特種部隊作戰構想演習及其兵棋演習之重要。二、降落後借用共匪部隊機關名義番號與一切人力、物力及其原有方法，電報、電話、廣播呼號密碼與服裝等一切東西，來擾亂和打擊其黨政軍組織與（匪幹）主持人，以擴大聲勢與號召力量。三、準備撤退方向道路，必先節節布置伏兵，僑〔喬〕裝匪兵，加以堵擊。對於其匪增援來圍攻主力之方向道路，亦應事先測定與照樣節節布置為要。

朝課後聽讀匪全會對公社決議案全文，未完。上午主持中央常會，指示第一組報告結論，對革命黨員保守秘密之重要性特加警戒。午課後記事，審核人事，晚車遊，晚課。

今日已是南京宣布下野之第十周年紀念日。

一月二十二日　星期四　氣候：晴

雪恥：昨日為辭修[1]不誠之言行，頗為黨國憂慮，好用小智而不識大體，更不能察人善惡與好聽細言，此皆不能成大事之原因，望其能自反自改也。

本（廿二）日朝課後記事，聽讀共匪六中全會決議文未完。上午十時聽講核子武器戰術一小時半，對於師的作戰、攻防關係之處置部署頗為有益。批閱後回寓，整書，午膳後起飛，武孫陪行。岡山下機，直抵高雄澄清樓駐節。晡巡視大埤湖招待所，已落成矣。回散步後入浴，晚聽讀共匪決議文未完，晚課。

今日在飛行時午睡，下機後審閱「危急存亡之秋」稿，故忘了午課，此為數年來之首次也。

一月二十三日　星期五　氣候：晴　溫度：六十八

雪恥：近日消息：匪區大事挽留毛酋仍繼任其偽主席之群眾大會，可知該酋仍想戀棧不放也。而今日證之毛酋覆黑酋[2]之謝其生日賀電，以及「布達配斯」消息[3]，俄共對其附庸密件，指示不再提起毛酋在共黨內之名字，並認毛酋為最反動之共產黨員的報導，若此二則消息果確，則黑、毛鬥爭已起。如毛仍想掙扎不退，則其死日更速。但我甚望其硬幹不退，則於我反攻戰爭將更為有利矣。

朝課後審核荒漠甘泉新編緒言，略予修正。十時海軍官校舉行（上年期生）

1　陳誠，字辭修，號石叟，浙江青田人。1954 年 5 月，就任第二任副總統。1957 年 10 月，當選中國國民黨副總裁。1958 年 7 月，再度出任行政院院長。
2　赫魯雪夫（Nikita Khrushchev），日記中有時記為黑利雪夫、黑魯雪夫、俄黑、赫酋、赫魔，蘇聯政治家，共產黨中央委員會第一書記、部長會議主席。
3　《佩斯新聞》，匈牙利報社。

畢業典禮與點名，致詞，聚餐。午課後記事，召見叔銘[1]，告以海軍與聯勤二總司令調動之處理與部署，令其準備也。

一月二十四日　星期六　氣候：晴　溫度：七十二
地點：金門

雪恥：昨晡審核經兒所著「存亡危急之秋」[2]首篇後，甚感此書不宜在此時發表也。與武孫巡視左營車站及左營舊城址，進入北門，聞皆為海軍軍眷與嵊泗列島遷來之難民，所住污穢散亂不堪，甚感衛生警察與軍眷管理之重要也。晚聽讀共匪決議文完，對我認識共匪之知識有益，但這編人之決議全文決無效果，乃可斷言。晚課後，九時半就寢。

本（廿四）日五時半起床，早操、唱詩如常。六時出發，東方未白，車中靜默，朝課，七時前由岡山起飛。八時到金門，朝餐後聽取簡報與大、二擔防務工事，詳報乃安。召見師長以上官長與顧問後，祭公墓畢，登太武山新舊觀察所與雷達站，展望廈門雲頂岩及連河，凝神注視而不認〔忍〕捨也。十二時後回至駐所（南坑道口），聚餐、點名、訓話、照相，再同劉壽如[3]驅車巡視翠谷新坑道，及趙、吉[4]將領陣亡處與新築招待所而未成者，再至協調

1　王叔銘，本名勳，號叔銘，山東諸城人。1952 年 3 月升任空軍總司令部總司令。1957 年 7 月升任國防部參謀總長。1959 年 7 月，調任總統府戰略顧問委員會副主任委員。

2　原文如此。

3　劉安祺，字壽如，山東嶧縣人。1953 年 3 月，調任澎湖防衛司令部司令官。1955 年 7 月，調任陸軍預備部隊訓練司令。1958 年 11 月，調任金門防衛司令部司令官。

4　趙、吉即趙家驤、吉星文。趙家驤（1910-1958），字大偉，1951 年至 1955 年任陸軍總部參謀長。1955 年奉調第一軍團副司令兼參謀長，1957 年 7 月調任金門防衛司令部副司令官。1958 年 8 月 23 日，共軍無預警強力砲擊金門，中砲殉職，追晉二級上將。吉星文（1907-1958），字紹武，河南扶溝人。1949 年 9 月從福建撤至臺灣。先後出任第五十軍官戰鬥團團長、澎湖防衛部副司令長官。1957 年 1 月晉升陸軍中將，調任金門防衛部副司令長官。1958 年 8 月 23 日，共軍無預警強力砲擊金門，重傷不治殉職，追晉二級上將。

中心視察後，即到雀山重砲陣地二處視察，復至第五灘頭，視察水陸運車掩蔽部後，乃到尚義村附近視察士兵駐守，親進貌兒洞內，不能住宿而且出入亦難也，應即改正。三時半起飛，午課，五時回高雄，入浴。晚散步，發妻電，接大姊[1]電，晚課，九時後寢。

上星期反省錄

一、近日每自反省，時覺往昔為人輕侮與欺凌者，皆為自我無識無學，甚至自大自是，特別是自作聰明以致坐井觀天，而無怪於人也。及今速改，或尚未為晚乎。

二、往昔戰爭凡有小成者，皆為主義公理與戰略之勝利，而其所失敗者乃為戰術，特別是不講技術，所以致敗也。

三、往昔失敗最大原由，第一為不識人，第二為不知敵，第三為不知時，第四為不知己與不知部屬也。爾今爾後，勉旃戒旃。

四、俄共廿一次大會，毛匪竟不敢親自參加，而只派周匪[2]為代表，此一表現乃可證實毛酋與黑酋之衝突惡化，更至無法掩飾之程度矣。此乃決定毛匪命運之時在即矣，我願毛匪能梗〔硬〕幹不退耳。

五、米高揚此次訪美，雖在記者會中提及美軍退出臺灣之語，但其正式談話中並未提及中共與亞洲問題，應加研究勿忽。

---

1 宋靄齡，宋美齡長姐，孔祥熙夫人，1947 年移居美國。
2 周恩來，字翔宇，浙江紹興人。中華人民共和國成立後，任國務院總理兼外交部部長。

一月二十五日　星期日　氣候：晴　溫度：七十四

雪恥：一、黃煜軒[1]、韓斌[2]任師長。二、白鴻亮[3]考察金門防務及前馬祖考察意見之檢討。三、黃仁霖[4]、梁序昭[5]、馬紀壯[6]、黎玉璽[7]調職命令之日期決定。五[8]、國防大學、實踐學社、國防研究院學員人選之審定。六、各師長、軍長候選人之決定。

朝課後檢讀卅九年來受難節證道文五篇，甚覺得意。上午記事，記上周反省錄，在海灘觀網魚消遣，覆電。武、勇二孫未明出去射水鴨，正午方回，甚念也。午課後手寫劉壽如司令函千餘言，不覺疲乏，自覺難得。晡車遊，晚散步，晚課，九時半寢。

1　黃煜軒，號恩威，廣西蒼梧人。1957 年 9 月調任第九師師長，1958 年 8 月調任陸軍總司令部作戰研究督察委員會委員，1959 年 2 月調任第二十七師師長。

2　韓斌，號又斌，山東壽光人。1957 年 8 月，任第四十九師副師長，1960 年 1 月，升任第五十八師師長。

3　富田直亮，前日本第二十三軍參謀長，化名白鴻亮，1949 年 11 月 1 日，抵臺協助訓練國軍幹部，為實踐學社（白團）之總教官。

4　黃仁霖，江西安義人。1947 年起任聯合勤務總司令部副總司令，1954 年 7 月兼代總司令，1955 年 6 月真除。1958 年兼任東吳大學董事長。1959 年 2 月卸任軍職，改任招商局董事長。

5　梁序昭，福建閩侯人。1954 年 7 月，調任海軍總司令部總司令。1957 年 6 月，留任海軍總司令二年。1959 年 2 月，調任國防部副部長。1964 年 3 月，派任駐大韓民國大使。

6　馬紀壯，字伯謀，河北南宮人。1950 年任海軍參謀長、副總司令。1952 年 2 月起任海軍總司令，1954 年 7 月任國防部參謀次長。1955 年 8 月任國防部副部長，1959 年 2 月調任聯勤總司令。

7　黎玉璽，號薪傳，四川達縣人。1952 年 4 月，調任海軍總司令部副總司令兼海軍艦隊指揮部指揮官。1955 年 9 月免兼。1956 年 10 月，兼海軍六二特遣部隊指揮官。1959 年 2 月，升任海軍總司令部總司令。1965 年 6 月，升任參謀總長。

8　原文如此。

一月二十六日　星期一　氣候：晴　晨雷雨

雪恥：一、特隊降落區之正副目標，每區必須有一正二副的目標，作地形識別與沙盤演習。二、召見南部將領日期。三、巡視海軍射擊靶場。四、鵝鑾鼻觀鯨魚。

朝課前審閱四十五年受難節證道文。上午記事後，帶武、勇在海灘散步，觀網魚為樂。午課前後，審核實踐學社與國防大學學員人選，甚費心力，而對實踐學員特別慎選，未完。晡車遊左營，晚散步回，晚課。今接妻電。

一月二十七日　星期二　氣候：晴　溫度：七十八

雪恥：一、武漢計畫降落後動作：甲、黨部及其主委與書記與一切文件圖表之檢查。乙、電報、電話與廣播臺等機構之控制、監視及其人員之利用，並逮捕其匪幹。丙、民兵機構與指揮員與政委並借其名義發號施令。丁、審問其匪幹主管人員之實際工作計畫，及其地方黨政軍民一般情形，特別對於當地軍警人數力量及其鄰近四周縣鄉之軍事力量與交通道路工具等，尤其是交通道路地圖。

朝課後審閱四十六年證道文，上午記事、散步，終日審核調訓學員。午課如常，晡召見黃〔王〕恩華[1]、張振華〔遠〕[2]後，帶兩孫車遊市區，膳後散步，晚課，九時半寢。

1　王恩華，字澤中，江西南康人。1955 年 9 月調任海軍艦隊指揮部指揮官。1959 年 3 月調任國防部參謀總長辦公室主任。
2　張振遠，號翼飛，山東單縣人。時任海軍陸戰隊司令部參謀長，1960 年 1 月調任海軍陸戰隊學校校長。

一月二十八日　星期三　氣候：晴　溫度：七十八

雪恥：一、俄米[1]與美艾相約五月間高層會議，與米提毛酋參加會議之消息，應加研究有否可能？二、陳[2]與胡[3]等商談明年政治問題，殊出意外，真太不識大體，可歎。凡多疑不誠與狹小患得者，不能與謀大事乎。三、此時應專心於導發之武漢計畫，其他對內政治問題皆可置之不理，抑任他們政客之擺弄可也。

朝課後審核證道文，並指示編撰荒漠甘泉方法。上午記事，召見調學人員十二人。午課後批示防大與實踐二校學員人選，召見海軍將領四員，可慰。晡灘頭散步回，入浴，膳後車遊，晚課。

本日調動海軍與聯勤二總司令宣布命令。

一月二十九日　星期四　氣候：晴　溫度：七十八

雪恥：一、兩棲訓練營房修建。二、訓練經費應增加。三、過去陸師之兩棲訓練荒廢及其參加登陸演習之重要。四、登陸艇隊士官李大中、王道義有功，應特准入候補軍官班受訓。五、葛先樸[4]補周士瀛[5]缺。六、馮啟聰[6]、

1　俄米即米高揚（Anastas Mikoyan）。

2　陳即陳誠。

3　胡適，字適之，安徽績溪人。歷任駐美大使、北京大學校長、中央研究院院士、第一屆國民大會代表。1950 年 9 月至 1952 年 6 月，任美國普林斯頓大學葛思德東方圖書館館長。1957 年 11 月任中央研究院院長，1958 年 4 月返臺就職。

4　葛先樸，號實圃，湖北漢川人。1957 年 10 月調任陸軍軍官學校教育長，時任陸軍軍官學校軍訓部教務長，2 月入實踐學社聯合作戰研究班第八期進修。1961 年 6 月調任澎湖防衛司令部參謀長。

5　周士瀛，號格平，浙江吳興人。曾任江浙反共救國軍總指揮部參議，時任陸軍軍官學校政治部主任，3 月入美國陸軍軍政府學校進修三個月。1962 年 2 月任澎湖防衛司令部副司令官。

6　馮啟聰，字伯曼，廣東番禺人。1954 年 3 月，任海軍兩棲訓練司令部司令。1959 年 3 月，兼任海軍六二特遣部隊指揮官。1960 年 3 月，任海軍第一軍區（代理）司令。

曹[1]次長對調。

朝課，續審證道詞。上午記事，以辭修不知大體、好弄手段，又為政客策士們所包圍利用，而彼自以為是政治家風度，且以〔與〕反對本黨、侮辱首領的無恥之徒、反動敵人胡適密商政策，自願受其控制之言行放肆，無所顧忌，不勝鬱悶，無法自遣。惟此人豈誠非可托國事，而只能用其短中之長乎，如此更為黨國前途憂矣。但因此一重大經歷，或於大局反有益耳。終日仍審核調學人選，迄今四日已可告一段落。晡召見十一員，午、晚課如常。

一月三十日　星期五　氣候：晴　風

雪恥：一、辭修自作聰明、予智自雄之言行動態，應加糾正之時期，但應以教導與感化之方法出之，而不應取斥責嚴教之方式，以冀其能反省自覺，成全其始終。只要了解其人之狹小無識，而不可過於期望其有遠大之成就，此乃本性使然，不能強勉耳。

朝課後續審證道詞，午前後除海灘散步二次外，終日手擬特種部隊即「武漢計畫」降落後行動，注重各點之指示。晡召見葛先樸、閻國棟[2]、王多年[3]等，午、晚各課如常，與經兒巡視大埤湖招待所。晚經回臺北，車遊市區一匝。

1　曹仲周，號書範，江西新建人。1954 年 5 月接任海軍軍官學校校長，1955 年 10 月調任國防部參謀次長，1959 年 3 月升任海軍總司令部副總司令。
2　閻國棟，山西平遙人。1956 年 11 月出任陸軍步兵學校訓練部戰術組組長，1959 年 3 月調任陸軍空降步兵教導團副團長。
3　王多年，安東鳳城人。1957 年 1 月調任第八軍軍長兼金門防衛司令部副司令官。1960 年 2 月調國防研究院第二期受訓。1961 年調任第二軍團司令。

一月三十一日　星期六　氣候：晴　溫度：七十二

雪恥：一、逆來順受，寓理帥氣，應作為今後拂意與橫逆之來時惟一箴言，以期自制與有成也。二、杜勒斯警告我元旦文告之函意，與羅勃生[1]撤退大、二擔之壓力，皆為不能忍受之事，但只要自我決心不動，把握在手，則彼雖強迫亦無如我何。惟有以理報之，不必多事計較也。

朝課後，續審證道文一篇，有益。上午批閱公文，記事，正午帶武、勇到三地門之水管村媽〔瑪〕家鄉小學巡視遊覽，即在校前野餐。召見校長、警長與黨部主任後，仍由原路回來，途中午課，回休息。晡召見崔之道[2]、謝祝年[3]後，車遊左營。晚散步，晚課。

上星期反省錄

一、海總、聯總、國防副部長調職命令之發布。

二、俄共廿一次代表大會開幕，毛匪不敢赴俄參加，只派周匪為其代表。

三、美對西柏林政策動搖，漸現妥協傾向，而其高階會議四月末且已作籌畫之準備，大可注意。

四、證之最近消息，杜卿[4]即將親訪英、法、西德之消息，更足證明去年抄杜對其內定政策，即使放棄金、馬與西柏林亦所不恤之言矣。

1　勞勃生（Walter S. Robertson），又譯饒伯森、羅白生、羅勃生，美國外交官，曾任駐華大使館公使銜參事、軍事調處執行部委員，1953 年 4 月至 1959 年 6 月任國務院遠東事務國務助卿。

2　崔之道，湖北武昌人。1955 年 1 月任海軍驅逐艦隊司令，參與協助南鹿島軍民撤退的「飛龍計畫」，擔任打擊支隊指揮官。1959 年 3 月調任海軍兩棲部隊司令。1961 年 7 月調任海軍艦隊指揮部指揮官，兼海軍六二特遣部隊指揮部指揮官。

3　謝祝年，廣東開平人。1956 年 1 月任海軍巡邏艦隊司令部司令，1959 年 2 月調任海軍總司令部人事署署長，1961 年 8 月調任海軍兩棲作戰司令部司令。

4　杜卿即杜勒斯（John F. Dulles）。

五、本周工作：甲、荒漠甘泉新譯本與八年來證道文編審初步完成。乙、國防大學與實踐學社學員人選詳核完成。丙、武漢計畫補充（五）甚重要。

上月反省錄

一、月來因政客無恥言行與辭修不識大體、自作聰明為苦，時多惱怒刺激，但常能自反自制，而以「忍」與「慎」二字為箴，自來悔悟未有如最近之切者，此亦修養有得之證歟。甚覺政治與革命之成敗，乃在其能忍與不能忍之別也，故以逆來順受自勵，並以「忍順慎仁」四字為坐銘矣。

二、對俄共與毛匪之關係研究倍切，尤以毛匪中止赴俄，不敢參加俄共廿一次大會之舉，更足證明其裂痕之深，無法掩飾之程度，此乃決定毛匪命運之日期已臨頭矣。廿三日記事。

三、國際上對共匪將倒之觀念日增，尤其是愛克之看法亦已變更，但他對共匪生產力量之發展方面，甚恐為其西方之大患一點上着想，而並非為我國民有所懷念或解放之意耳。不過與一般白種人為黃禍復起之恐懼心理相同而已，何其鄙耶。

四、杜勒斯對我元旦文告之贊許，實則警告我不要違反去年十月廿三日之共同聲明而已。

五、勞勃生又要求我撤退大、二擔小島，加以堅拒。

六、本月國際要事：甲、俄放射月球火箭。乙、米高揚訪美密提四國高階會議，且要求毛酋參加。丙、俄十一日照會美、英、法，召開對德和平條約會議。丁、法國戴高樂新政府成立。戊、古巴革命政府成立。己、美民主黨對我退職後之政策動向。附一月五日記事曼斯菲德[1]談話，應加注意。

七、本身工作：甲、海軍與聯勤二總司令已更調，此乃軍事上急需解決問題也。乙、巡視金門防務。丙、教戰總則十二條手著完成。丁、老兵與士

1　曼斯菲德（Mike Mansfield），美國民主黨人。1953 年 1 月至 1977 年 1 月為參議員（蒙大拿州選出）。1961 年 1 月至 1977 年 1 月為參議院多數黨領袖。

官加俸，此乃軍士制度之基礎又進一步之鞏固矣。戊、美援廿四榴重砲運到十二門，且砲彈充足為慰。己、荒漠甘泉新編之審核初步完畢。庚、武漢計畫繼續研究與補充不息。

八、國防大學與實踐學社各學員人選已審定，對國防研究院組織與方針亦已批准為慰。

蔣中正日記
Chiang Kai-shek Diaries

二月

蔣中正日記
Chiang Kai-shek Diaries

蔣中正日記
Chiang Kai-shek Diaries

民國四十八年二月

本月大事預定表

1. 一年間工作預定計畫。
2. 國防研究學員與實踐第二階學員人選。
3. 戰爭原則項目之重加研究與決定。
4. 荒漠甘泉新譯之重新編正。
5. 去年日記總反省錄之着手。
6. 美軍援調查團之談話準備。
7. 出售飾金與物價問題之方針。
8. 空降教導團人事之調正。
9. 軍事會議日期。
10. 二中全會日期。
11. 武漢計畫討論會日期。
12. 審閱經兒日記。

本星期預定工作課目

1. 傘兵戰術：甲、建立空投堡。乙、肅清堡基敵人。丙、構築四面防禦陣地。
   丁、擴展空投堡範圍。戊、建立通信網。
2. 武漢計畫編制，以四四制為宜，以伍為基本單位，戰士四人、伍長一人，
   以五人編成之。

3. 空投着落後第一動作，建立空投堡與臨時指揮所之反覆演習，並設計敵情各種情況之克制為主旨。

4. 生存、逃遁與搜索等科專門訓練。

5. 召見潘榮澤〔輝〕[1]、傘訓中心韓其澤[2]及陳本道[3]隊長（留美空運班）。

二月一日　星期日　氣候：晴　溫度：七十六

雪恥：一、武漢計畫之指示部隊降落時，第一個動作：甲、即以着落場所（現地）附近重要建築物（學校操場或民兵訓練場）首先以四分一兵力佔領之，並構築槍眼與掩蔽部為臨時指揮部。乙、同時以四分之一兵力分別在城外四周大小要道，首先守備警戒，禁止出入，斷絕交通。丙、以四分之一兵力分別佔領縣政府、縣黨部、人民公社與交通、通信機關，及銀行、倉庫等。丁、釋放監獄因犯，並以其優秀因犯為我主要幹部，參加計畫與行動向導。戊、另以四分一兵力為預備隊，兼任巡查與鎮壓之用。

朝課後審核證道文，上午記事，召見林溥[4]、俞柏生[5]後，帶武、勇二孫往遊鵝鑾鼻，先至墾丁殖〔植〕物試種所，視察招待所地址，甚不合宜。十三時半到燈塔午膳。

今日遊興甚濃，精神最足，頗感愉快。

1　潘榮輝，江蘇泰縣人。曾任游擊傘兵總隊第三科科長。時任陸軍空降步兵教導團副團長。1962 年 2 月調任陸軍空降步兵教導團訓練中心副指揮官。

2　韓其澤，山東淄川人。時任陸軍空降步兵教導團副團長。

3　陳本道，陸軍傘訓中心副指揮官。1962 年 11 月 23 日，陸軍著手整編神龍小組，由俞伯音負責，主要執行者為陳本道、董成德、張鐵誠與張輯善等四位跳傘教官（「道德誠善四大教官」）。

4　林溥，號凌普，福建林森人。歷任海軍登陸艦隊司令部副司令、司令，1959 年 3 月調任海軍兩棲訓練司令部司令，1960 年 11 月離任。

5　俞柏生，字伯蓀，江蘇宜興人。1957 年 3 月任海軍艦隊訓練司令部司令。1959 年任海軍驅逐艦隊司令。1961 年 7 月任海軍兩棲部隊司令。

二月二日　星期一　氣候：晴　溫度：七十八

雪恥：昨午後先巡視兵房，薄弱散漫如昔，毫無整齊清潔與堅實之精神為歉。復往燈塔後高地相距里許處，尋覓招待所新地址，以期為雷達站官兵休息與娛樂之便也。回途至砂島鯨魚解剖場視察，由其李場長詳報捕鯨與解剖手續，甚覺興趣，仍回恆春機場起飛，空中視察小琉球島，似甚整齊富庶也。回澄清樓已五時許，入浴休息，午課、晚課如常。晚散步，車遊，靜默，九時後就寢。

本（二）日朝課後續審證道文一篇，上午記事，手擬對雷德福[1]大、二擔島撤退意見之電稿，由葉大使[2]轉告，頗費心力。午課後審核國防研究院學員人選未定，召見朱鴻選[3]研討傘兵教導團人事及戰術。晡車遊大埤湖環湖路，晚散步，晚課。

二月三日　星期二　氣候：晴　溫度：八十二

雪恥：武漢計畫部隊編制：一、官兵每人任務第一行動時期（着落後）之詳定。二、以班（組、伍）名連、以營名旅之準則。三、官兵每人必須學習演說、辯論、觀察實情，因人、因地、因時、因敵制宜之技能與判斷及決心與行動，關於其態度、動作、禮節、食、衣、品行皆須特別練習。四、欺敵、誘敵、脅制、佯動，逼迫敵人造成其錯誤之構想、判斷與行動為指揮要領（欺敵計畫為遊〔游〕擊戰基本要領）。

1　雷德福（Arthur W. Radford），曾任美國海軍太平洋艦隊司令，1953 年 8 月至 1957 年 8 月任參謀首長聯席會議主席。
2　葉公超，原名崇智，字公超，廣東番禺人。1949 年 4 月以外交部政務次長代理部務，10 月真除。1958 年 8 月轉任駐美大使，1961 年 11 月離任。
3　朱鴻選，號巽之，浙江餘姚人。1955 年 2 月任陸軍空降步兵教導團團長，後歷任特種作戰指揮部副指揮官、特種部隊司令部副司令、反共救國軍指揮部副指揮官、陸軍總司令部作戰研究督察委員會委員。

朝課後九時半出發，往臺南砲校視察二四榴重砲編訓與光測、聲測及氣候測驗等實地訓練課目，約二小時，回來已十三時矣。午課後記事，召見皮宗敢[1]等畢，入浴。膳後散步，以武孫腸病未同行。晚課，九時後寢。

二月四日　星期三　氣候：晴　溫度：八十

雪恥：一、譯員之態度、言詞、行動皆須重新訓練一星期為要。二、武漢計畫第二波之時期約在一個月至三個月之間為準，務於本年內實現，但必須根據實際狀況之發展而定。三、如果第一波發起實施後不能生效，則第二波之計畫如何，應作準備。

朝課後仍核證道文與荒漠甘泉編訂方式。上午記事，批閱公文。正午得報砂島捕鯨已獲得兩尾，因武、勇二孫雀躍不勝，乃於午餐後即帶二孫乘車直達砂島，其鯨尚整條在場上，另一尾尚在灘頭水中，其重量均約為二十噸，四十餘市尺，其高約六尺，如在海中望見，無異於小嶼也，及觀其解剖約一小時，即完全竣事。此次觀鯨無甚特感，惟對於其解剖技術之高尚，刀刀入節，其順利快速誠歎為觀止，但皆為日人指導，而國人不能自剖也。

二月五日　星期四　氣候：晴　溫度：八十二

雪恥：昨晡在捕鯨廠第一尾解剖完成，第二尾由水上拖至解剖場臺以後，乃始告別，其時為五時半，復驅車至恆春機場登機起飛，至屏東着陸，到西子灣正七時也。入浴，膳後散步，午課與晚課皆在車中實施如常。

1　皮宗敢，字君三，湖南長沙人。1958 年 1 月，調任三軍聯合參謀大學校長。1964 年 8 月，調任國防部人事參謀次長室次長。

本（五）日朝課後，續核荒漠甘泉新譯編本，總覺原擬編列次序與方法皆甚不妥，以其不能引起讀者興趣與信心也，故決再從事整編。上午記事，記本月工作表，膳前午課，十三時帶武、勇登德安砲艦往遊小琉球。自十三時半啟椗，十六四〔時〕方達小琉球目的地，先到警察局，乃驅車至大福小學校巡視後，至東端海口子瞭望鵝鑾鼻，未見即折回。至烏鬼洞，並無風景可觀，乃到感化總隊後，巡視鄉公所、漁會等處，而回艦返航。

二月六日　星期五　氣候：晴　溫度：八十二

雪恥：昨晚返航途中，晚課後用膳，在艦上乘風納涼，九時回高雄港，入寓所沐浴。近日睡眠甚佳，每夜可熟睡七小時之久為樂。

本（六）日朝課後，續研新譯本例言內容與項目次序。上午記事後，手擬例言第六項。午課後查閱去年日記，擬編例言未成，召見黎[1]總司令，指示整建海軍工作方針與政策一小時，辭別後帶兩孫車遊大埤環湖路，足有八分時，約十五華里之長。晚散步回，晚課。

二月七日　星期六　氣候：晴　溫度：七十八

雪恥：問祖宗之德澤，吾身所享者是當念其積德之難。問子孫之福祉，吾身所貽者是要思其傾覆之易（菜根譚）。余嘗念我先人德澤之厚，使不肖罪孽深重如余者竟能享受此權位，且能百折不回，再接再厲，至今已七十三歲。在空前挫敗與恥辱重重之中，而猶得處此優裕美麗之環境生活，能不戒慎恐

1　黎即黎玉璽。

懼，愧為先人之後，有負其積德之難乎，更不可使先人積德由余一人享盡也。
伏維上帝，時加保佑。

朝課後續研新譯本之例言，增補二條。上午記事後，與兩孫遊玩後見潘榮輝，
可用之才。午課前後手擬例言稿千餘言，約費三小時以上，腦筋劇痛不止。
五時前經、緯全家皆來度年，乃與兩兒往遊大埤湖，又遊忠烈祠回。入浴後
聚餐畢，獨自散步、車遊，晚課，以目疾未能參觀影劇也，十時半寢。

本日為舊歷大除夕。

上星期反省錄

一、俄共廿一次大會結果初步觀察：甲、黑裡雪夫權力已等於史大林[1]之地位
　　確定。乙、對西柏林問題表示堅強不讓。丙、對防止突襲與停試氫彈問
　　題，皆根本拒絕。丁、對共匪貸款十二億美金之數，以彌補其對中共之
　　裂痕，但這一貸款毛酋不任其偽主席之職已可確定，惟繼其後者究為何
　　匪，乃為應注意之問題。

二、杜勒斯訪歐英、法、德三國與英麥相[2]月杪訪俄，表示西方對俄西柏林問
　　題尚無政策也。

三、本周工作：第一為荒漠甘泉之新編甚費心力，第二為武漢計畫之繼續研究，
　　第三為遊覽鵝鑾鼻與參觀鯨魚之解剖。

1　史達林（Joseph Stalin, 1878-1953），又譯史大林、斯大林，曾任蘇聯共產黨總書記、部
　　長會議主席。
2　麥米倫（Harold Macmillan），又譯麥克米倫，英國保守黨人，1957 年 1 月至 1963 年
　　10 月任首相。

本星期預定工作課目

1. 飾金與金融會談。

2. 駐日大使問題。

3. 約但王[1]招待準備。

4. 美援調查團招待赫爾[2]方法。

5. F100 號機與傘具交運日期。

6. 中央秘書長人選。

7. 沈琪〔錡〕[3]赴馬來交涉。

8. 召見白鴻亮與約宴。

9. 傘兵教導團人事。

10. 武漢第二波計畫地點之研究：川、陝、鄂、豫與洛、潼、武漢，及安慶、
    九江、南通、寧波、四明、天臺、廬山？

二月八日　星期日　氣候：晴　溫度：七十四　地點：高雄

雪恥：本日為舊曆己亥年元旦。五時三刻起床盥洗後即禱告畢，乃舉行朝課，
體操、唱詩、靜坐、默禱如常，讀經，續審荒漠甘泉新譯編法。朝餐聽報
畢，步往沙灘散步，武、勇二孫隨來，直至北邊礁石林立之處為止，乃折回
巡視亭園花木，入室手擬荒漠甘泉新譯本一月一日之課，以原課不能引起讀
者興趣，故自製課文以代之，頗費心神。但脫稿後頗感得意，甚望讀者真能
因此建立其對上帝真理之信仰耳。正午與經、緯兩家在大埤湖招待所陽臺聚
餐，看兩孫大嚼雞腿為樂，回寓休息。午課後續審原書，晡車遊左營街道，

1　胡笙（Hussein bin Talal），又譯胡生，1952 年至 1999 年為約旦國王。

2　赫爾（John E. Hull），美國陸軍將領，1953 年 10 月至 1955 年 4 月任聯合國遠東司令
　　部總司令兼琉球群島總督。1958 年 3 月至 1961 年 1 月任美國總統情報顧問委員會主席。

3　沈錡，號春丞，浙江吳興人。1956 年 2 月任行政院新聞局局長。1961 年 7 月調任駐剛
　　果共和國大使。

視察社會情況，並不如大陸上過新年之熱鬧也。入浴休息，晚課，膳後散步，再帶兒孫車遊市區與愛河之圓山分店回，家庭禱告後就寢。

二月九日　星期一　氣候：晴　溫度：七十

雪恥：一、馬來總理「拉曼[1]」辭職，殊出意外。二、泰國「乃沙立[2]」任總理，未知其體力能否久任此職。三、共匪亦效放春假，且放三天，比我們多一天，此非壞消息也。

朝課後修正荒漠甘泉新編第二課，即原文之第一課（一月一日），亦頗費目力。上午記事，記上周反省錄，午課後手擬上月反省錄未完，晡帶兩孫車遊大埤湖回，入浴，膳後散步，車遊市區視察風習，實無新年氣象。晚課，十時前寢。

二月十日　星期二　氣候：晴　溫度：六十八

雪恥：一、立夫[3]不願再參加政治生活，對駐日與西班牙大使職皆懇辭不就，殊足感慰，以吾黨尚有此志節之士，能潔身自愛如此者，當其出國來別時，余不願會見，至今此心歉仄未已，但大陸黨務全為其兄弟受小肖所愚弄包圍，卒致不可收拾，而其兄弟亦對余欺蒙不直、玩弄手段，不能不負其責也。撫今思昔，仍為余恕道有虧耳。

1　東姑拉曼（Tunku Abdul Rahman），1957 年至 1963 年間擔任馬來亞聯邦總理，1963 年至 1970 年間擔任馬來西亞首任總理。本年 2 月 9 日，一度對外宣稱辭職。

2　乃沙立（Sarit Thanarat），又譯乃沙利，泰國陸軍將領，1957 年 9 月發動政變，推翻政權。時任泰國總理。

3　陳立夫，名祖燕，字立夫，以字行，浙江吳興人。1949 年 6 月至 1950 年 3 月任行政院政務委員，1950 年 8 月任中國國民黨中央評議委員。同時，以參加道德重整會議名義，帶全家離開臺灣，僑居美國。

朝課後重修荒漠甘泉新編。上午記事，審閱康、藏與甘、新、青情報。午課後手擬戰爭十大原則重訂稿，研究甚切，此亦建軍之基本工作也。散步，入浴，車遊，晚課。

二月十一日　星期三　氣候：晴　溫度：七十

雪恥：一、軍人行動齊步挺胸仰頭與戴帽的格式須規定與獎懲。二、營房修理與飲水及機器保修之習性。三、整齊清潔與堅實為軍中必守的信條。四、原則性訓詞必日常引用。五、伊拉克形勢動搖與俄共謀刺埃及那塞[1]之報導，已顯示阿拉伯民族主義與共產主義之鬥爭，趨於表面白熱化之時間即將到臨乎。

朝課後續審荒漠甘泉例言，上午記事後，着手擬訂戰爭原則條文。午課前後審核參校原則研究小冊，未完。晡帶武、勇車遊南梓與仁湖營地[2]，膳後散步，在南灣堤上遊賞新月回，晚課。

孝勇昨日狩獵終日，至夜方回，誤時，乃禁足一日以戒之。

二月十二日　星期四　氣候：晴　溫度：七十四

雪恥：一、杜卿[3]病勢須動手術，殊為反共形勢憂也。二、軍援調查團杜瑞德[4]、赫爾等一行之任務，使之了解軍額裁減與財政影響上之關係，加以注意而已。

1　納瑟（Gamal Abdel Nasser），又譯納撒、納塞、納賽，1956年6月至1970年9月為埃及總統。
2　指楠梓及仁武營地。
3　杜卿即杜勒斯（John F. Dulles）。
4　杜瑞德（William H. Draper Jr.），又譯杜瑞波，美國軍援計畫考察團團長。

朝課後續審證道文一篇。上午記事後散步，續審戰爭原則之研究小冊，至午課後二小時方完。關於十大原則項目與次序之修正，已作初步之決定，即刪除簡單與節約，而增列組織與彈性二項也。晡巡視大埤湖，膳後散步、觀月，晚課，十時就寢。

二月十三日　星期五　氣候：晴　溫度：七十六

雪恥：一、美國對軍隊優劣判斷之四大徵候之查明。二、剿匪戰術六項要領之外，應增列潛伏、偽裝（化裝）、滲透與保密、防奸之五項要領。三、武漢計畫號召人民口號：「討還共匪血債」、「報復毀家滅親的仇恨」、「誰殺害我的父母」、「誰拆散我的家庭」、「誰毒害我骨肉」，以及「恢復我們家庭」、「歸還我們骨肉」等口號之編訂。四、第三波、第四波地區之設計。

朝課後續審證道文一篇。上午散步，記事，續核戰爭原則研究稿後，俞、嚴、黃、尹[1]等來談經援談話經過情形，並略報金鈔與售賣黃金情形。正午美援調查團杜瑞波、赫爾等來談，宴後再談一小時，其態態〔度〕頗佳。十五時後客散，午課畢，帶兩孫到大埤湖視察其北面之地形。晚見沈琪〔錡〕，談新、馬交涉計畫，散步，晚課。

1　俞、嚴、黃、尹即俞大維、嚴家淦、黃少谷、尹仲容。俞大維，浙江紹興人。曾任國民政府軍政部常務次長、交通部部長，1954 年 9 月至 1965 年 1 月任國防部部長。嚴家淦，字靜波，江蘇吳縣人。1954 年 6 月出任臺灣省政府主席，並兼任美援運用委員會副主任委員（至 1963 年）。1958 年 3 月，二度出任財政部部長。黃少谷，湖南南縣人。1954 年 5 月，任行政院副院長。1958 年 7 月，調任行政院政務委員兼外交部部長。1960 年 7 月，調任駐西班牙大使。尹仲容，本名國墉，湖南邵陽人，歷任臺灣區生產事業管理委員會（生管會）副主委、經濟部部長兼中央信託局局長，後因揚子木材案去職。1957 年復出任經濟安定委員會秘書長，1958 年再兼美援會副主委，1960 年轉兼臺灣銀行董事長。

二月十四日　星期六　氣候：晴　溫度：八十　地點：嘉義

雪恥：一、對大陸青年、軍隊官長、士兵以及匪幹、黨員、團員，與各階層農、工、商、學等人民之宣傳各別口號與要領之擬訂，特別對於婦女之宣傳口號，而其總口號則以「妻離子散」、「毀家滅親」、「報毀家之恨」、「復滅親之仇」為主旨。二、以上分類宣傳口號之外，並分類擬訂歌曲，以簡單動心為主。

朝課後續審證道文，記事畢，聽報，召見陳市長[1]指示建設要務。九時廿五分帶武、勇出發，十二時正到達嘉義之竹崎車站，轉乘火車登山，經獨立山盤旋車路時，留心研究實際地形，甚感當時工程之難也。午課後四時許到平遮那站[2]，又見塔山，如舊友重逢，更覺其形勢之奇壯。復念雪寶石筍岩及隱潭一帶，岩石織帶狀之雄壯，但不及此耳。過神木時攝影，五時半達阿里山，六十度也。

上星期反省錄

一、審閱俄黑[3]在其廿一次大會閉幕詞中，對中共有關之重要點，即提俄共時連帶中共者只有一次，而且其文意詞氣極為強勉，其他未如過去對共匪之熱烈捧場，而且其十二億美金之貸款分為九年償還，可知其每年所得之數決不能超出一億半之數，此何能救濟共匪之窮困與崩潰之勢，乃可斷定俄共對中共之貌合神離，決不能如十年前絕對為其靠山乎。

二、共匪內部之破綻，必須在今後六個月內方能測知其梗概矣，只要其偽府

1　陳武璋，臺灣臺南人。曾擔任高雄市議員、副議長、議長。1957年6月至1960年6月擔任高雄市市長，為高雄政治派系「臺南派」領導人物之一。
2　平遮那（Heishana），海拔1720公尺，1967年站名改為屏遮那。
3　俄黑即赫魯雪夫（Nikita Khrushchev）。

主席毛匪不能不去此職時,則無論任何人繼任,不能不受俄共部分之控制,而且將日甚一日,則其內部由矛盾而分裂,絕難幸免也。

三、本周工作:甲、戰爭原則稿之修正初步完成。乙、對荒漠甘泉重新編訂,其一月一日課稿手擬已完。丙、招待美援考察團如擬完畢,余對此未甚重視。丁、杜卿[1]病入院為念,觀其對下院問答,對我金、馬政策認為不能放棄之意未有變動。

本星期預定工作課目

1. 外交情報之審閱。
2. 戰爭原則之研究。
3. 前年日記總反省錄之審閱。
4. 經國日記之批閱。
5. 中央秘書長問題之解決。
6. 國防研究院學員之組織。

二月十五日　星期日　氣候:晴　溫度:四十六

雪恥:昨在途中心神安逸,故在車中午膳與山上晚膳,皆甚覺特別美味。兩孫亦言今日膳食津津有味,觀其形狀如饑如渴為樂。膳後散步至車站口而回,晚課,九時就寢,甚酣也。

本日六時起床,朝課後審閱如昨,上、下午皆審核實踐學社戰爭原則之考案

1　杜卿即杜勒斯(John F. Dulles)。

完。正午到祝山，滿擬在該處祈禱，以償卅八年生日立願在此建築第四基督凱歌堂之日期，不料已建築了載波電臺，殊出意外，只能默禱於消滅共匪復國完成以後，希望在八十歲生日時，能將此臺拆除，仍建第四凱歌堂也。帶兩孫在此野餐、默禱，詳望玉山主峰，照相而回，晚散步，午、晚各課如常。杜勒斯病患毒癌消息傳來，甚為今後世界憂也。

二月十六日　星期一　氣候：晴　溫度：四十五–六十二度

雪恥：一、武漢計畫：甲、特隊發展方向，應對長江兩岸和各鐵路沿線兩側重要經濟與政治區先滲透潛伏、宣傳造謠，再以示威暴動破壞佔據號召為目的，但根據地應選在交通最不便之處。乙、土製炸藥與彈殼之人員訓練。丙、川、黔、湘敵兵力之說明。丁、南寧與梧州匪兵之調查。戊、對大都市調查課目與報告。

朝課後審閱證道文如昨。十時搭火車至自忠站，原名為兒玉[1]站，前次余特改為自忠，以張藎臣為抗日戰爭中高級將領殉職陣亡之第一人也[2]，故特以此為其紀念。前進至新高口站而止，以登玉山者皆由此下車步行上山也。下車眺望對面之對高山，祝山、萬歲山與自忠山皆歷歷在目，其形勢優美可賞，遊覽十分時，折回自忠站野餐，瞭望玉山中峰與北、西、南峰，皆明朗無掩為快。

1　兒玉源太郎（1852-1906），臺灣日治時期第四任總督，任內身兼日本陸軍大臣、軍務大臣、文部大臣等職位，更領兵參與日俄戰爭。1906年調任中國東北「南滿鐵道株式會社創立委員長」。

2　張自忠（1891-1940），字藎臣，後改藎忱。抗戰期間，歷任第五十九軍軍長、第三十三集團軍總司令兼第五戰區右翼兵團司令，曾參與臨沂保衛戰、徐州會戰、武漢會戰、隨棗會戰與棗宜會戰等。1940年5月被日軍包圍於南瓜店，壯烈殉職，追晉陸軍二級上將。

二月十七日　星期二　氣候：晴

雪恥：昨（十六）日正午在自忠站眺望玉山之外，又見鹿林山、東浦山、巒大山等，形勢瞭如指掌，而玉山主峰下之排雲山莊雖未望見，但主峰北向其岩山壁削可鐫刊十字架之處所，已能預定矣。在午膳時正向主峰默禱上帝能賜予我八十歲時親登主峰，建立此消滅全國共匪，拯救全國全國[1]，完成全國統立最大成功，最後勝利之鐵十字架紀功碑，以榮耀我慈悲天父之洪恩耳。十三時半回館，午課後審閱外交情報二小時完，晡巡視小學校、二神木、慈雲寺、博物館等處，毫無進步為歎。回途見「夕陽紅」，此種紅色只有此纔得見耳，欣賞不置。晚膳後即在院中與兩孫散步為樂，晚課，九時半寢。

二月十八日　星期三　氣候：晴

雪恥：昨（十七）日朝課後，審閱證道文與編核荒漠甘泉新譯本一月份課題如常，並手擬對大陸宣傳歌曲與口號。上午記事後，帶兩孫到姊妹池遊覽過畫〔畫〕，該處枯株中新生兄弟木四株，上次來時尚小，故未照相，今皆長大成木，膳後乃帶兩孫共照一相而回。午課後清理積案，對軍事學術甚有補益。晡重到博物館研究地形模型，並在學校前看兩孫比箭為樂，回途經北區小廟而還。入浴，膳後散步，晚課，八時半寢。

本（十八）日，昨夜睡眠足有八小時以上之熟睡，乃為最難得之事。今晨朝課後，編審如昨，一月份之編輯告成，又擬反共歌一首。正午到大塔山猴石附近野餐。午課後清理積案，皮宗敢製戰史教育結論與核子時代之指揮二篇報告，頗有助益為喜。晡視察退役兵住所，晚課。

1　原文如此。

二月十九日　星期四　氣候：晴　臺北陰

雪恥：一、據報毛匪將撤消其退出「主席」職位的決定，其所持理由是尚〔無〕繼任人選，如果屬實則將如余所期望者，使我反攻行動更易獲得勝利與擴張，然此必為俄與匪已有新的諒解之結果。不過無論如何，俄黑對毛匪仍殭硬戀棧，決非所願，亦可斷言。

朝課後續審編新譯本後記事，十時前召見各村長與警長、黨部人員後，即登火車出發，眺覽小塔山名勝，直至奮起湖站約二小時，不能再見時為止。甚覺此山雄偉優美，應更名為華蓋山更為適宜，且其峰巔亦略像四明山之華蓋也。正午車中研究武漢計畫作戰方法頗詳。午課後到竹崎下車，經嘉義轉吳鳳[1]廟，觀瞻其寬廣整潔可嘉，聞此廟基即為吳鳳辦事之處也。

二月二十日　星期五　氣候：上晴　下陰

雪恥：昨十七時飛回臺北，回蔣林入浴，休息。膳後帶勇孫散步，車遊市區，晚課，廿一時寢。

朝課後續審編新譯本，上午整書記事，手錄武漢計畫指示稿未完，遊覽庭院檢查目疾，據醫生稱已比去冬有進步，但左目閃光仍時常發現，自覺目力漸衰為慮。午課後，審閱叔銘與美調查團談話紀要報告。晡與費爾德[2]茶會，談大、二膽島決不放棄之決心，且不問你美國態度是否協防也，彼無異議而別。入浴，膳後帶勇孫散步，晚課。

1　吳鳳（1699-1769），字元輝，福建漳州平和人，任諸羅通事。1769 年在社口庄被砂米箕社鄒族人所殺，史稱吳鳳事件。嘉義中埔鄉社口村現存有吳鳳廟，奉吳鳳公為神祇。
2　費爾德（Harry D. Felt），又譯費爾達、費爾得，美國海軍將領，曾任第六艦隊司令、海軍軍令部副部長，1958 年 7 月任太平洋司令部司令。

二月二十一日　星期六　氣候：陰

雪恥：一、兩營戰車之交涉。二、潛艇定製之進行。三、管道訓練與特隊之課程。四、共匪圖章與公文程式及減字體之練習（地面部隊加強基礎訓練課程）。

朝課後編審記事，入府召見文芝[1]、倫意[2]等，主持軍事會談，陸軍加強基礎訓練綱要甚為重要。午課後審閱防大與實踐畢業生派職公文未完，晡帶勇孫車遊山上回，召見陳嘉尚[3]總司令，晚散步，晚課。

上星期反省錄

一、十六晨六時起床，以火爐不修，滿廊冒煙，不勝憤怒，因侍從孝鎮[4]說謊欺主也。此乃近年第一次之大惱，何不自愛至此。每朝默誦「喜怒哀樂之未發謂之中」之篇幾乎卅餘年，而今仍不自修至此，何耶？應記過一次。

二、本周國際要事：甲、杜勒斯癌狀僅限於腹部，似尚可療治。乙、土耳其總理孟德斯[5]赴英途中遇險跳傘，安全無恙。丙、土、希、英三國對塞

1　吳文芝，四川宜漢人。1957 年 12 月任國防部第五廳副廳長。時任國防大學教育長，1960 年 1 月調任陸軍指揮參謀大學校長。

2　馮倫意，安徽立煌人。時任陸軍參謀學校教官，後任第九十二師副師長、第九軍司令部參謀長。

3　陳嘉尚，字永祥，浙江杭州人。原任空軍作戰司令部司令，1955 年 3 月升任空軍總司令部副總司令。1957 年 7 月升任空軍總司令部總司令。

4　蔣孝鎮，浙江奉化人，蔣中正族侄孫。從北伐時期即追隨蔣中正任侍從副官。時任總統府內務科科長。

5　孟德斯（Adnan Menderes），又譯門德斯、孟得斯，1950 年 5 月至 1960 年 5 月任土耳其共和國總理。

島問題[1]獲得解決。丁、伊朗對俄堅強態度聲明決與美訂立軍事盟約，以上皆較佳之消息。戊、英首相麥米侖訪俄。己、美總統訪墨西哥。

三、費爾德來訪，對大、二膽島無論美國態度如何，余決不放棄死守到底之決心已表示無遺。

四、此次在外視察與休息四周，如期回抵臺北，對於精神修養自覺有益。荒漠甘泉新編重審告畢，清理積案甚多。

本星期預定工作課目

1. 查復美陸戰司令函。
2. 策反專門小組之組織。
3. 對武漢計畫訓示：甲、敵區兵力。乙、民心切望。丙、革命精神與行動。丁、革命黨史與烈士不死。戊、先難後易與成仁成功。己、革命正統與正氣。庚、量與質之估計。辛、雙方力量對比與轉變。

二月二十二日　星期日　氣候：雨

雪恥：一、武漢計畫之目的達到程序：甲、擾亂與威脅，對公社集體工人工作時之混入，殺害其工頭與匪幹，使其公社不能不解散。乙、偽裝與冒充工作之重要。丙、傳延向遠程推進，使之風聲鶴唳。丁、暴動破壞與動搖社會

1　塞島，即塞浦路斯、賽普勒斯（Cyprus），位於地中海東部的英國直屬殖民地，主要人口為希臘裔、土耳其裔。本年 2 月 11 日，希臘、土耳其兩國代表先在蘇黎世，簽訂關於解決賽普勒斯問題的原則性協議，繼於 19 日在倫敦，同英國政府和賽普勒斯希土兩族代表簽訂協定，即《蘇黎世與倫敦協定》（Zurich and London Agreements），保證賽普勒斯的獨立。翌年 8 月 16 日，賽普勒斯宣布為獨立國家。

組織。戊、起義、佔領、倒戈、嚮〔響〕應（多方）。戊[1]、鄉村與城市的工作方法不同，但可同時推進，並以城市為主目標，鄉村為基本工作。

朝課後記事，上午致妻，電續編新譯本，召見仁霖，禮拜如常。午課後記上周反省錄，召見王家域〔械〕[2]，指示荒漠甘泉新譯本重新編法，並將修正全稿交付其重編。晚課後七時約宴實踐學社日教官畢，帶武孫車遊，禱告。

本日為舊曆元宵。

二月二十三日　星期一　氣候：雨

雪恥：一、國防技術研究所。二、日本政治目標：甲、國家機密保護法。乙、社會保險。丙、人事制度。丁、中央集權之趨勢。二[3]、教育對歷史、地理、公民、修身與古文、漢學之加強。三、力學中之動力依速度乘重量的計算之方式。四、各部隊官長研究課目與書冊應統一規定，將校團組訓加強。五、召見史〔施〕邦瑞[4]。

朝課後記事，上午主持月會，對就職梁、黎[5]各將領訓示，會客，與岳軍[6]談政治與國防部組織法。午課後批示，帶武孫車遊，與曉峯[7]、玉璽談話。膳後車遊，晚課。

1　原文如此。
2　王家械，筆名王孫、朴人，江蘇常熟人。歷任行政院新聞局副局長、局長、顧問，時任中央通訊社副社長。
3　原文如此。
4　施邦瑞，浙江紹興人。曾任聯勤總司令部國家物資處理委員會副主任委員、東吳大學第一屆董事會董事，1955 年 9 月任聯勤總司令部物資接轉處處長。
5　梁、黎即梁序昭、黎玉璽。
6　張羣，字岳軍，四川華陽人。1952 年 10 月，任中國國民黨第七屆中央評議委員。1954 年 5 月任總統府秘書長。
7　張其昀，字曉峯，浙江鄞縣人。1950 年 7 月，任中國國民黨中央改造委員會委員；8 月，兼任秘書長。1954 年 5 月，出任行政院政務委員兼教育部部長。1958 年秋相繼出任革命實踐研究院及國防研究院主任。

二月二十四日　星期二　氣候：雨

雪恥：一、駐日大使人事之決定。二、俄匪關係之研究。

朝課後記事，接妻電，聽取共匪紅旗報（進軍號角篇）。入府會客，主持宣傳會談二小時餘。午課後，手錄武漢計畫之指示八項約千餘言，自覺深入有益也。帶武孫視察市區，召見王〔黃〕市長¹。膳後散步，約見希聖²後，晚課，入浴。

二月二十五日　星期三　氣候：雨　溫度：五十

雪恥：一、國防研究院考察報告。二、武漢計畫之指導與檢討會議。三、財經會談與飾金標售問題。四、LVT 可裝幾人。五、大、二膽島電纜。六、像〔橡〕皮舟。七、學校理論、工廠技術與軍事要求之整個合作。八、臺人留美者之組織。九、出口罐頭之檢驗。十、地方機構合作。

朝課後，手錄武漢計畫第六次補充稿。上午主持總動員會報，聽取林業與市政報告。午課後記事，見辭修，聽取其金鈔平價與政治修憲等報告，其辭似遁也。晚課，看聖遊記，車遊回寢。

1　黃啟瑞，字青萍，臺灣臺北人。1950 年 11 月至 1955 年 1 月間，擔任臺北市議會第一、二屆議長。1957 年 4 月當選第三屆臺北市市長，同年 6 月就任。
2　陶希聖，名匯曾，字希聖，以字行，湖北黃岡人。歷任立法委員、革命實踐研究院總講座、中國國民黨中央常務委員會委員。1955 年冬受命撰寫《蘇俄在中國》，1956 年 12 月出版。

二月二十六日　星期四　氣候：雨　寒

雪恥：一、第八、第九兩區計畫準備作為第一優先。二、應購裝備之價目及日期呈報。三、每星四武漢計畫會報與研究。四、西德購貨與安全局聯繫。

朝課後記事，入府主持武漢計畫，研討二小時餘，作重要修正與作戰觀念之指示。召見曾力民[1]等特種部隊官長六員。午課後批閱公文後，帶武孫車遊山上回，入浴。晚見至柔[2]，談省政四十分時畢，散步，晚課。

二月二十七日　星期五　氣候：雨　寒

雪恥：一、實踐學社乙種班之方針決定。二、武漢計畫研究室之組織分案擬定（分區）。三、空投接濟之經緯度與密號。

朝課後記事，入府會客，朱競濤[3]、晁國璧〔璧〕[4]皆可用。召集侍衛人員點名訓話，主持情報會談，介民對匪俄關係判斷頗詳。午課後批示公文，見鴻鈞[5]談經濟與中央銀行人事整理，彼總消極因循為慮。晚散步，晚課。

1　曾力民，號立中，福建平和人。1955 年 3 月，任第九師師長，1957 年 9 月，任第一軍副軍長。時任陸軍特種部隊司令部副司令。
2　周至柔，原名百福，字至柔，以字行，浙江臨海人。1954 年 7 月，參謀總長任期屆滿，改任國防會議秘書長。1957 年 8 月，調任第六任臺灣省政府主席，兼臺灣省保安司令部司令。
3　朱競濤，字學飛，浙江磐安人。時任陸軍特種部隊第二總隊參謀長。
4　晁國璧，山西晉城人。歷任陸軍裝甲兵學校副教育長、裝甲兵第一師第一戰鬥指揮部指揮官、裝甲兵第一師司令部參謀長、裝甲兵第二師司令部副師長。時任裝甲兵司令部第二處處長。
5　俞鴻鈞，廣東新會人。1953 年 4 月，任臺灣省政府主席，並兼臺灣省保安司令部司令，10 月兼中央銀行總裁。1954 年 6 月，任行政院院長。1958 年 7 月辭職後，復任中央銀行總裁。

二月二十八日　星期六　氣候：雨

雪恥：一、紅外光線器之購置。二、低飛技術。三、登陸軍部（羅友倫[1]）。四、光復先鋒軍部（易瑾[2]）。五、「登陸軍」之編組與兵力。六、兩棲登陸艇數量之籌備。

朝課後記事，入府見于斌[3]等，又召見林國人[4]，聽取訪德情報合作經過報告甚佳，主持軍事會談。午課後，批閱美國陸軍大學課程與教育方針有益。召見企止後，帶兩孫遊陽明後公園回，入浴。晚巡遊市區回，晚課，九時半寢。

1　羅友倫，原名又倫，號思揚，廣東梅縣人。1957年4月，調任海軍陸戰隊司令。1961年1月，調任國防部副參謀總長，7月調任第一軍團司令。

2　易瑾，號漢法，湖南大庸人。歷任第一軍團司令部政治部主任、陸軍總司令部政治部主任、國防會議特種作戰指揮部指揮官。時任陸軍特種部隊司令部司令。

3　于斌，字野聲，黑龍江海倫人。1946年為南京總主教，創辦《益世報》，當選制憲國民大會主席。1949年遵照教廷命令，離開南京前往美國，在紐約成立中美聯誼會。1954年到臺灣出席國民大會。1956年受教廷任命籌備輔仁大學在臺復校。

4　林國人，號廻，浙江象山人。時任國防部第二廳技術研究室副主任。

上月反省錄

一、俄共廿一次大會與俄黑、匪毛之關係惡化更為顯著,但俄黑反竭力掩飾,
而且其對共產理論似乎遷就毛匪人民公社之傾向,是其盡量彌補俄、中
兩共矛盾之裂痕,不使表面化。惟黑、毛二魔之感惡,與俄共決不使中
共建設完成,及其坐大爭雄,則其勢所必至也。

二、匪報對外蒙不安情勢之外洩公開報導,更顯明其俄、中共內部之矛盾程
度矣。

三、國際:甲、土總理孟德斯遇險後,安全無恙。乙、土、希、英對塞島問
題已協和解決。丙、伊朗與俄談判破裂。丁、杜勒斯病勢有醫痊之望。
戊、英麥相訪俄,倍受俄黑侮辱,東西妥協之探討,對柏林問題因此益
加緊張。廿四日黑魔對外交演詞之橫蠻已極,無異與麥相一個當頭棒
也。己、日、匪貿易交涉,藤山[1]正在單相思激進中。庚、杜卿[2]在其眾
議院對金、馬問題之證詞,可知其對我為無可奈何之心理與政策畢露無
遺矣。

四、美軍援調查團杜瑞德與赫爾來訪,尚稱融洽。其太平洋統帥來訪,余直
告其對大、二膽島撤退問題絕無考慮餘地。

五、本身:舊歷年關前後外出巡視與休養四星期,對於身心反省每多愧悔,
且能忍受,清理積案與軍學研究亦有增進,與武、勇二孫遊覽玩耍,亦
得老年家庭之樂也。

---

1 藤山愛一郎,日本自民黨眾議院議員,1957 年 7 月至 1960 年 7 月任外務大臣。
2 杜卿即杜勒斯(John F. Dulles)。

茲舉重要工作如左：

甲、海軍總司令以黎易梁是乃十五年來準建海軍人事之第一目標，今始實現也。

乙、特種部隊之武漢計畫補充至七次之多，大體可告段落。

丙、荒漠甘泉新編之審核與手撰文字亦已脫稿。

丁、戰爭十大原則之修正與詳核審定，此與上月之教戰總則為基本工作也。

戊、心神修養似有進益，對辭修兩月來之言行總能忍受持養，未致暴氣，更足證也。

庚[1]、睡眠甚佳，時有安睡至七、八小時者，可喜。

1　原文如此。

蔣中正日記
Chiang Kai-shek Diaries

三月

蔣中正日記
Chiang Kai-shek Diaries

蔣中正日記
Chiang Kai-shek Diaries

民國四十八年三月

本月大事預定表

1. 本年軍事會議之擴大與延長：甲、核子（作戰師之戰法）武器之戰術運用。乙、各團長、艇隊長、空軍大隊長均參加。丙、軍官團（美修親會）工作、生活、誤〔娛〕樂一起。丁、軍人德操倫理觀念（精神修養）。戊、制度與思想，科學與技術。己、雜誌各級讀者對象之規定。庚、後備軍人小組教育函授通信問答之規律。辛、主官深入連隊檢查與解決研究之重要。壬、融合軍政、軍民為一體之作戰思想與教育。癸、譯員服裝與言行之整訓。子、領導管理能力之考驗。丑、各種典令、教令與原則之設會考核。

2. 國防大學與陸參學校之校長人選。

3. 供應司令與計畫次長之人選。

4. 兩營戰車之交涉。

5. 西德合作交涉與訂貨。

本星期預定工作課目

1. 中央銀行人事。

2. 復興文化重建倫理。

3. 大、小金門與大、二膽交通、通信之建立。

4. 參軍人員之整頓。

5. 本年作戰計畫。

6. 登陸軍之編組與司令人選。

7. 光復軍之作戰準備。

8. 登陸艇隊先運大陸海岸之計畫。

9. 武漢計畫會報。

10. 德國電腦之情報合作之實施。

11. 木柵山洞之查明。

12. 購金與售金的政策之決定。

三月一日　星期日　氣候：雨

雪恥：一、日日革新、時時備戰之精神。二、哲學（誠）：甲、仁愛。乙、忍耐。丙、毅力。丁、信心。三、科學：新、實、精、明（澈底）：甲、協和（合作）、群體、共同。乙、研究、客觀、發展。四、統御：甲、管理。乙、考核。丙、解決。丁、斷定。五、業務標準：甲、整齊。乙、清潔。丙、簡單。丁、堅實。六、工作精神（新、速、實、簡）。七、行政方法（三聯制）。八、戰術法則：三角形攻擊戰鬥群。九、攻勢與主動性質分別。

朝課後記事，上午見宏濤[1]與李石曾[2]後，禮拜回，記上周反省錄未完。午課

1　周宏濤，浙江奉化人。1952 年 10 月，專任中國國民黨中央委員會副秘書長。1958 年 3 月，出任財政部政務次長。1959 年 3 月，辭卸中國國民黨中央委員會副秘書長兼職。

2　李石曾，名煜瀛，字石曾，以字行，直隸高陽人。曾參與創建故宮博物院、籌備中央研究院。1948 年任總統府資政。1949 年去瑞士，次年去烏拉圭，設國際圖書館。1956 年定居臺灣。時任中國國民黨中央評議委員。

前後，手擬本年度作戰計畫要旨十二項，未刻召王、彭、石[1]來談，指示作戰準備與要旨約一小時。晡與經兒車遊淡水回，入浴。晚召彭總司令[2]，命其籌畫作戰準備與登陸軍任務之責，此為重大決定也。晚課。

三月二日　星期一　氣候：雨

雪恥：一、大學：止於至善之「至善」即「道」也，道即「明德」也。本末、終始、先後者，即研究「道體」之程序，亦即明「明德」之要領也。「知止」者，「止於」之初也，知止為知，止於為行，「止於」者，「知止」之終也。

朝課後記事，上午主持國防大學第八期開學典禮後，召見馮倫意，指示戰爭原則編訂與闡述要旨。對空軍參校畢業生點名後，巡視東面防空洞口。午課後重閱原子戰爭指揮要領，甚佳。召見楊繼增〔曾〕[3]部長，晚宴教廷雅靜安[4]主教，晚課。

本日體重一百廿二磅，比四個月前減輕二磅。

1　王、彭、石即王叔銘、彭孟緝、石覺。彭孟緝，字明熙，湖北武昌人。1954 年 8 月，擢升為副參謀總長，兼代參謀總長。1957 年 7 月，調任陸軍總司令並兼臺灣防衛總司令。1959 年 7 月，再任參謀總長。1965 年 7 月，調任總統府參軍長。石覺，字為開，廣西桂林人。1957 年 7 月，升任參謀總部副參謀總長兼聯合作戰計畫委員會主任委員。1959 年 7 月，調任聯勤總司令部總司令。1963 年 7 月，出任考試院銓敘部部長。
2　彭總司令即陸軍總司令彭孟緝。
3　楊繼曾，字君毅，安徽懷寧人。歷任經濟部政務次長、國防部常務次長；1951 年任臺灣糖業公司董事長兼總經理。1958 年在陳誠內閣中，出任經濟部部長，歷時七年。
4　雅靜安（Gregorio Pietro XV Agagianian），樞機主教，1958 年 6 月任命為教廷傳信部署理部長。

三月三日　星期二　氣候：晴

雪恥：一、空中車廂之交涉方針，對方條件應接受。二、令彭[1]籌組登陸軍第一集團軍一切之準備任務。三、四川三個地區之模型與照相。四、中途臨時降落之演習與想定。五、明日會談與研究問題空運計畫，經緯度圖與航路線圖之製呈。

朝課後記事，上午入府約見史米斯[2]、甘納德[3]與瑞士記者斯徒基[4]等，又見海外情報員王任遠[5]等十五人畢，聽取張柏亭[6]等報告美、日軍事高等教育之考察經過情形二小時半之久。午課後，重閱原子戰爭指揮要領完，約見美友後，巡視閩海登陸地型室一小時回，入浴。晚車遊市區，晚課。

三月四日　星期三　氣候：晴

雪恥：一、科學軍官儲備班。二、國防研究院學員人選。三、日本技術研究本部之考察組織。

朝課後記事，上午主持中央常會，聽取第六組陳建中[7]同志報告其去年工作與

1　彭即彭孟緝。
2　史米斯（William Angie Smith），時為美國衛理公會奧克拉荷馬－新墨西哥教區會督。
3　甘納德（Harry S. Kennedy），美國聖公會，1953 年曾來臺視察駐臺美軍軍中聖公會教務，1956 年 3 月 16 日來臺祝聖聖約翰堂，時任檀香山教區主教。
4　斯徒基，時為瑞士世界週報總主筆。
5　王任遠，河北清苑人，出身軍旅，1946 年為制憲國民大會代表。1948 年在天津市當選第一屆立法委員。1954 年 12 月出任中國國民黨中央委員會第二組副主任，時兼任國家安全局日本督導組組長。1960 年 7 月調任中國國民黨政策委員會副秘書長。
6　張柏亭，字相豪，上海市人。原任第三十二師師長（該師係由白團督訓之實驗師，即「實踐部隊」）。1953 年 4 月起任實踐學社專員、副主任，研究各種戰略、戰史，編著《克勞塞維茨戰爭論之研究》、《福煦元帥及其戰法》，編譯《戰爭論》、《俄共政治局的作戰典範》、《戰爭藝術》、《毛奇評傳》等書。
7　陳建中，字懷璞，又名程俠，陝西富平人。第一屆國民大會代表。1952 年 11 月出任中國國民黨中央委員會第六組副主任，1956 年 12 月調升主任。

香港中立分子情形，余作決議時不免又動情感之語為歉。午課後審查國防研究院學員人選，召見谷鳳翔[1]同志，提及陳雪屏[2]為反動分子包蔽，並借胡適來脅制本黨，此人積惡已深，其卑劣言行再不可恕諒，但余仍能抑制情感出之以忍也。

三月五日　星期四　氣候：晴

雪恥：昨晡以陳雪屏卑劣行動直等於漢奸，不能忍受，再三自制，幸未暴氣也。帶武孫遊陽明公園，在小築遊覽片刻而回。晚見叔銘後，晚課，臨睡服藥。

一、金門防部處長應調實踐優員。二、科學儲訓班決籌辦。

朝課後記事，入府見趙元任夫婦[3]，甚和洽，余近對學者心理以為皆如胡適一樣，殊不然也。畢竟真正學者，其言行風度多可敬愛者也。召見軍官十八員後，武漢計畫會報大體指示已完。午課後批示，見白鴻亮談金門防務。晡車遊山上，晚散步，晚課。

1　谷鳳翔，字岐山，察哈爾龍關人。1952 年 10 月，任中國國民黨中央委員會副秘書長。1954 年 6 月，調任司法行政部部長。
2　陳雪屏，江蘇宜興人。1953 年起，擔任臺灣大學心理學系教授。1957 年 8 月任考選部部長，1958 年 7 月調行政院秘書長。
3　趙元任，字宜仲，江蘇武進人。語言學家，精研北方話與吳語方言的音系。長期任教於加州大學柏克萊分校，1948 年當選為中央研究院第一屆院士，1959 年到臺灣大學講學。其夫人楊步偉，江蘇南京人。日本東京女子醫學專門學校畢業，婚前執業醫生，1921 年 6 月 1 日與趙元任結婚。著作有《做、吃中餐》（*How to Cook and Eat in Chinese*）、《一個中國女人的自傳》、《雜記趙家》等書。

三月六日　星期五　氣候：晴

雪恥：一、士規七則（吉田松蔭〔陰〕[1]）。（二）劉培初[2]注意。三、上官入學。四、國防研究院與黨政軍聯戰教程。

朝課後記事，入府召見國防研究院預備人選二十一人，多有可取者為慰。午課前後審核與計畫人選標準，頗費心力。晡聽取接待約旦王[3]儀式日程之報告後，巡視南京東路之整理情形。晚指示經兒對金馬應注意各點，經兒往馬祖東引視察。晚課。

孝武今日得儲蓄獎券第一獎五萬圓。

三月七日　星期六　氣候：晴　晚雨

雪恥：一、對飾金出售政策之批評並無錯誤，但評論態度與語氣總覺嚴屬不和，應切戒之，以後對於評斷只可簡要幽默，令人自悟為宜。二、臺北市內公共大建築物如超過百萬元以上者，仍應禁止。三、陳瑞珂〔河〕[4]事查報。

朝課後記事，上午入府，會客南洋大學考察團廿餘人，召見八員。主持財經會談，聽取下年度預算案及飾金問題二小時。午課後帶武孫上角畈，經洞口新築視察。晡到角畈巡視院落，梅樹已全部植種，欣欣向榮可愛。入浴，晚膳，散步，晚課，九時半寢。

1　吉田松陰（1830-1859），名矩方，字義卿，號松陰，又號二十一回猛士，幼名寅之助或大次郎，通稱寅次郎。日本長州藩武士，名列明治維新的精神領袖及理論奠基者。

2　劉培初，曾任河北省第一區行政督察專員，1948 年初，任國防部戡亂建國動員總隊總隊長兼第三綏靖總隊總隊長，1949 年任國防部青年救國團第二總隊總隊長。1950 年代曾任國防部大陸工作處高級參謀。

3　約旦國王胡笙（Hussein bin Talal）。

4　陳瑞河，號榮光，安徽合肥人。時任國防部參議。

上星期反省錄

一、國際：甲、英麥相[1]訪俄回英，其發表英、俄共同聲明，以減除東、西雙方在中歐駐軍與停試核子武器為主要內容，實無任何作用。乙、俄復西方照會，以有條件的開外長會議為最高會議的張本，並延展其對柏林問題五月廿七日之期限。丙、美與伊朗、巴基斯坦、土耳其分別簽訂雙邊協防協定。丁、伊拉克發表其下月有革命行動，余甚恐其對約旦乘其國王出國之際採取侵襲行動也。戊、美國兩黨一致擁護愛克對俄之堅強政策，此為俄黑所不及料者。己、俄黑在東德仍對美作戰爭恫嚇也。庚、日政府對共匪力求諒解與通商，並對韓拒絕其遣返韓僑至北韓之抗議。辛、德、法元首會商對西柏林堅強政策。

二、共匪毛、周[2]在鄭州集會，朱德[3]、林彪等在粵集會，必為其毛匪是否下野問題之決定乎。

三、本身：甲、手擬本年度作戰計畫要旨十二項，並對武漢計畫第一期目標之決定。乙、考核國防研究院人選與補充課目，反對美、日軍事教育制之研究頗切。丙、對陳雪屏之卑劣行動仍能容忍，未曾暴氣為幸。

三月八日　星期日　氣候：雨

雪恥：一、匪軍將官等高級長官每年須下連隊當兵一個月之方法，其利害得失如何應加注意。二、匪黨大收女黨員，浙江且在其黨員比例數百分之廿

1　英國首相麥米倫（Harold Macmillan）。
2　毛、周即毛澤東、周恩來。
3　朱德，字玉階，四川儀隴人。中華人民共和國成立後，先後擔任中央人民政府副主席、中共中央紀律檢查委員會書記、中華人民共和國副主席、中共中央副主席等職務。

七以上，特予重視。三、召見龔愚[1]、徐中齊[2]、唐毅[3]、俞飛鵬[4]。
朝課後讀聖遊記與記事。上午冒雨巡視庭院內外新植梅苗成效，幾乎百分
九十九皆抽葉生長為樂。記上周與上月反省錄。午膳後車中午課，即下山回
來，以魚刺在咽，醫治後休息。晡約見庫特[5]將軍談一小時，目的在 C119 空
中車廂留臺交我使用也。晚散步，晚課。

三月九日　星期一　氣候：陰晴

雪恥：一、內務守則與衛兵守則等典令精神之經常考驗應設專組負責，可由
計畫委員任之。二、武漢計畫每旅部必須設置收譯匪電之專組。三、張國
英[6]應升中將。四、標語檢討總改正。
朝課後記事，入府召見二十一名之候補學員，與曉峯等討論國防研究院課程
與學員班次問題，十四日迎約旦國王如儀。午課後，彼此拜會如儀，其王少
年老成，可愛。晚課後請約旦王在寓便餐，彼對今日伊拉克北方叛旅恐為納
塞[7]主動，不表樂觀也。十時辭出後散步，禱告，就寢。

1　龔愚，字樂愚，貴州婺川人。1958 年 4 月任三軍聯合參謀大學教育長。1960 年調任總
　統府參軍，並兼國防研究院、革命實踐研究院講座。
2　徐中齊，號中公，四川敘永人。曾任重慶市警察局局長，1948 年在四川省第四選區當
　選第一屆立法委員。來臺後兼任東吳大學、中興大學法商學院法學教授。
3　唐毅，名化潤，更名毅，字令果，號野涵，四川武勝人。曾任重慶警察局局長，當選
　行憲後第一屆國民大會代表。1949 年底，奉派擔任臺灣省政府顧問，兼省民防委員會
　秘書長。繼復奉派為國家安全局顧問，並膺聘為臺灣證券交易所顧問。
4　俞飛鵬，字樵峯，浙江奉化人。1947 年 7 月任行政院政務委員兼糧食部部長，1949 年
　6 月任招商局董事長，1954 年任中央銀行副總裁。
5　庫勃（Laurence S. Kuter），又譯庫脫、庫特，美國空軍將領，曾任遠東空軍司令，
　1957 年 7 月任太平洋空軍司令。
6　張國英，字俊華，安徽阜陽人。1958 年 4 月，調任第八軍軍長。1960 年 2 月，調任國
　防部聯合作戰督導委員會委員。
7　納塞即納瑟（Gamal Abdel Nasser）。

三月十日　星期二　氣候：陰雨

雪恥：一、國防研究院對於科學技術與人、物總動員，戰地政務、黨政軍聯戰課程應特別注重。二、兵工研究院酈坤厚[1]主任應參加國防院教育研究。三、金融制度。四、胡宗南[2]入院？五、英彥[3]、王佐文[4]（桂）。

朝課後批示公文，上午入府召見候補學員二十餘人後，主持宣傳會談，對共匪文武幹部下放之作用與成效如何，特加研究。午課後審核人事，腦痛，帶武孫車遊山上。晚宴約旦國王，其答詞出於至誠，可佩。十一時後回，晚禱，十二時寢。

三月十一日　星期三　氣候：晴陰

雪恥：一、金龍計畫之組織，繼續設計明年度作戰計畫之命令。二、軍官團組織與教育及家眷聯誼辦法，應專案討論。三、吳子理備果戒約[5]之五大戰爭原則，應提出研究。四、約可克[6]茶典〔點〕。

1　酈堃厚，號敏樹，浙江諸暨人。1950 年 1 月出任聯勤總司令部兵工研究院首任院長。1956 年 1 月兼任教育部科學教育委員會委員，1957 年 6 月兼任聯勤總司令部生產署副署長。1959 年 9 月派任第二屆國際原子能和平用途會議代表團顧問，10 月升任聯勤總司令部生產署署長。

2　胡宗南，原名琴齋，字壽山，浙江孝豐人。1951 年 8 月化名秦東昌，出任江浙反共救國軍總指揮兼浙江省政府主席。1953 年 7 月，任總統府戰略顧問委員會顧問。1955 年 9 月，出任澎湖防衛司令部司令官。1959 年 10 月退役，復任總統府戰略顧問。

3　英彥，廣西雒容人。曾任整編第四十八師第一七六旅第四一二團團長、第一七六旅副旅長。時任國防部總政治部高級參謀。

4　王佐文，廣西貴縣人。曾任第四十六軍第二三六師師長、第四十六軍副軍長。1950 年 12 月，任「留越國軍管訓總處」第二管訓處處長。

5　《吳子》又稱《吳子兵法》、《吳起兵法》，是一部兵法著作。要求統軍將領「總文武」、「兼剛柔」，具備理、備、果、戒、約的「五慎」條件，掌握氣機、地機、事機、力機四個關鍵的因素。

6　柯克（Charles M. Cooke Jr.），又譯可克，曾任美國海軍軍令部副部長、第七艦隊司令、西太平洋海軍部隊司令，1948 年退役，1950 年春天起，組織「特種技術顧問團」，在臺灣推動非官方軍事顧問計劃，1952 年結束。

朝課後記事，入府約見可克等。十時主持中央常會，對婦女工作與政策之指示。正午經兒由金馬、烏丘〔坵〕、東引等島視察回報。午課後，批示宣傳指導重點頗詳。晚見沈淇〔錡〕自星、馬接洽報告後，乃知接濟周瑞麒[1]之款項為半騙不實也。晡帶武孫遊覽後公園，甚寒，晚課。

三月十二日　星期四　氣候：陰

雪恥：一、共匪將校下連當兵一個月，與匪幹下公社領導之作用與效果如何。
二、匪下月十七日召開偽人代會與偽政協會及選舉和決定國家領導人員之公告意義，其將國家領導人員與偽人民政府主席分為二人，以毛酋為其國家領導者乎。
朝課後記事，十時到忠烈祠植樹，以本日已為總理逝世卅五周年紀念矣。正午與約但王在大溪便餐，聽取其阿拉伯各國軍情報告。約王以最小國力抵抗四周環繞之強敵，而能屹立不搖，甚望其能興邦也。吾願其將來能領導阿拉伯各國而與以色列和協，並以耶路色倫全區歸讓於以色列並存也。

三月十三日　星期五　氣候：陰雨

雪恥：昨在大溪午課後，回來重讀孫子[2]至虛實篇。晡約見美友後散步，入浴，膳後散步，晚課，九時後寢。
一、武漢計畫應增加嚴防共匪，以傘兵制傘兵計畫比防匪轟炸更為重要。

1　周瑞麒，時為新加坡執政黨勞工陣線主席、教育部部長。
2　孫武（約前 545 - 前 470），字長卿，春秋時期齊國人。著名軍事家、政治家，兵家代表人物。兵書《孫子兵法》的作者，後人尊稱為孫子。

二、第一次空降決以三地區改為二地區，以增加主要地區之力量也。

朝課後讀孫子至九變篇，入府召見十二員畢，主持情報會談，毛匪在鄭州、漢口久滯不北回，似為其偽人代會作準備乎。午課後整理研究院名單，召見皮宗敢後，車遊山上。晚讀孫子，散步，晚課。

三月十四日　星期六　氣候：雨

雪恥：一、119 運機駕駛組須加倍組訓。二、第二波降落地點之決定。

朝課後續讀孫子，至用間篇完，甚覺比前讀時更有心得。入府主持紀念月會後會客，馮倫意所撰原則釋義稿呈核。主持軍事會談回，記事。午課後讀吳子圖國篇，晚讀至治兵篇。晡約可克將軍等茶點後，入浴，膳後車遊市區消遣養目，晚課。

上星期反省錄

一、本周工作：甲、召見國防研究院候選人員等四十餘員。乙、重讀孫子十三篇完，並續讀吳子三篇，有益。

二、接待約旦國王如儀，以其為最弱小孤苦之國家，又因其少年英明有為，乃特加優禮，一如伊朗國王有加無缺也。

三、共匪宣布其下月十七日開偽人代會與政協會，而毛匪滯留於鄭、漢之間不返北平，至少可以測知其內部不安及其地位動搖之情勢。

四、國際情勢：甲、伊拉克北部革命（沙瓦夫[1]）不成，但納塞與卡塞姆[2]之矛盾已完全暴露，而納塞與俄共之惡化，幾乎有斷絕關係之勢，此乃中東之重要變化也。乙、英麥[3]訪法、德似已表示諒解。丙、愛克對國會援外諸文特提我國抗共有效為例。丁、美對西柏林問題仍表示堅強，但其民主黨國會終將傾向英國姑息政策耳。

三月十五日　星期日　氣候：雨

雪恥：一、匪公安師內容及其愛民整風運動。二、日技術研究本部之專員考察人選。

朝課後續讀吳子論將篇，至勵士篇完，此下卷三篇比上卷三篇重要也。上午審核戰爭原則釋義開始，禮拜後帶兩孫車遊淡水。午課後約見梅樂斯[4]夫婦，彼實中國之知友也。帶兩孫遊後公園，杜鵑花如錦，可愛。晚觀故鄉影片，今日感觸甚多，晚課。

三月十六日　星期一　氣候：陰雨

雪恥：一、指揮作戰將領之主要性格：甲、審慎。乙、決心。丙、行動。丁、澈底（不變方向）。

1　沙瓦夫（Abd al-Wahab al-Shawaf），伊拉克自由軍官運動的一員。參與 1958 年 7 月 14 日的革命。
2　卡塞姆（Abdul Karim Kassem），伊拉克軍事人物，1956 年成為伊拉克「自由軍官運動」領導人，1958 年 7 月發動軍事政變推翻費薩爾王朝君主政權，成為伊拉克共和國領袖。
3　英國首相麥米倫（Harold Macmillan）。
4　梅樂斯（Milton E. Miles），又譯梅祿司，美國海軍將領，曾任中美特種技術合作所副主任、艦長、支隊司令、海軍第三軍區司令，於海軍軍令部負責南美事務。1958 年退役。

朝課後續審修戰爭原則之統一與合作部分。上午入府，約見美惠蘭[1]將軍後，召見防大畢業生十員回，記事，記上周反省錄。午課後到後公園接待約王遊談，以天雨，茶後即移研究院，聽其對約旦與阿拉伯各國之總報告二小時而別。晚應約旦宴於圓山金龍廳，十一時前宴畢而回，晚課如常。

三月十七日　星期二　氣候：晴

雪恥：此次約旦王來訪一切皆如儀無缺，惟最後相別時問其婚姻如何，彼現難言之辭，只述其家庭母與女及兄弟現狀，而未及他，其語意之中略帶有婚變之意。此問或有唐突之嫌，以彼此關係，尚未能及家庭私事之程度乎。

朝課後續審原則釋義，今日至主動一條。九時到情報局，主持戴故局長[2]逝世紀念後，到圓山與約王敘談一小時，對其前途功業與美援及政策問題，從實貢獻意見。十二時送其到機場作別，余認約王之老練通達，殊非其年齡所能及也，可喜。午課後審閱原則，記事。晡遊覽後公園，膳後散步，晚課。

三月十八日　星期三　氣候：晴

雪恥：作客不易作東更難，客去如釋重負，此吾所以不願作客為難耳。

朝課後續審原則釋義，本日修改至機動與奇襲兩原則，對於奇襲部分增補特詳。上午主持中央常會，通過臺省地方選舉總則，與勵〔屬〕生[3]使日、

1　惠來（Otto P. Weyland），又譯魏蘭、惠蘭，美國空軍將領，曾任美軍戰術空軍司令部副司令、遠東空軍司令，1954 年至 1959 年任戰術空軍司令部司令。

2　戴笠（1897-1946），原名春風，字雨農，浙江江山人。歷任軍事委員會調查統計局處長及副局長、中美特種技術合作所所長。1946 年 3 月 17 日墜機身亡。

3　張屬生，字少武，河北樂亭人。1954 年 8 月，改任中國國民黨中央委員會秘書長。1959 年 3 月，出任駐日本大使。

昌煥[1]使西班牙各案,記事。午課後續修原則釋義,頗費心力。膳後散步,晚課,檢閱福煦戰爭論,十時後方寢。

三月十九日　星期四　氣候：晴

雪恥:一、緬邊決築降落跑道並囤積汽油,限期完成(六個月內)。

朝課後續修戰爭原則奇襲一條,重加補正,頗費心力。上午入府約見南非洲記者[2]後,參攝九機列隊飛行影片後,主持武漢計畫籌備會談,以美太平洋司令部必要我先定減少金門兵力日期,方允廿四榴砲啟運赴金,不禁憤怒係之,令叔銘聽之不理。午課後記事,續修原則至士氣條完,乃與武孫車遊山上一匝,膳後散步,晚課。

三月二十日　星期五　氣候：晴

雪恥:一、紫外光線器與 88P 短距離防戰砲之搆〔購〕置。二、緬北機場與硬土質材料。

本日為舊曆二月十二日,夫人滿六十歲之生日,未能在家團敘,時用遺念。朝課後,續修原則釋義至十二時完成,心神為之釋然,認此為建軍基本工作,故竭盡心力也。午課後記事,為敬之[3]寫壽條祝其七十歲。帶兩孫往遊後公園陽明瀑,其高超過千丈岩,其壯與美則優於廬山秀峰之馬尾泉也,興賞久之。晚設晏〔宴〕祝夫人壽,觀影劇後晚課,十一時寢。

1　沈昌煥,字揆一,祖籍江蘇吳縣,生於江蘇嘉定。1953 年 12 月出任外交部政務次長。1959 年 3 月出任駐西班牙大使。

2　郎拜德,南非聯邦祖國報記者。

3　何應欽,字敬之,貴州興義人。1949 年 3 月任行政院院長,同年來臺,擔任總統府戰略顧問委員會主任委員。

三月二十一日　星期六　氣候：晴

雪恥：一、拉薩通北平無線電已於前日中斷半日後恢復通電，但斷續無常，可知西藏反共革命[1]已蔓延到拉薩城內，其情勢嚴重，應設法支持、積極援助，惟美國態度消極不定，兩年以來為其貽誤不小也。

朝課後記事，上午入府召見袁子健[2]，聽取越南情勢好轉之報告。主持軍事會談，聽取陸軍前瞻計畫之報告。午課後重習孫子一遍，有益。帶兩孫車遊山上，晚散步，晚課。

上星期反省錄

一、拉薩自十三日以來，藏民發動反共革命並發生戰事，至本周末共匪之拉薩廣播臺且已斷絕，此一反共形勢將導發我反攻復國之機運，而其最大後果，則在共匪在大陸失敗時，再不能佔踞西藏，為其最後掙扎之根據矣。

二、本周全力修改戰爭原則釋疑〔義〕，第二次已脫稿，乃又一建軍基本工作完成矣。

三、埃及納塞自伊拉克政變失敗後，即採取反俄態度，而且有加無已，但俄仍繼續為埃興築水壩大工程，是其非至埃及正式驅逐，則必不放棄此一戰略據點也。

1　1951年中共「和平解放」西藏後，與當地政經社會文化的分歧日生，衝突迭起。本年3月，藏民掀起大規模抗爭，和解放軍衍成武裝衝突，拉薩尤為激烈。經此事變，第十四世達賴喇嘛偕同部分噶廈官員流亡印度，成立西藏流亡政府；中共武裝鎮壓動亂後，則是廢止原「十七條協議」，並以「在西藏全境進行民主改革」為名，將土地改革運動擴展到原噶廈控制區。

2　袁子健，浙江慈谿人。1956年12月，調任駐越南大使館公使。1958年7月升任駐越南大使，1964年10月離任。

本星期預定工作課目

1. 修正受難節文告稿。
2. 青年節文稿。
3. 臺中行政會議訓話。
4. 發表對援藏與主張其獨立之宣言。
5. 決定國防研究院學員人選。
6. 審定荒漠甘泉新編。

三月二十二日　星期日　氣候：晴

雪恥：一、目前緊急問題關於西藏之政策，應作基本方針之決定，此時決非以空言援助所能奏效，對於其獨立自主地位，應在憲法程序與法定手續（即國民代表大會通過時）在中華民族團結互助之下，予以確定實施也。

朝課後續補戰爭原則釋義稿，除禮拜外，終日皆從事此補修工作也。晡約美空軍次長麥金太[1]茶點後，即與美大使商討拉薩援助與合作問題，要求其政府作確切之答覆也。

本日修稿最久，心神略感疲乏。晚散步，晚課。

三月二十三日　星期一　氣候：晴

雪恥：一、凡是重大問題，只要依照道理與主義原則來決定，不能有所滯疑也。

1　麥金太（Malcolm A. MacIntyre），美國律師，1957 年至 1959 年任空軍部副部長。

朝課後續修原則釋義第三次補正完。上午九時召集辭修等，對西藏反共戰爭之支援及其獨立地位預定方針之指示，令其從速擬訂具體計畫予以宣布，自認此一政策之決定正其時也。十時後遊覽庭院，記前、昨二日日記，正午宴日本大使崛〔堀〕內[1]餞別，並對其外相藤山指示其對匪通商言行不滿之意。午課後審閱受難節與青年節文稿，車遊散步，晚課。

三月二十四日　星期二　氣候：晴

雪恥：一、應對西藏反共革命事發表聲明。二、電葉[2]促美援藏計畫之答覆。三、辭修對藏事故學作政客從容態度，對我指示從長計議而不肯立作決定，是不知革命之道。此次藏事之處理猶豫不決，有了堅定之指示而尚滯疑至此，本黨前途可說無革命成功之望，不勝憤悶。

朝課後記事，十時對心戰會議致訓後，與辭修談援藏及宣言事，不勝沉悶，本黨豈真無人才承接革命事業耶。讀司馬法[3]一篇，午課後審閱青年節稿。約史密斯[4]及莊乃德茶會，正告其拉薩雖被共匪控制，但全藏革命更為蔓延，問美對藏支援政策究竟如何，速作確答為要，約談一小時半方完。晚車遊回，散步，晚課。

1　堀內謙介，1955 年 11 月 17 日受任日本駐華大使，12 月 27 日呈遞到任國書，1959 年 3 月離任。
2　葉即葉公超。
3　《司馬法》是中國先秦時期的軍事著作。大約成書於戰國初期。據說是齊國司馬穰苴整理成文，是現存最古老的軍事思想。
4　瑪格麗特‧蔡斯‧史密斯（Margaret Chase Smith），美國共和黨人，曾任眾議員，1949 年 1 月至 1973 年 1 月為參議員（緬因州選出）。

三月二十五日　星期三　氣候：晴

雪恥：一、美國務院對西藏反共戰爭今日正式聲明，不允我以美械援助西藏，對我要求作正式拒絕，最為可恥。

朝課後修正文稿，上午十時到中央常會，討論西藏地位問題，對於「民族自決」方針多作反對，毫不知國家環境與世界形勢之趨向所在，更不知革命為何物，可歎。最後余願個人負責宣布，予以反共革命成功後，達成其民族自決願望一語，並加以決議（八對五之比），至十三時方完。午課後記事，審閱張[1]擬受難節文稿，不能用。以最近藏事為重，不能分心修稿，故作罷。晡與莫塞[2]談西藏問題之宣傳要領一小時後，車遊，膳後獨自散步，晚課。

三月二十六日　星期四　氣候：晴

雪恥：一、美大使今晚面告其國務院訓令轉達於余，稱美政府對西藏戰略地位之重要很重視，對西藏反共運動在道義上表示同情，惟其對我合作援藏計畫尚難具體決定，即派其情報人員克蘭英[3]在一星期內來臺協商決定云，據此則比其昨日國務院發言者所說乃有變更其方針矣。總之，美國政策前後不一，隨時變化，是為合作最危險而不可靠者，應加注意。

朝課後修改為辭修對記者談話稿與余告藏民正式文告，至正午方定，自覺有力也，記事。午課後修改證道文，頗感無力，但時間關係只可如此耳。

1　張即張其昀。
2　慕沙（Hans V. Musa），又譯莫塞，美國美聯社駐臺特派記者。
3　克來因（Ray S. Cline），又譯克萊恩、克蘭英、克萊因、克來英、克乃因，1958 年任美國中央情報局駐華情報站站長，正式頭銜為海軍輔助通信中心主任。

三月二十七日　星期五　氣候：晴陰

雪恥：昨晡遊覽後公園消愁回，入浴後晚課畢，宴史密斯夫婦及狄馬可[1]院長，九時半宴畢，禱告後就寢。

朝課後續修證道文，上午遊覽庭園後，在靜觀室考慮證道文重擬一篇的必要。自十時起擬稿開始，至正午初稿完成，即將此初稿在蔣林堂廣播後，回寓，作第二次修正完，午課。至十五時方進食，以今為受難節，朝、午皆禁食如例也。晡與廷黻[2]談話一小時，彼對公、私皆表關切為慰。晚散步，晚課。

三月二十八日　星期六　氣候：晴

雪恥：一、昨夜子初醒後，感覺證道文中「真理是什麼」一段中，未能提起「耶穌在十字架上不惜犧牲的仁愛、信義、忠勇的精神，就是上帝真理最具體的表現」，甚為不安，幾乎不能安眠，反覆三小時之久。今後無論理論文字或軍政計畫，必須先提交幕僚審議而後再作決定，凡心裡對於事物有所疑慮者，亦應如此，以彌補缺失或修正錯誤為要。而且此為已往獨裁自決以致失敗之最大教訓，應切戒之。

朝課後修改青年節文稿，上午入府，約見紐絲綸[3]工會代表等，主持軍事會談後，往祭趙家驤、吉星文、章傑[4]三烈士，並與其各家屬照相後回，記事。

1　狄馬可（Roland R. De Marco），美國紐約芬琪女子學院（Finch College）院長。
2　蔣廷黻，字綏章，湖南邵陽人。1947年11月至1962年7月，任駐聯合國代表。1958年4月，當選中央研究院人文及社會科學組院士。
3　紐絲綸（New Zealand），紐西蘭的舊譯。
4　章傑（1909-1958），字微塵，1949年隨軍來臺，調任聯勤總司令部副參謀長。1958年，調任金門防衛司令部副司令官，襄佐司令官胡璉，8月23日，共軍無預警強力砲擊金門，與另兩位副司令官趙家驤、吉星文殉職，追晉空軍中將。

上星期反省錄

本週專心致力於西藏基本政策，以及對其此次反共革命之援手問題所得結果二點：

一、發表告西藏同胞書[1]，決定一俟共匪消滅後，予以民族自決之願望實施。

二、對美國之西藏援助政策之探索，最後結論無異拒絕我合作援藏，而其包辦藏事之野心畢露無異，可笑之至。

其他主要工作：

甲、受難節證道文以事忙幾乎停止，不作文告，惟當日上午十時在遊憩中，忽思從中來，竟在二小時傯促中擬定證道文，如例發表，自覺安心。

乙、青年節文稿亦於前一夕修改完成，尚稱妥適。本周速發三篇文告，皆在西藏問題緊急中臨時告成，無誤為慰。而戰爭原則釋義之修正第三次最後完稿，亦甚重要也。

三月二十九日　星期日　氣候：晴

雪恥：昨午課後續修第二次文稿畢，帶武孫車遊回，續修第三次文稿，至八時後方脫稿也。膳後散步，晚課。

本（廿九）日朝課後，見共匪對西藏反共革命的經過詳報，最重要的二點：甲、達賴[2]已逃出拉薩，脫離了共匪的魔掌。乙、說明此為我政府所推動，

1　3 月 26 日，蔣中正發表〈告西藏同胞書〉，表達對西藏動盪形勢的關懷之意，宣稱中華民國政府正集中力量，給予藏胞有效援助，望能繼續堅決奮鬥，約期會師。文中並聲明，西藏未來的政治制度與地位，待摧毀中共政權後，當由藏胞自決。

2　丹增嘉措（第十四世達賴），出生在青海東北部祁家川，原名拉木頓珠，1950 年 10 月 17 日繼位親政。1959 年後離開西藏，長期流亡海外，並於 1989 年獲得諾貝爾和平獎。

並說明我三次空投援藏武器。而最不好的消息就是「泥黑路[1]」被共匪威脅，不敢接受達賴入印境也，可恥可恨極矣。上午主祭革命先烈後，對青年節大會宣讀訓詞完，禮拜如常。

三月三十日　星期一　氣候：晴　下陰

雪恥：昨午課後，即帶兩孫由陽明山、七星山轉金山鎮，經野柳龜吼村步至沙灘頭小山上視察形勢後，再乘車經基隆回蔣林，已將七時。本日心神最感舒展，對前途亦滿懷希望。晚看「六福客棧[2]」電影未完，晚課。

本（卅）日朝課後準備講稿，九時到軍事會議致開會詞後，聽取陸、海兩軍總司令報告各一小時畢，指示皮宗敢修正原則草案。午課後到會，聽取空勤及防衛各總司令報告三小時畢回，入浴。晚膳後散步，重審原則草案組織與統一兩章，決將組織原則與「運用」改為「職責」，以加重「負責」性之重要也，晚課。

1　尼赫魯（Jawaharlal Nehru），日記中有時記為泥黑路、尼黑魯、印黑，印度獨立後的第一任總理（1947-1964）。

2　《六福客棧》（The Inn of the Sixth Happiness），劇情電影，演述英國女傳教士艾偉德（Gladys Aylward）在華北傳教，及在抗戰期間護童避難的歷史故事。導演：馬克・羅布森（Mark Robson），主演：英格麗・褒曼（Ingrid Bergman）、庫爾特・尤爾根斯（Curt Jurgens）、羅伯特・多納特（Robert Donat）。出品：美國二十世紀福斯（Twentieth Century-Fox），1958年。該片原擬以臺灣作為主拍攝地，因纏足等多項情節引發「辱華」質疑，最終轉移至英國北威爾斯拍攝。

三月三十一日　星期二　氣候：陰寒

雪恥：一、得達賴在途中頹山受傷之消息，無任系念。二、共匪公布藏戰經過報告，對我無害，而反使國際與國民皆對我政府援藏苦心與積極，發生鼓舞影響甚大也。

朝課後重修戰爭原則釋義稿。九時到軍事會議聽取王總長[1]總報告，將所有軍事機要與數目全部公開無遺，不量會場一千餘人之環境，可歎。主持軍事者不知機密至此，能不憂惶。會畢回，記事，午課後續修釋義統一與組織二原則，頗費心力也。車遊回，入浴，膳後散步，晚課，十時前寢。

1　王總長即參謀總長王叔銘。

上月反省錄

一、西藏反共運動之暴發，實為四十四年萬龍[1]之亞非會議以來，對共匪第一次制命之打擊。

二、伊拉克軍變與納塞之反共態度明朗，可說阿拉伯集團之反共情勢更予俄共當頭一擊。此乃遠東與中東形勢轉變，對世界前途又發生一個新希望也。

三、俄與西方對柏林問題由英麥[2]之奔走斡旋，為首腦會議與外長會議問題，形式上雖約期召開，但實質上仍無把握也。

四、美兩黨對柏林（俄共）問題一致政策表示對俄共不屈，而其對東方金馬問題之意見如何？可歎。

五、美與伊朗、土耳其、巴基斯坦各訂雙邊盟約。

六、中東形勢第一與第五兩項行動對反共情勢確有顯著發展也。

七、約但王來訪，對於反共形勢在將來必有重大影響也。

八、共匪月初在鄭州集會，毛、朱[3]等又分別在漢口、廣州集會，毛且逗留外省而久不敢返平，可知其內部矛盾與俄共控制北平之程度為何如矣。

九、拉薩反共戰爭自十日起直至十九日，共匪方敢使用重砲擊毀宮殿與拉薩諸大寺，三日後乃始平服。而達賴本人卒於十七日潛離拉薩，共匪竟不之知，可知匪軍在藏之如何孤立與被藏民包圍之情景矣。

十、拉薩已被共匪摧毀與控制，但達賴已於月杪脫險入印，而全藏各地以及青、康二省反共形勢普及，決非共匪所能壓制。此一新的反共情勢之發展，應如何切實掌握而不使放過，是為今日存亡成敗之最大關鍵也。

十一、美國對藏政策與行動態度，其必欲獨佔西藏，不容我預問之心理，已

1　萬龍即萬隆（Bandung），是印尼第三大城市。
2　英國首相麥米倫（Harold Macmillan）。
3　毛、朱即毛澤東、朱德。

如見其肺肝。其幼稚與拙劣至為可笑，而其對我所謂合作者，亦可知其誠意之所在矣，可痛之至。

十二、工作情形：甲、本年度作戰計畫要旨十二項目之指示，交彭[1]執行之決定，此為主要工作也。乙、武漢計畫繼續之研究與指示，第一期目標區之規定應多難實行而改變。丙、國防研究院教育方針與課程已經審定，學員人事亦已親自選定，但並不合理想。丁、應審核戰爭原則釋義之專深，乃對西藏反共情報之貽誤一星期之久，故未能及時宣傳擴大號召，最感愧悔。以後對於情報消息之第一處理，無論任何重要學術之研究，決無如情報第一之重要也，戒之。戊、告西藏同胞書實為歷史上重要之關節也。己、受難節證道文與青年節文告皆頗自慰。

十三、年初以來感於美國決無協助我軍正式登陸反攻之希望，故決心放棄八年來之痴想，乃以自行發動其空降進擊之武漢計畫，獨立進行，並不違反其中美互助協定，使之無所指摘，此乃復國方針之最大轉變也。

1　彭即彭孟緝。

四月

蔣中正日記
Chiang Kai-shek Diaries

民國四十八年四月

本月大事預定表

1. 對外宣傳：甲、美左派與工會方面。乙、對加拿大之宣傳。

2. 廣播新機器增強交涉。

3. 行政改革委員會之建議與實施程度，應每月會報一次。

4. 共匪三軍長成經過與現在實力，以及其戰法之印頒。

5. 官兵正式姿態之印圖。

四月一日　星期三　氣候：晴陰

雪恥：一、勞勃生將辭職消息，是否與對華政策有關，應查明。

朝課後續修戰爭原則釋義後，到軍事會議聽取去年總檢閱結果講評與同袍儲蓄會報告後，巡視國防大學後山防空洞及三軍作戰聯合教室之新設備畢回，記事。午課後到軍會，聽取三總長對金門砲戰之總講評，晡見土耳其國防部長孟德斯[1]談一小時後，獨往研究院巡視籌備情形回。經兒同餐後，散步，晚課。

1　孟德斯（Ethem Menderes），土耳其國防部部長。

四月二日　星期四　氣候：晴

雪恥：一、全面戰中之軍事管區與全面民防之組織與實施方法，以及寬嚴獎懲與方式手續之詳訂。二、以統御、負責、誠實為軍事教育方針。

昨晚睡眠七小時為最佳也。朝課後記事，上午入府會客，召見張國英等八員，主持作戰會報，聽取金門防務部署計畫予以裁定，對武漢計畫第一次空降地點重加研討，予以指示。午課後批閱要公後，召見柏亭，談登陸軍計畫之組成。晡遊覽後公園回，觀影劇「江山美人[1]」，為國產中之最佳片也，晚課。

四月三日　星期五　氣候：晴

雪恥：一、達賴昨已安全進入印度境內，此為對共匪最大之打擊，但其對我政府冷漠未表示態度，余亦不宜有所表示，以彼將為外人所包圍，必將受人挑撥惡感（漢藏），但我已宣布我對藏「民族自決」之政策，論理當可消失過去之猜疑而作進一步漢藏之互助合作，對共匪同仇敵愾也。何況彼藏將來獨立，亦非經我正式承認不可，故此時不必急於表示或希望其來臺，反使其為奇貨可居，而張其氣燄也。

朝課後到軍會聽取石覺報告，其戰爭面與反攻戰略之理論甚佳。午課前後記事，聽取胡炘[2] 報告其在美實習兩棲登陸受訓經過，亦甚重要。晚膳前後車遊，散步，晚課。

1　《江山美人》，黃梅調古裝劇情電影，演述明朝正德皇帝與李鳳姐的民間愛情傳說。導演：李翰祥，主演：林黛、趙雷，配唱：靜婷、江宏。出品：香港邵氏兄弟，1959 年。
2　胡炘，字炘之，浙江永嘉人。1958 年奉調為國防部參謀本部第三參謀次長室助理次長執行官。1960 年 11 月，任總統府侍衛長。

四月四日　星期六　氣候：陰雨　下晴

雪恥：一、據美情報人員自認其此次拉薩反共戰爭運動是由其策動的，並說明其西藏反共運動今後仍由其單獨進行，不與我合作，是其用意可知。二、達賴出處與駐地問題應與美洽商，或使其能先到美國暫住，則較在印度或英國為宜也。

朝課後記事，入府，約見土國防部長辭別也。召見六員，批閱公文，與岳軍商西藏達賴問題。午課後到會，聽取報告三小時畢。晡心緒苦悶，帶武孫連遊山上，晚散步，晚課，入浴。

上星期反省錄

一、軍事會議已開會四日，各種報告皆較去年進步，而對石覺所編者反共戰爭思想與戰爭面之建立兩報告，皆得我心也。

二、達賴已於周初逃抵印境（大旺廟[1]），私心頗慰，此乃予共匪以重大打擊之第一次也。惟其行動與態度尚不可知，若其不能離印，則前途堪憂耳。

三、美情報員克萊因自美回臺後，自承其拉薩亂事與武器運濟皆由美國所策動，而且達賴此次出走後中途脫險情形，亦由美方先告我也。惟彼對我與西藏反共運動之關係，則並不知情也。

四、余對達賴態度暫取靜觀，必須待其先有表示，並免其在印為難耳。

1　今達旺廟。

四月五日　星期日　氣候：晴

雪恥：一、達賴今後駐所究竟何處為宜？印度與美國皆各有其利弊，應不表示，靜觀其時勢之推演可也。二、廷甫〔黻〕入黨問題，應先促其認識公私之利害關係。

朝課後記事，召見沈鎮〔錡〕談馬來亞、星嘉坡接濟問題。禮拜後帶兩孫視察軍犬訓練中心所，應加補助。午課後帶兩孫遊覽大埔新村，順道遊覽長壽山佛庵，頗清靜。晚膳後散步，晚課，入浴。

四月六日　星期一　氣候：晴

雪恥：去年度三軍種成績應以空軍第一為 95 分，陸軍第二 90 分，海軍、陸戰隊共為 85 分。

朝課後整備講稿，九時到軍會主持紀念周，致訓一小時畢，聽取大會報告。正午回，記事。午課後聽取大會報告，匪軍高級將領下連當兵問題，其用意在控制士兵，而事實為倒行逆施之所為，不必顧慮。晡約美大使[1]與「克來因」來談西藏問題，余指其對我合作不誠也，並將達賴住印久時其生命亦將危險，令其注意。晚車遊市區回，晚課，入浴。

四月七日　星期二　氣候：晴

雪恥：此次軍事會議成績較往年為佳，各單位皆有進步，而以石覺所提反共戰爭思想與戰爭面之理論最為優良。至於美顧問所提對金門戰爭之缺點批評，

1　莊萊德（Everett Drumright）。

亦甚適當而有益，惟司馬德[1]特別指出，其美國對反攻大陸政策以政治為主，而與我以軍事為主者不同，且指明其為中美協議之共同政策，帶有警告之意，此乃由莊乃德所授意者，可知其不知大體也，可歎。

朝課後整理總講評材料，上、下午皆主持軍事會議，午課雖略休息，但不能安寧，直至十八時閉幕後，又主持聚餐訓話，因興奮過度而有拍桌強調，自感失態乎。廿時回，入浴，晚課。本日最感疲乏，左目閃電又烈為苦，但精神不倦也。

四月八日　星期三　氣候：晴

雪恥：一、共毛七中全會在上海召開，發表其推荐偽府主席人選，但未明言其姓名也。

朝課後記前（六）日事。上午九時到防大，聽取裝甲司令部對軍官團士官團組織的報告一小時，又參觀實習一小時，頗佳。復到地形模型室參觀匪軍戰法圖片一小時半，甚覺有益，惟疲乏亦甚，但精神仍旺盛也。午課後批閱公文，約見梅樂詩茶會，敘別後，獨自遊覽庭園後入浴。晚膳後與經兒車遊山上。美國必要獨佔西藏，不許他人插足之政策，拙劣已極。晚課。

四月九日　星期四　氣候：晴

雪恥：一、西藏研究組之人選。二、歷史研究組。三、對匪共經濟、財政、交通、農工商業與人民公社等各研究組之準備。四、達賴行動態度言論為印控制之宣傳技術。五、印度對達賴控制與匪、印、藏三角關係之研究。

1　史慕德（Roland N. Smoot），又譯司馬德、史馬德，美國海軍將領，1958 年 7 月至1962 年 5 月任美軍協防臺灣司令部（USTDC）司令。

六、高棉拒匪經援之消息查明。

朝課後記事，上午入府會客，對美廣播公司記者等談話後，主持武漢會議空運目標與里程之研究。午課後批示修正記者問答稿，巡視研究院。晚約廷黻單獨談話，彼之態度已好轉，但其精神與表示仍非誠服耳。十時後晚課。

四月十日　星期五　氣候：晴

雪恥：一、宗噶巴[1]之二徒為達賴與班禪。二、藏族分為四部：甲、藏部即後藏。乙、烏斯部即前藏。丙、甘斯（或甘孜）即西康。丁、朵部即青海。此四部之關係應切實研究。

一、每一戰場對敵人之要點或弱點予以確實控制，或加以致命之打擊。

朝課後修正教戰總則與戰爭原則，作最後之定稿。上午入府會客，主持宣傳會談，對西藏達賴入印後，與「泥黑路[2]」之態度討論甚切。余認為達賴入印以後，對達賴作用從此消失，惟西藏問題對我革命之影響，又發生一種新的形勢矣。

四月十一日　星期六　氣候：晴

雪恥：昨午課後批閱，晡帶武孫視察後公園回，入浴。膳後與經兒車遊淡水，途中談美國獨佔西藏之企圖及其對我之態度，可謂拙劣已極，乃決定自我單獨進行，並予美國以警告也。晚課後十時半寢。

1　宗噶巴、宗喀巴（1357-1419），法名羅桑札巴，意為「善慧名稱」，通稱宗喀巴、宗大師，藏傳佛教格魯派（黃教）創始人。
2　泥黑路即尼赫魯（Jawaharlal Nehru）。

本（十一）日朝課後記事，十時入府主持月會後，召見程〔陳〕啟天[1]、王〔黃〕正銘[2]、王之珍[3]後，主持軍事會談，宣布陸、海、空三軍去年總成績：空95分，陸90分，海85分。因陸戰隊為90，加海軍80分，故得數為85分也。指示軍會決議案處理與實踐要旨，午課後批閱，帶武、勇二孫上角畈，途經洞口視察新築，甚不合式也。膳後散步，晚課，宿於妙高臺，不甚安睡也。

上星期反省錄

一、達賴逃入印度後，「泥黑路[4]」必挾以自重，且將為共匪與達賴之媒介，以達其損藏利印之目的，故今後達賴在印，而對我國革命再不能發生作用，美國甚望包攬達賴獨佔西藏之態度，更為幼稚可鄙。從此援藏反共以及我發動軍事反攻，惟有自力進行，對美默認反攻之想念可以根本斷絕矣。

二、司馬德在軍事會議閉幕之演詞中，所謂中、美兩國對我軍事反攻之政策顯有歧見，並說「危機」字樣，是乃其代表政府對我之威脅與警告，可知美國幼稚之程度矣。

三、此次軍事會議已如期完結，甚覺有益。本周一、二、三日工作亦最感忙迫，但對教戰總則與戰爭原則釋義，皆親自修定通過實施，對於我軍戰術思想之統一與學術之進步，必有劃時期之功效也。

1　陳啟天，字修平，湖北黃陂人。1950年1月任中國青年黨秘書長，旋代理主席。10月創辦《新中國評論》月刊。時為總統府國策顧問。
2　黃正銘，字君白，浙江寧海人。1949年隨外交部駐廣州數個月，其後轉赴臺灣，任臺灣大學政治學系教授，兼政治大學政治研究所教授。1952年4月當選為司法院大法官。
3　王之珍，號席儒，河北固安人。1955年12月任外交部條約司長，1959年4月升任外交部常務次長，1962年1月外派駐阿根廷大使。
4　泥黑路即尼赫魯（Jawaharlal Nehru）。

四月十二日　星期日　氣候：陰　晡雨

雪恥：一、美國人的精神力均衡之可貴處即：甲、理想與實踐。乙、自由與法治。丙、獨立與合作。丁、鄉氣（樸實）（傻氣）與朝氣。戊、享樂與勞動（努力）。以上為友人考察美國精神之所得的結果，余認為尚有一個基本習性，就是權利與義務同時兼顧並重，即其每個人皆知對其國民地位為國家與社會負責盡職，而不像一般重私輕公、有我無人、有家無國之徒所可企及也。

朝課後遊覽山水，聽報。上午記事，記上周反省錄，研究武漢計畫空運地區之可能性甚詳，乃決定五個地區，並設計前後飛機航道不同之方法，可以節約投擲時間也。午課後記上二周反省錄，晡帶兩孫巡視望月臺及小學校所建築新課室後，冒雨回來，晚課。

四月十三日　星期一　氣候：晴

雪恥：一、情報工作與領導者之精神力、意志力與決心最為重要，亦可說情報的學問就是運用活的精神力之學問也。二、情報制度與要則：甲、人事。乙、紀律。丙、責任。丁、服從。戊、誠實。己、為救友而犧牲。庚、榮譽。三、修養、良知、良能。四、致知在格物，即物窮理。五、機警。六、戒慎恐懼。七、莫現乎隱，莫顯乎微（測隱知微）（研幾窮理）。

朝課後記事，上午遊覽庭院，指示植養梅樹與刪除雜樹，甚覺自得。記上月反省錄，午課後帶武孫下山，途經洞口新築，乃定名為「慈庵」，題其門前之潭為「慈潭」，以紀念先慈[1]劬勞也。晚膳後與經兒車遊市區回，晚課。

1　王采玉（1864-1921），蔣中正之母親。十八歲前夫故去，二十歲再嫁蔣肇聰為繼配。1887 年生蔣肇聰次子蔣中正，後又生一男兩女：蔣瑞蓮、蔣瑞菊、蔣瑞青。

四月十四日[1]　星期二　氣候：晴

雪恥：一、印度飛機在巴基斯坦上空被巴空軍擊落，「泥黑路[2]」以「遺憾」了之。

朝課後記事，入府接見日本大使[3]呈遞國書後會客。十一時到情報會議致訓。辭修面報其擬召開國是會議之意見，乃為政客反動輿論所威脅，是其不諒後果為何如，故不予同意。正午仍讀福煦講詞，午課後到總醫院檢查體格，並無變化為慰。晡視察後公園，污穢不堪，如明日在此約外交團茶會必將丟臉，乃決定轉移至研究〔院〕為茶會場所。晚膳後散步，晚課。

四月十五日　星期三　氣候：陰

雪恥：一、杜勒斯癌症蔓延至頭部，其病況轉惡，殊為自由世界不利之消息也。

五時後起床，朝課畢時方拂曉也，擬講稿要旨。九時到陽明山國防研究院（即革命實踐研究院原址），親自指導布置茶會場所。十時主持該院第一期開學典禮，訓詞後點名，回寓，記事。午課後再到院視察茶會場所後，重讀福煦陸大講詞。自五時起舉行外交團春節茶會後回，晚宴李尼茲[4]將軍，十時完，晚課。

1　本日內容記於原十六日頁面。至於十四日與星期二字樣則係蔣親筆改正。
2　泥黑路即尼赫魯（Jawaharlal Nehru）。
3　井口貞夫，歷任日本駐加拿大大使、駐美國大使。1959年4月7日到任駐華大使，4月14日呈遞到任國書，1962年11月離任。
4　尼米旨（Lyman L. Lemnitzer），又譯藍米茲、藍勉志、李尼茲、尼米茲，美國陸軍將領，曾任第八軍團司令官、遠東司令部司令，時任陸軍副參謀長。

四月十六日[1]　星期四　氣候：陰雨

雪恥：葉公超其名為公，而其心不僅為私，且其奸詐實超乎一般小肖之上。今後只能用其小智，並嚴防其賣弄也，切戒之。

朝課後與李尼茲共餐，約談一小時半，專談確保大、二擔島與美對西藏問題態度，表示不滿為其重點。彼乃誠實將領，故余對其亦誠信不諱〔諱〕也。十時入府，主持武漢計畫之作戰會談，午課後重讀福煦陸大講詞第二次完，甚覺有益。晡巡視研究院回，入浴，傷風。膳後散步，晚課。

四月十七日　星期五　氣候：晴

雪恥：據我技術研究室截獲西藏電報，本月十一日有俄共某大隊由拉薩向猩猩峽（峽東）撤退，其技術人員七十七名、車八十三輛、器材五十噸，此乃俄共在藏建立飛彈基地之明證也。惟其電尾拖有一句，其到峽東後行動如何，須看其合作誠意如何而定，可知匪、俄之間是有矛盾，亦甚明顯。

朝課後記事，入府會客，主持財經會談約二小時，經濟財政目下尚稱穩定。午課後敬觀族譜，甚有所感，對先慈遺訓尚未能遵行，無任惶愧，惟終有能慰其在天之靈耳。晡視察雙溪至大直之山上公路，甚佳。晚課後約于斌聚餐，九時半散步回，禱告。

四月十八日　星期六　氣候：陰雨

雪恥：一、馬祖第十七師應定期調防，又駐白犬島之五十一師之一五一團亦應調防。

1　本日內容記於原十四日頁面。至於十六日與星期四字樣則係蔣親筆改正。

朝課後召見谷鳳翔同志，對雷震[1]案應不作速決為宜。上午入府召見四員後，主持軍事會談，商討老兵留營不能自由退役，並提高其待遇之決定。午課前後記事，批閱公文後，帶武、勇車遊市區，已有改正。晚膳後與經兒、武孫到基隆上漢陽艦，晚課。

上星期反省錄

一、杜卿[2]癌證〔症〕加重，正式辭職，殊為可惜，繼其後者必為哈脫[3]，遠不及杜，但外交事全在於本身之實力與奮鬥，而決不在其盟邦對我之厚薄與好惡耳。

二、十七日共匪在北平召開其二個偽大會，十八日達賴在印普澤發表其出亡之宣言，痛責共匪違約與殘暴，其中要求民族獨立之熱望一點，或有響應我告西藏人民書之涵義乎？無論如何，此一宣言乃予共匪在國際上最大之打擊，而使「泥黑路[4]」與共匪之關係投下了一個黑影。泥氏雖欲避免惡化，恐亦不可能矣。

三、與李尼茲談美國對西藏政策，表示極不滿，使其轉告政府當局，以為我今後空投之張本。

四、國防研究院第一期開學，與重讀福煦對其陸大講演，甚感有益。

五、體格總檢查與二年前並無變化為慰。

---

1 雷震，字儆寰，浙江長興人。1949 年 11 月 20 日，創辦《自由中國》半月刊，批評時政。從 1958 年起參與李萬居、吳三連、高玉樹等人發起組織的「中國地方自治研究會」。
2 美國國務卿杜勒斯（John F. Dulles）。
3 哈脫即赫塔（Christian A. Herter）。
4 泥黑路即尼赫魯（Jawaharlal Nehru）。

本星期預定工作課目

1. 國防部應設立考核直屬單位小組。
2. 作戰廳應專設訓練副次長。
3. 政治大學應新設管理課程系。
4. 重校戰爭原則釋義。
5. 審察日記。
6. 校訂新編荒漠甘泉。
7. 修正會議訓稿。
8. 防院開學詞之修改。
9. 全會議程方針。

四月十九日　星期日　氣候：晴

雪恥：昨夜出港後風浪頗大，艦身顛簸幾不能安眠，此為近年來出海乘艦所未遇者也。直至本晨泊定馬祖之鐵板港口，艦身仍顛簸不定也。自鐵板港登馬祖島進駐圓臺山之指揮部，頓覺不適，乃服藥後嘔吐一次漸平復。九時後聽取簡報畢，休息一小時後乃巡視山下坑道工事八百公尺，已將完成為慰。再巡視馬祖后澳之二四〇榴砲及一五五加農砲陣地，皆與工作官兵共攝照相以作紀念。正午在休假中心聚餐，點名、訓話。午課後乘艇由福澳至北竿島，直登壁山巔瞭望馬祖全群島與高登島後，再與高射砲官兵攝影而回，仍由午沙澳上漢陽艦，已七時許，因浪大即睡。今日朝、午、晚各課皆在床上補行，未斷也。

四月二十日　星期一　氣候：晴　夜雨　地點：花蓮

雪恥：昨在馬祖北竿、南竿二島巡視，天朗氣清，對岸敵陣東自黃歧〔岐〕、北茭半島經川石梅花，以至西南端之平壇〔潭〕島，皆歷歷如在掌上，明瞭極矣。此為前二次來時所未能及也。馬祖二島工事與布置，亦皆比去秋大有進步為慰。

本日體操停止，其他朝課如常。

本（廿）日七時，艦抵蘇澳之南方港登陸後，直至公路局休息，並至其鄰近中學視察，對學生訓示。膳後即與經兒乘車（九時半），經東澳、南澳皆下車視察，至（鼓）觀音瀑。午膳後經白來分、大濁水溪而至清水削壁，下車徒步約五里許再上車，其工程奇險鉅大，與太平洋一片壯闊綠波對照，認為無此奇觀矣。再經崇德新隧道即一路平坦，經太魯閣吊橋而到花蓮，正十五時也。

四月二十一日　星期二　氣候：陰

雪恥：昨在蘇花公路途中，無異身在世外桃源，而東澳、南澳以及「白來分」三處，皆有發展墾闢之餘地，尤以南澳為最美也。到花蓮入浴休息，午課如常，記前、昨二日事。晡視察花蓮港與海軍巡防處，應令海軍機構之房室物件的鋪陳，皆有固定規格，不僅什物皆有記錄賬單而已。晚課後用膳，散步回，默禱，就寢。

本（廿一）日巡視銅門與龍澗二電廠後，特感復國後建國事業之光明偉大，及其前途之無量也。因見工程與企業人才之埋頭苦幹，以及其專心報國，毫無利祿觀念之精神也，尤其是學問設計之不避艱鉅、卒抵於成之志事，實比

西洋任何學者而有餘。龍澗工程處長朱書麟[1]，其沉默刻苦之行德，更增余樂觀心情矣。

四月二十二日　星期三　氣候：雨　地點：日月潭

雪恥：昨（廿一）日朝課後聽報，朝餐，召見化學兵與高射砲二校校長。十時由花蓮雲海軒與經兒出發，經卅分時至銅門地下電廠參觀後，即與楊董事長[2]及經兒到龍澗地下電廠，進入七百二十公尺坑道內參觀。由坑底直通頂上之鋼管壓電洞之高度，其偉觀奇壯，乃知往日所見日月潭水裡坑之大觀電廠等則微不足道。其內之設備已大部完成，但坑道漏水甚猛，以余推測，六月間恐難發電，但楊、朱[3]等則堅言七月底必可全部完成，殊為奇績〔蹟〕耳。午膳後順道巡視榕樹村防空洞，以此將備為東部指揮所駐地也。十五時由花蓮起飛，直至臺中轉日月潭，遊覽庭院一匝，梅樹皆已長大為樂。膳後雨大未能散步，巡視各室後晚課。

四月二十三日　星期四　氣候：陰晴

雪恥：昨（廿二）日朝課後聽報，上午記事，記上周反省錄。午課後重修戰爭原則釋義，增補主動原則中戡亂戰役失敗主因之史例，自覺殊有必要，以彰吾之罪也。晡帶經兒、武孫遊湖，水位低至一公尺半，頓現枯竭之象。

1　朱書麟，浙江海鹽人。時為臺灣電力公司龍澗工程處工程師兼處長，後歷任武界工程處主任、達見工程處副處長，1976 年 5 月升任總經理。
2　楊家瑜，字瑾叔，江西新建人。曾任臺灣省政府委員兼建設廳廳長，並兼任臺灣工礦公司董事長。1955 年 2 月至 1976 年 5 月任臺灣電力公司董事長。
3　楊、朱即楊家瑜、朱書麟。

膳後散步，晚課，十時半寢。

本（廿三）日起床後，即感傷風。朝課，膳畢，散步，巡視小學回，記事，終日重修戰爭原則釋義第四次稿，對保衛臺澎基地與集中原則章，特加增補，亦甚重要也。午課、晚課如常，因傷風午後未敢出門，祇在室內休養。對於反攻復國之方策，近日研究結果已有新的決定，將記於大事表內。

四月二十四日　星期五　氣候：雨

雪恥：一、老子[1]說：汝唯不矜，天下莫與汝爭功。汝唯不伐，天下莫與汝爭能。

朝課後手擬經兒五十生辰序文，決以「主敬立極」為主題，乃與其四十生辰時所賜「寓理帥氣」題詞相對也。上午記事，並新訂反攻復國方案，錄於大事表。午課後手錄序文，全篇一氣呵成，並無遺誤為快。晡緯兒、華秀[2]等皆來祝賀，晚約侍從主要人員與親屬，為經兒祝暖壽畢，觀影劇。晚課時甚覺安心自得也，十一時寢。

四月二十五日　星期六　氣候：雨　傷風未痊

雪恥：一、馬祖對防空特別從速準備。二、匪如空襲金、馬，我空軍應即空襲大陸，速定具體計畫，其目標：甲、廈門匪軍陣地與指揮部。乙、蓮河港

1　老子（前571 - 前471），李氏，名耳，字聃，世人尊稱為「老子」。生於東周楚國苦縣，於周朝守藏室任柱下史。其著作《道德經》，為道家和道教的經典。其學說後被莊周、楊朱、列禦寇等人發展，奉為道家學派開教宗師。主張無為而治、天人合一、清靜無為的統治理念，和莊子同樣是道家的重要人物，合稱「老莊」。
2　蔣華秀，蔣中正姪女。曾任安徽省立煌縣中正小學校長兼教員，來臺後在靜心托兒所及靜心小學從事教育工作。

尾等重砲。丙、匪油彈庫。三、奇襲（夜間）匪主要基地。四、鐵路橋梁。
朝課前經兒、武、勇二孫皆來拜謝，課後朝膳，聽報，上午記事。本日為
經兒五十初度時，圈讀族譜吳[1]序與自序及查考系統。正午夢麟[2]、至柔等同
餐。午課後入浴，審閱重要情報有益，經兒報告近情後晚課，膳畢，讀詩後
就寢。

上星期反省錄

一、巡視蘇花公路，特別對清水削壁之奇險與太平洋綠波相映照之美麗景色，
　　乃信世界果有此風光為樂。

二、花蓮之銅門與龍澗兩地下電廠，特別是龍澗地下工程之高深，殊非平時
　　所能想象〔像〕及之者，從此益增我復國建國之信心，自信我建設潛力－
　　人才必不亞於俄共，更將後來居上矣。

三、來潭休養中之工作：甲、親撰經兒壽序。乙、新定反攻方略：正規軍事
　　及兩棲登陸戰爭，修正為非正規以空投為主之游擊戰爭，並以間接路線
　　與拖延持久戰術，以引發共匪內訌與崩潰的三年作戰計畫。丙、戰爭原
　　則釋義作第四次修正之完成。

四、對家事、國事之處理，最近自覺比往日實為心安理得為慰也。

1　吳敬恆（1865-1953），字稚暉，江蘇武進人。歷任制憲國民大會主席團主席、第一屆
　　國民大會代表、中央研究院第一屆院士、總統府資政。1949 年，蔣中正派專機「美齡
　　號」將其從廣州接到臺北。1953 年 10 月 30 日逝世，海葬金門。
2　蔣夢麟，原名夢熊，字兆賢，號孟鄰，浙江餘姚人。曾任北京大學校長、教育部部長、
　　行政院秘書長、國民政府委員。1948 年 10 月，任中國農村復興聯合委員會主任委員。
　　時任石門水庫建設委員會主任委員。

四月二十六日　星期日　氣候：晴

雪恥：一、凡作戰計畫有關之電報，皆應改為密函空投，尤其是命令，凡非萬不得已或氣候關係無法空投時之外，皆應用函件空投定為規律。二、速令馬祖特別作防空準備，限令到二日內完成。

朝課後記事，上午審閱新編之荒漠甘泉至下午六時為止，審至一月五日。午課、晚課如常，經兒與華秀等下午回去。晡與武孫二人遊湖，水量已由一公尺五高漲至二公尺六矣。晚膳後散步，讀詩，十時寢。

四月二十七日　星期一　氣候：雨

雪恥：一、自華盛頓大使館傳來消息，近年來在美國要人中有詆毀我父子與家中不睦之密語，此為夢所不及者，究竟虛實如何，令人無法置信，但不能不加注意。二、共匪偽人民代會已選劉少奇[1]為偽主席，以接替毛匪之位，此一結果亦出意想之外，但正得我心。此後俄共對中共控制更嚴重，無異成為一家，而對大陸人民之控制逼迫亦更變本加厲，誠一則悲憂一則樂觀也。

朝課後記事，續審新編稿，帶武孫遊湖，雨中聽報。午課後初獲劉少奇充偽主席之報，殊喜出望外。晡帶武孫車遊即回，入浴，審閱日記，憂疑不能成寐。二中全會將屆，更添無窮之愁苦，晚課。

1　劉少奇，字渭璜，湖南寧鄉人。中華人民共和國成立後，先後任中共中央政治局常委、中共中央副主席、全國人大常委會委員長和中華人民共和國主席。

四月二十八日　星期二　氣候：晴　傷風

雪恥：一、加緊金、馬反擊準備之計畫。二、如匪來奇襲，我軍應戰，是否作正式登陸之反攻緒戰，應切實研究及其應考慮各點：甲、美國防阻政策為主要障礙。乙、自我準備程度是否完成。丙、轟炸目標對匪致命之重點何在。

朝課後決定午後回臺北。上午記事後審閱日記，並與唐乃建談黨務。午課後帶武孫起程，到臺中陸軍招待所，召見鄭挺峯〔鋒〕[1]、周中峯[2]與華心權[3]，垂詢其部隊與工作情形。晡到臺北，經兒報告匪軍調動情形，晚召見叔銘、孟緝後晚課。

四月二十九日　星期三　氣候：晴

雪恥：一、立法院臨時條款與國代複決問題，以貫澈不修改憲法的主張為基礎，准黨員自由發表意見，對國代應有權利不予限制。二、先時認為國大選舉會必須有總數之半以上為有效，今知只要三分一以上開會人數即可為選舉會人數之理論，則臨時條款勢非提出不可矣，應詳加考慮。三、顧問宴會日期應決定。

朝課後審核新編稿與日記，十時主持中央常會，討論北平偽人代會所定人事問題二小時以上，最後結論認為，毛匪無言退位乃為最悲慘之一頁，實已等

1　鄭挺鋒，原名庭烽，字耀臺，廣東文昌人。1955 年 7 月，調任第一軍團司令部副司令。1959 年 1 月，調任陸軍預備部隊訓練司令部副司令。
2　周中峯，字秀三，河北慶雲人。1958 年 5 月，調任第一軍軍長。1960 年 5 月，調任政工幹部學校校長。
3　華心權，字家駿，陝西商縣人。1957 年 3 月，升任第二軍軍長。1960 年 2 月，調任國防部聯合作戰研究督察委員會委員。

於清算矣。午課後記事，續審閱日記（去年）至麥紐生[1]攻訐經兒為親俄與最具勢力者，應停止美援之消息，更引起憂慮矣。

四月三十日　星期四　氣候：晴

雪恥：昨晡與岳軍談國大代表會與選舉名額問題之法理，甚為有益。晚膳後與經兒車遊山上回，晚課，十一時前寢。

本（卅）日朝課後續審新編稿，至一月廿五日止。上午入府會客後，主持作戰會報，指示今後如匪再攻金、馬之戰法，與我軍主動出擊佔領其沿海半島形地區一或二個，以為今後反攻大陸之起點，但不作正式灘頭陣之規模為主旨，會報二小時餘始畢。午課後記事，審閱去年日記後，約厲生、乃建談全會準備議案要旨，晡巡視研究院明日茶會場所回，入浴。膳後散步，晚課，據報曹奸[2]又致經函。

1　麥紐生（Warren G. Magnuson），又譯孟達生、麥納生，美國民主黨人，曾任眾議員，1944 年 12 月至 1981 年 1 月為參議員（華盛頓州選出）。

2　曹聚仁，字挺岫，號聽濤，浙江浦江人。1950 年以後任香港《星島日報》編輯，熱衷於政治，著有讚揚中華人民共和國建設的《北行小語》、《北行二語》、《北行三語》等書。

上月反省錄

一、美對西藏援助行動一手包辦，且對我欺弄，此種拙劣幼稚之政策，殊為可痛。從此西藏失敗，美應負其重責，更可知其所謂援我者，其意所在矣。

二、美參長李尼茲來訪，比較為有誠意之優良將領，甚不多見也。費爾達在其議會作證，盛贊我金門勝利與表揚國軍之優秀也。惟司馬德對我反攻方針在我軍會中提警告，可鄙。

三、共匪偽人代會之結果，毛倒而劉繼，此為我復國不遠之朕兆。達賴安全逃印痛斥共匪，此乃對匪在國際上重大之打擊，惟印度對達賴之用心可憂。而「泥黑路[1]」諂匪自保，可謂至死不悟。

四、外蒙共黨清算對立，形成中共與俄共兩派之爭，應加注意。俄於月杪在華沙召開其附庸諸國之外長會議。

五、本月重要工作：甲、軍事會議如期完成。乙、巡視馬祖與蘇花公路，對軍經建設皆大有進步為慰。丙、國防研究院開學。丁、新定反攻方略之三年計畫內定（記於本年大事內第十一頁）。戊、出擊目標（反擊）之指示。己、為經兒撰序。庚、戰爭原則釋義第四次稿修完。辛、福煦陸大講稿又覆研一遍，有益。壬、體格檢查無變化。癸、近來心神修養甚覺自得，已至不愧不怍、不憂不懼之境域矣。

1　泥黑路即尼赫魯（Jawaharlal Nehru）。

五月

蔣中正日記
Chiang Kai-shek Diaries

蔣中正日記
Chiang Kai-shek Diaries

民國四十八年五月

本月大事預定表

1. 全會議案與中心問題：甲、反共復國之理論，由偽政權易人與西藏反共革命後之形勢為起點。乙、憲法問題。丙、重新登記問題。丁、中央組織問題。戊、全會讀訓：子、蘇俄在中國所述失敗原因一章。丑、當前幾個重要問題。寅、本黨又是面臨時代一次考驗。卯、革命民主政黨性質。辰、五大信念之說明。己、口號：子、反對失敗主義。丑、偏安主義。寅、官僚（暮氣）政客主義。卯、依賴心理。辰、分裂運動。己〔巳〕、地盤主義（派系）。午、虛偽（不實）主義。未、個人主義。申、反攻必勝。酉、衝破危險，克服困難，研究理論，把握重點思想（群眾）決心（領導基礎）。戊〔戌〕、固執與保守及本位主義妨礙進步。亥、知輕重明分（寸）際，務實踐策計可行。庚、共匪對臺步驟：子、滲透煽動。丑、思想瓦解。寅、提高生活之要求。卯、裁減部隊之要求。

2. 十年前決心遷臺與放棄大陸之作用：甲、暴露共匪之陰謀野心及其兇狠之真面目。乙、增加人民對共匪之認識及其自覺的反共之精神，方能使之精誠擁戴，達成我反共抗俄之國策耳。

五月一日　星期五　氣候：晴

雪恥：前、昨二夜至午夜後，即反覆不能成寐，一以麥紐生反華是否與某有關問題，一以國代會職權與決議授權統帥問題。余只考慮如何能安定軍心完

成反攻復國使命，而決不將如何選舉總統問題在心也，故總統決不願再任，而統帥則不能不任。無論為拯救同胞與領導同袍雪恥復國，皆不能逃避其責任耳。

本（一）日為美軍援團在臺八周年紀念，照往年例約其軍官全部茶會（今在陽明山研究院），晚宴美將官級以上及其大使等夫婦會餐，巴生斯[1]亦來臺參加。上午朝課後入府會客，批示後與岳軍談國代大會職權與決辭總統，而至不得已時，可由國大推選余為三軍統帥，專負反攻復國之全責，此乃今日研究之結論也。午、晚課如常。

五月二日　星期六　氣候：晴

雪恥：一、與美新助理國務卿巴生談話要旨：甲、正規作戰兩棲登陸必將與美協議，以遵守協定。乙、非正規的游擊作戰行動援助大陸反共民眾運動，決不能受美限制，否則美將違反協定之精神，失了中、美互助意義。丙、西藏問題為匈牙利反共運動第二，我有援助責任而美太不合作，以致錯過機會而失敗。丁、共匪崩潰情勢我須加緊合作，進行大陸游擊與反共暴動運動：子、公社制度之澈底。丑、俄劉[2]之一體化。寅、匪內部矛盾。卯、六億人民如果全民皆兵、公社制完全，則世界皆受嚴重威脅。戊、裁兵七萬名之經費補助。

朝課，記事，入府與巴生談話二小時半，盡我所有對其坦白，指明其美國言行之錯誤與失敗各點（另錄）。午課後續審新編與去年日記後，帶兩孫自竹子湖下山至後公園觀陽明瀑回，入浴，散步，晚課。

1　巴生斯（J. Graham Parsons），又譯巴生、柏森斯、柏生斯，美國職業外交官，曾任駐寮國大使（1956-1958）、負責東亞和太平洋事務的助理國務卿（1959-1961），以及駐瑞典大使（1961-1967）。
2　劉即劉少奇。

上星期反省錄

一、星五在研究院茶會，氣候與環境皆佳，握手者六百餘人，尚未疲乏，空氣亦甚和偕〔諧〕。星六與美新東方局長巴生談話二小時半，坦率指明美國對藏政策與對我觀念不正為憾諸事，自覺嚴正誠精，不計對方之觀感與結果如何，但我盡我心而已。此完全為將來大陸發展武漢計畫，使之不加阻礙而有所準備，此心自慰異常。

二、本周最令人疑慮之點：甲、葉某[1]之奸詐。乙、麥紐生案與某之關係。丙、緯國生活行為之不正。皆為近來內心苦痛愁悶之無法自解之事也。

三、對匪來犯之預防的指示及作戰出擊進佔半島方略之指導，皆甚重要也。

四、對憲法與國大選舉問題，以及對反攻復國之軍隊統帥問題與各大政方針大體皆有所決定，而對總統名位實不在我心，故全會中仍應堅持不修改憲法而皆應由國大會中自由決定，且免反動派在此十個月中之造謠生事也。

五月三日　星期日　氣候：晴

雪恥：一、美既單獨接濟西藏政府發動此次反共運動，而偏要阻絕我對大陸反共民眾之空投接濟，實為妨礙我對大陸發動反共革命與反正規軍游擊戰，乃違反我不藉武力（正規戰爭）光復大陸，拯救同胞之聯合聲明的精神，只此一點已足指責美之對我不當言行而有餘，故前日對巴生嚴正指責，乃理直氣壯毫無疑慮，且對美不能不如此糾正其錯誤觀念也。

朝課後記事，十時與「羅平生[2]」文摘記者談話一小時後禮拜。正午記上周

1　葉某即葉公超。
2　羅平生（Thomas E. Robertson Jr.），又譯勞勃生、羅濱生、羅勃生，美國《讀者文摘》專欄作家。

反省錄後，帶兩孫到外雙溪水源地野餐，風景與心情皆佳。午課後續審去年日記，五時帶兩孫視察內湖、松山、六張犁、坡內坑、木柵、景美、長〔尖〕山腳、中和、板橋之防空公路一匝而回。晚與經兒談外交與空投戰術，散步，晚課。

三日來氣候清朗，朝課靜默時，深得保和涵虛、充沛光明之象為樂。

五月四日　星期一　氣候：晴

雪恥：一、有人提議第二任總統任期應延續至反共復國後，全國選舉第二屆國民代表大會之代表集會選出第三任總統時為止者。依正當法理與事實，此為惟一解決大陸未復前之國政基本辦法，而且比之修改憲法或臨時條款為正當，惟此對余個人不願再任總統，而只任三軍總司令執行反攻復國任務之意志相違也。

朝課後記事，十時主持研究院紀念周，讀訓與講演。午課後續審新編與去年日記後，召見陳[1]總司令，聽取其在菲國參加空軍射炸比賽之報告後，車遊山上一匝回，入浴。膳後車遊淡水回，晚課。

五月五日　星期二　氣候：晴

雪恥：一、全會對大選方針之指示：甲、國代大會對國政大計有其自由決定之權力。乙、堅持不應修改憲法，無論憲法如何修改，我決不願再任修憲後之總統。丙、反攻復國之責任，余不能逃避亦決不辭讓，如國大征召我從軍服務，我必應征。丁、我與黨、國、民眾、官兵的生命是整個而不可分的，

1　陳即陳嘉尚。

我對他們自不能遺棄不顧，而他們亦決不肯離開我，此為事實無法抹煞者。戊、余決不再任總統之理由，是更易完成反攻復國的任務，亦如我在抗戰時期不任主席，而反得完成最後光榮勝利一樣道理，但望能有林主席[1]者，能赤忱為黨國與我精誠合作，而不受外來之讒邪所挑撥離間，始終合作無間耳。己、此時不宜宣布自我的出處，一切應聽之於國大之決定也。

五月六日　星期三　氣候：晴　溫度：八十三

雪恥：昨（五）日朝課後記事，十時主持政工會議開幕詞，約三刻時畢回，手擬老兵「以軍為家」運動之綱要十餘條，自覺合理。因照法律規定，大陸在臺之老兵八月以後就可自由退役，則國軍基礎動搖，對於復國前途之關係甚大耳。午課後續審新編，四時半帶武孫飛岡山駐西子灣，晚課。車遊後審閱軍事會議訓詞稿半小時，夜間幾乎失眠不能成寐。

本（六）日朝課後審閱新編，十時到岡山，主持空軍官校四十一期生畢業典禮，致訓，點名，召見顧問聚餐後回澄清樓。午課後記事，審閱軍事會議訓詞長稿。晡巡視鳳山與大埤湖，晚散步，晚課。

五月七日　星期四　氣候：晴

雪恥：一、馬下兒[2]患中風症，不能言動已有三月之久，至今仍在半死半活之中，此為上帝對其貽害我國的冷酷殘忍惡德之報應也，孰謂上帝無靈哉？朝課後審閱新編（荒漠甘泉）五課，上午續修軍事會議講稿，至午課後仍續

1　林森（1868-1943），字子超，號長仁，福建閩侯人。1931年12月15日起接替蔣中正擔任國民政府主席一職。1943年8月逝世，由蔣中正回任主席一職。
2　馬下兒即馬歇爾（George C. Marshall）。

前稿未完，記事。晡召見毛次長景彪[1]，談老兵留營之法律修正案及高級人事之調動問題後，入浴。膳後帶武孫車遊左營回，晚課，十時就寢。

五月八日　星期五　氣候：晴　溫度：八十三

雪恥：今午課靜坐時忽聞杜鵑（子規）啼聲，明澈而有精神，不勝驚喜，以久未聞此故鄉子規啼聲也。當遷臺之第二、三年，一在新竹附近，一在士林，似聞此鳥啼聲，但皆漠〔模〕糊不清、毫無精神。今日所聞者，實與故鄉先慈在世育鞠時一樣之啼聲，此或為將返故鄉之預報乎？

六時起床，朝課後審閱新編，聽取共匪全會之周匪報告書未完。上、下午皆續修軍事會議訓詞稿，甚感興奮，但時憂目力損耗耳。午課後記事，晡巡視壽山，沿海軍路回，入浴，膳後散步，晚課。

五月九日　星期六　氣候：晴

雪恥：一、體操、戴帽等姿勢圖應分發各大、中學校。二、作事原則與作戰團。

朝課後審閱新編，上午修改軍會訓詞完。午課後記事，晡與文摘記者勞勃生談話二小時之久，彼擬寫我平生事略也。膳後帶武孫車遊市區回，晚課。決定明日巡視小金門防務，以未能熟睡乃服藥，恐明日早起精神不佳耳。

1　毛景彪，號嘯峰，浙江奉化人。1949 年來臺後，任國防部第一廳（人事廳）廳長，時任國防部人事參謀次長。

上星期反省錄

一、上月杪英蒙哥馬利[1]在俄痛斥愛克領導與美國政策之錯誤,而本月初旬邱吉爾[2]乃訪華府與愛克商討英、美團結共同對俄之態度,殊堪玩味,英國政策與手段之奇巧真為俄共之強敵。而邱翁此次訪美,實已決定其兩國共同對俄的高層會議之態度與政策,乃可無疑,亦可說高會召開已成定案,而我亦望其能早開高會,或得由此使其東西壁壘與衝突更將加速與明朗乎。

二、上周重要工作:甲、軍會訓稿第一次修完。乙、對老兵以軍作家運動綱要之擬定。丙、戰爭思想統一之條目。丁、與美作家羅勃生談話三小時餘,對其為我所著平生事略或有益乎。

本星期預定工作課目

1. 提倡將領節儉。
2. 人事考核原則。
3. 蘇俄在中國之第三編應由全會研讀。
4. 全會開會詞之準備與常委之選舉。
5. 戰術定型訓練與急行軍競賽(速度)。
6. 日內瓦四外長會議將於十一日開幕,看這一幕戲如何結局。

1　蒙哥馬利(Bernard L. Montgomery),又譯蒙遏麻利,二次大戰時擔任英國北非、歐陸等地軍隊指揮官,建立殊勳。1946 年至 1948 年 9 月擔任參謀總長。1951 年任北大西洋公約組織歐洲盟軍副司令。1958 年退役。

2　邱吉爾(Winston Churchill),英國政治家,保守黨成員,曾任首相,時為國會議員。

五月十日　星期日　氣候：晴

雪恥：一、卅三師副師長江春曉[1] 講話結舌，應注意。二膽島指揮張莊[2] 可用。

昨夜睡眠不良，今晨五時半起床，尚未掃〔拂〕曉，朝課如常。七時後出發至屏東起飛，十時到金門，即與劉壽如及經兒等渡至小金門，視察二四榴砲兵陣地及觀察所，瞭望大、二膽、虎仔嶼各島，歷歷如在掌上，對岸五通口、雲頂岩、冒石頭〔石冒頭〕、煙墩山之敵情地明晰可數也。最後到龍骨山新建之坑道指揮所，範圍較寬，亦已完成。十二時半再渡回金門，在新建之坑道司令部休息後，適美第七艦隊紀維德[3] 等亦在金門視察，約其聚餐，談笑自若。膳後視察美金〔人〕山二四榴砲陣地，甚覺此砲射界甚狹，而且諸砲不能同射一個目標為異。

五月十一日　星期一　氣候：晴

雪恥：昨午後視察重砲陣地後，即至尚義附近視察排班地下隱蔽部駐地，頗佳，比上次貌兒洞則優裕多矣。四時由尚義起飛，回岡山轉西子灣，入浴。途中午課如常，並審閱國防研究院開學訓詞稿。晚觀電影後，散步至游泳場堤頭納涼回，晚課。

本（十一）日朝課後記事，上午記上周反省錄後，召見陳武璋市長與南部軍

1 江春曉，河南新野人。1955 年 5 月任第八軍助理參謀長兼第二處處長。1956 年 2 月任金門防衛司令部港口指揮部指揮官，時任第三十三師副師長兼大膽島指揮官，1962 年 2 月調任預備訓練司令部副參謀長。
2 張莊，時任金門二膽島指揮官，後任第三十三師副參謀長。
3 紀維德（Frederick N. Kivette），又譯開維爾、基維德，美國海軍將領，曾任第七艦隊第七十二特遣隊司令，1958 年 9 月至 1960 年 3 月任第七艦隊司令。

師長等十五員，其中楊貽芳[1]、廖先鴻[2]無望，而以陳桂華[3]、吳嘉葉[4]、李自寬[5]最有望也。聚餐後與鄒鵬奇[6]談話，此乃愚拙自智之舊將領之習性未變也。十六時到臺北，進駐後草廬，入浴，經兒報告常委對大選問題交換意見經過。晡獨遊後公園，晚車遊山下一匝回，晚課。

本日體重一百二十三磅，與三月前相同。

五月十二日　星期二　氣候：晴

雪恥：一、史敦普[7]說美國如被俄共飛彈奇襲，則不顧其本國所受之損毀程度如何，而其三軍所有飛彈皆主動的向俄國全土發射，乃必毀滅全俄而有餘，不管俄共現存飛彈數量已超過美國，而美國所存之數量與質量已足毀滅全國無疑，且其質量必優超於俄共云，此為美國之基本戰略也。二、史又說愛克曾說美國不能待敵人來攻，惟有以戰止戰的表示，應加注意云。

朝課後審閱新編後出發，途中聽讀共匪在偽人代會報告本年度經濟發展計畫完，頗覺有益。十時到龍潭視察特種作戰演習（中美聯合）甚佳，回途與孟

1　楊貽芳，號喆君，安徽合肥人。歷任第五十七師師長、第二軍增設副軍長、1957 年 5 月調任第九軍副軍長。1961 年 5 月調任臺東師管區司令兼東部守備區司令及東部地區警備司令。

2　廖先鴻，號撝謙，湖南衡山人。曾任第十四師第四十一團團長，時任第九十三師副師長。1962 年 2 月調任預備第七師師長。

3　陳桂華，廣東東莞人。1951 年 2 月出任第七十五軍第十六師第四十六團團長，1952 年 10 月調任總統府侍從參謀。1955 年 8 月赴美受訓。時任預備第八師師長。1960 年為第三十二師師長，擔任金門金東地區守備。

4　吳嘉葉，號其蓁，浙江浦江人。1958 年 6 月，調任預備第六師師長。1959 年 3 月，調任第十師師長。1962 年 3 月，調任第十軍副軍長。

5　李自寬，號凌霄，雲南晉寧人。歷任第四十六師參謀長、副師長，時任第八十四師副師長，1962 年 11 月調任第四十九師師長。

6　鄒鵬奇，號東賓、百仁，湖南邵陽人。1955 年 7 月調任第二軍團增設副司令，1961 年 1 月調任第一軍團副司令。

7　史敦普（Felix B. Stump），美國海軍將領，曾任美國大西洋艦隊航空司令，1953 年 7 月至 1958 年 7 月任太平洋司令部司令，後退役。

緝談整軍人事與裝甲部隊改制等問題。午課後召見軍師長十二員後，訪史敦普，晚宴後約談半小時辭去，晚課。

五月十三日　星期三　氣候：晴

雪恥：一、全會開會詞：甲、八屆大會賦予的反攻復國使命。乙、如何完成此一使命之研究與策定。丙、對本黨自身得失與黨員精神之檢討，如何健全本黨，完成使命。丁、對敵人共匪優劣成敗之檢討，如何方能乘機消滅共匪。戊、對大陸同胞之呼聲與現狀之檢討，如何援濟他們。己、對國際形勢之檢討。庚、目前日內瓦會議與柏林問題。辛、金、馬對現局之地位重要性。壬、毛匪下臺為我黨十年苦鬥之結果。癸、檢討精神必須澈底公開，不可掩藏。二、本黨初基已定，革命已有必勝必把握，惟在如何自處耳。
朝課後修稿，上午主持中央常會。午課後記事，續修軍會訓詞稿第二次完，散步，入浴。膳後車遊山下一匝回，晚課。

五月十四日　星期四　氣候：晴

雪恥：一、作事定策應以原則與道理為標準，而不能一時利害得失為依據。二、分清敵我、明辯〔辨〕是非、說實話重（事實）客觀，不可固執成見、保守自重妨礙進步，必須無固無我、袪私重公、完成大我。三、挾外力以自重，借外黨以壓制本黨，投機取巧、害公利私是為革命最無恥之徒，應加切戒。
五時後起床未明，先行靜坐默禱而後再作早操，唱詩，讀書（荒漠甘泉新編），記事。上午入府會客六批後，主持武漢計畫會談，決定經費與目標。午課後審閱講稿，五時接見美國防大學員二十餘人，又見泰國僑生百餘人。晚宴史敦普夫婦，客散後晚課，十一時前寢。

五月十五日　星期五　氣候：晴

雪恥：一、對小〔少〕數民族政策。二、共匪傾銷與顛覆毒品與陷害，甚於武力侵略。三、共匪所謂統制與效率顯著，作其宣傳進步之張本。四、形式主義與民眾服務處以及地方黨部專為選舉之弊。五、人事凍結與行政效率進步之妨礙，契約制度與效率競賽。六、財經政策與法律拘束，稅收制度與基本立法外援，妨礙電價、林業與人事制度。

五時起床，朝課，九時到全體會議（二中）主持開幕訓詞，主持第一次會議畢回，記事。午課後到全會，聽取大陸反共形勢與工作報告後，召見各大學黨部與產業黨部等主委等卅餘人，甚覺有益，回入浴。膳後散步，車遊，晚課。

五月十六日　星期六　氣候：晴

雪恥：一、靜觀共匪結果與西方對匪之變化。二、思想與精神之建立。三、陸軍兵役三年制。四、政治改革必須從制度、組織、紀律與教育訓練之思想統一為根本之圖。五、臺海戰爭期間，政治、社會、金融的穩定與進步顯著成效。六、復國全在本身之健全與進步，就是責任與權力皆要統一與集中，自信與互信。

朝課後記事，九時主持全會讀訓（本黨又遭到一次時代的考驗），及陳院長[1]政治報告。正午約宴華僑參加全會同志十九人。午課後到全會，召見中央各組副主任與設計委員共五十餘人，各別陳述意見，甚有益。膳後散步，晚課。

1　陳即陳誠。

上星期反省錄

一、視察小金門工事二四榴砲掩體，其射界與角度極狹，而且每門砲只能射擊一個固定目標不能移動，後來巡視金門砲位，最多只有四砲共射同一目標，殊為奇怪。此或美顧問別有作用乎，應從速研究改正之道，擬將此砲發射時移置掩體之外而不受限度，現有掩體只可作平時未發射時之掩護物而已。此為此次視察之第一所得也。

二、中美聯合特種部隊業務之演習甚合我之所想者，引為自慰。

三、史敦普談美國對俄戰略（報復）亦不出余之所想像者也。

四、召見南北部各軍師長二十餘員，與各級黨委五十餘員，皆於我得益不少。

五、軍事會議訓詞一萬六千餘言第三次修正完成，脫稿付印為快。

六、二中全會如期開會，辭修施政報告令改作政治報告之體裁，乃為本會主要之問題，非此不足以影響中外對全會之重視也。

五月十七日　星期日　氣候：晴　寒

雪恥：一、共產思想的總崩潰與亞非國家反共思想之發展，對我外交與貿易如何的乘機填空與擴張之設計。二、黨的幹部制度之實施。三、強化中央政策委員會。四、充實黨的基層組織。四[1]、三民主義思想的研究與領導。五、三民主義教育體系之建立。六、考試院二部長應出席院會與教育委員會。七、革命時期之戰鬥的行為。八、切戒保守。

朝課後整理談話稿，上午主持全會讀訓「黨員總登記的意義」二小時後，訪史登普，正午宴常委，談明日講詞要旨。午課後召見立法院黨委十八人畢回，帶兩孫車遊山下一匝，膳後散步，晚課。

1　原文如此。

五月十八日　星期一　氣候：晴　寒

雪恥：一、本日對全會致詞中「到了國大開會如果三個因素（甲、對敵壯膽。乙、對大陸同胞喪膽。丙、對在臺軍民惶惑）未能消除時，則亦可不辭」之語，乃情不自禁所出，似乎由神督促我出此者。事後思之，此語為安定黨國前途與軍民心理計，此時只有如此表示方為心安理得。至於匪敵與反動派之攻訐，在所不計，並此亦為打擊反動派之惟一方法也。革命者態度必須如此，決不能如官僚之徒模稜油滑不定耳。

朝課後研究講詞，與準備上午主持紀念周致詞二小時，但未盡其意耳。午課前後記事，召見國大聯誼代表與監察院黨委等五十餘人回，散步，入浴。膳後車遊，晚課。

五月十九日　星期二　氣候：晴

雪恥：一、暮氣與惰性應切戒。二、管理教育。三、召見北部軍師長。四、中央政策會之組織與人選。五、軍校官長應製翻領衣。六、領導方法之檢討。七、幹部的服務心與責任感。八、民眾服務站員之訓練。九、應酬與儉約。十、朱玉喜[1]（原匪兵）在工商報談話之研究。

六時前起床，朝課後準備閉幕講詞，上午到全會召見立法院各組召集人三十人，大多數仍是可教者也。正午選舉常委，陳雪屏與胡健中[2]、王〔黃〕朝琴[3]三人同票，本應抽籤，余乃決定除去陳而取胡、王〔黃〕，以陳藉黨

1　朱玉喜，湖南臨澧人。中共公安第九師上等兵，偷渡香港，由香港《工商日報》於5月18日刊登專訪〈中共軍隊中充滿反共情緒，國軍一旦反攻必紛起響應〉。
2　胡健中，原名經亞，又名震歐，字絜若，筆名蘅子，原籍安徽和縣，寄籍浙江餘杭。1952年12月至1953年4月出任中央日報社董事長，1956年5月至1961年6月，再任中央日報社社長。
3　黃朝琴，字蘭亭，臺灣臺南人。1946年臺灣省參議會成立，膺選為首任參議會議長，歷任第一、二、三屆臨時省議會第一、二屆省議會議長，先後達十七年之久。

外之勢以自重並招搖挑撥也。午課後召見婦工委員十餘人，五時閉幕致詞約一小時畢，七時聚餐致詞回，晚課。

五月二十日　星期三　氣候：晴

雪恥：一、命令主義。二、僑生中學校長。三、黨費與預算項目報告不負責任。四、開會成果學習讀書與大陸通信報告內容之重視。五、勞役隊（三峽）偷竊與不法。六、憲兵宿舍三峽之不良。七、軍眷黨部（特種或地方之決定）。八、國大秘書長與籌備員之指定。九、中央政策會之加強計畫。十、基層小組與黨務之健全組織與領導作風之檢討。

朝課後聽報，上午到後公園遊覽，並在小築前聽泉靜觀約一小時，以為全會後之遊憩回，記事，整記談話錄。正午宴美太平洋陸軍司令白氏[1]。午課後，主持評議委會後聚餐，致詞回。途中與經兒談西藏達賴出處與支援方針，晚課。

五月二十一日　星期四　氣候：晴

雪恥：一、下級主官負責比上級授權更為重要，故今後必須特別提高負責盡職之教育。二、國防研究院教育之進程應加研究。三、小型貸款所之籌設。

朝課後記事，批閱，清理積案，巳刻獨步遊覽後公園，指示園內各小徑築欄杆，以免遊眾踐踏草地也。在小築外靜觀聽泉片刻回，記上周反省錄，午課後續審新編至四月四日止，閱報，召見昌煥與屬生、乃建後，車遊山下一匝。膳後帶武孫散步、觀月、聽泉回，晚課。

1　白氏即懷特（Isaac D. White），又譯懷達，美國陸軍將領，曾任第八軍團司令駐韓，時任太平洋區陸軍總司令。

五月二十二日　星期五　氣候：雨

雪恥：一、二四榴預備砲位陣地之速建。二、軍會決議與指示各案之執行順序計畫從速規定日程呈報。三、預備金之重要（修護保養費）。四、軍官團組織之具體準備工作。五、召見去年忠貞立委與此次執、監委員。六、全會聚餐席次與陪員。

朝課後記事，入府會客，召見軍師長四員，與岳軍談全會後之工作。午課後記上月反省錄，召見國防院顧問羅林施[1]後，召見師長六員回。帶武孫車遊回，入浴，晚課，膳後散步。

五月二十三日　星期六　氣候：陰晴

雪恥：一、裝扮匪兵、欺誘匪軍進入陷阱的法術，學習苗俗、聯結苗民群起反共的研究。二、二四榴砲位之重建限期呈報。

朝課後記事，入府批閱、會客，主持軍事會談，對官兵保險基金已有決定。午課後主持國防研究院教育會議，指示教育與對美顧問要旨後，與少谷談印尼與昌煥主持西歐外交事。晡帶兩孫遊後公園，膳後車遊，沐浴後晚課。

上星期反省錄

一、第二次全會所得而言者：甲、我對不修憲之堅決與總統問題態度之表示，可使海內外軍民心理免除惶惑一點，必比堅辭或模棱之收獲為大。寧可個人受反動派與共匪之攻訐，而不願使時局杌隉不安也。乙、對各級黨

1　羅林施，美國陸軍軍官，三軍聯合參謀大學美軍首席顧問。

部主管列席者二百餘人之各人談話得益最多，而對其向心力與團結之進步，當有效果。丙、對民意代表與五院合作之方法及方針之指示以後，望能對黨政關係有所補益與進步。丁、此後對黨務工作與領導方針應積極改革，以求其有新的發展也。

二、全會後之評議會親自主席，發言者多背時無關之談，殊感失望，但不能不耐心靜聽主持到底，此為全會美中不足之一缺憾耳。

三、全會後召開國防研究院教育會議，與繼續召見軍、師長完。

四、日內瓦外長會議已開二周，俄共一張一弛，並無進展可言，惟有拭目以待其後耳。

五、對軍事會談之言辭嚴厲，自覺失態，未能時踐寬容深沉之箴語，應切戒之。

五月二十四日　星期日　氣候：晴

雪恥：一、杜勒斯本日廿一時逝世，他是扶弱抑強、抗暴反共的當代偉大的政治家，而且是信奉上帝的宗教家，因為他篤信宗教的精神與力量，所以能堅定忍耐，為其主義、為其國家、亦為其人類自由與世界和平奮鬥到底。當其每一次訪臺時最後作別時，總說我（們）的身體已交托上帝，任由上帝處理，以表示其盡瘁職責、死而後已之決心，我在此時惟有以其所語者表達對其崇高偉大之敬意與悼念而已。

朝課，記事，與謝院長[1]談國大與憲法問題之後，決心大選問題仍應由國大自身解決，不必經由立法院提臨時條款為宜，蓋不必多此一舉也。

1　謝冠生，本名壽昌，字冠生，浙江嵊縣人。1948 年 12 月任公務員懲戒委員會委員長兼司法院秘書長。1950 年 5 月任司法院副院長，1958 年 6 月升任院長。

五月二十五日　星期一　氣候：晴

雪恥：昨上午禮拜後，帶兩孫到大溪過晝。午課後帶勇孫遊覽角畈，視察梅樹生長情形頗佳，巡視三刻時，回來已七時半矣，入浴。膳後散步，晚課。

朝課後記事，上午在研究院主持紀念周，首述杜勒斯逝世之哀悼後，總結二中全會後中央與全黨應努力之方向畢，召見雷虎小組在美表演成功，加以獎勉回，審核戰爭原則之活用一章，決予增補。午課後主持中央常會，核定全會決議與指示各案實施計畫。膳後車遊，晚課。

五月二十六日　星期二　氣候：晴

雪恥：杜勒士國務卿將於明日安葬，而馬下兒[1]的中風昏眠不省人事者已近半年，此乃上帝對善惡所賜之報應歷歷不爽之明證。馬下兒半死半活之狀態，實比之在匪區內人間地獄更為難受乎。今以杜、馬二人聯成一對：「杜勒士持顛扶危，馬下兒欺弱畏強。」而其結果乃為害人害己，不僅害其本國而且貽害世界，此馬頑固冷酷之愚拙罪惡，神人皆不能恕也。

朝課後記事，會客，對菲僑生七百餘人訓話，入府主持情報會談。午課後審閱新編，批閱公文，清理積案，晡散步。膳後車遊，晚課。

1　馬下兒即馬歇爾（George C. Marshall）。

五月二十七日　星期三　氣候：上晴　下風雨

雪恥：一、對立法院增補臨時條款之提議案，認為是不必多此一舉，決予打消不提為宜。二、陸軍軍、師長人事之審核。三、小金門三十三師劉師長[1]之調動與二四榴砲位問題從速解決。

朝課後七時半，往八塊厝機場參觀特種作戰空降部隊與當地游擊部隊之接應演習，約一小時完，即回記事，批閱公文。午課後審核陸軍人事後，召見孟緝談人事與砲位修正案。膳後與經兒車遊，說明董[2]與孔[3]一向不良之關係，對董所言不宜置信之意，晚課。

五月二十八日　星期四　氣候：陰晴

雪恥：一、重整黨務為今後主要工作之一。二、每師補充連之必要。

朝課後記事，甚為夫人臨時參予杜勒斯喪葬，而使其政府如何招待為慮也。上午入府，召見胡適，約我七月一日中央研究院院士會致訓，其容辭特表親善為怪，凡政客愛好面子而不重品性者，皆如此耳。主持武漢計畫會議，決定空降目標為慰。午課後批閱公文，見屬生後散步，膳後車遊市區，晚課。

1　劉朝槐，號翹楚，四川富順人。1954 年 9 月任第三十三師副師長，1959 年 3 月升任師長，駐防烈嶼，7 月調任第五十七師師長。
2　董顯光，浙江寧波人。1956 年 4 月，出任駐美國大使。1958 年 8 月卸職返臺，任總統府資政。
3　孔令傑，孔祥熙與宋靄齡次子，時為駐美軍事採購處陸軍武官，往來美臺之間，為蔣中正、宋美齡傳訊。

五月二十九日　星期五　氣候：雨

雪恥：三國（中、美、韓）演習可同意（一）。狄員[1]與陳大齊[2]之節金（二）。

朝課後記事，上午入府會客後，主持財經會談，正午約宴行政院各部會與省政府各廳處首長。聚餐循往年之例，本年加約各院簡任官以上官員在內，以資聯系。午課後召見陸軍留美參大特訓班袁樸[3]等十五員，約二小時，有益，回入浴。膳後車遊蒔林即回，晚課。

五月三十日　星期六　氣候：大雨

雪恥：一、防大校長人選。二、高級將領人事之審核。

朝課後補習，上午入府會客，見熊耀文[4]（藏務可用之才），主持軍事會談，決定廢止正步。聽取余伯泉[5]計畫作戰方案報告有益，對防大後山顧問團防空洞浪費無益，又加怒責，而對唐君鉑[6]之天真無知不勝憂惶。午課前後記事，整補歐美名將戰爭原則後，召見留學十五員有益。膳後帶勇孫車遊山下一匝，晚課。

1　狄膺，原名福鼎，字君武，號雁月，江蘇太倉人。第一屆立法委員。在臺歷任中國國民黨中央改造委員會紀律委員會副主任委員、中國國民黨黨史史料編纂委員會副主任委員。

2　陳大齊，字百年，浙江海鹽人。1948 年夏，任總統府國策顧問；1949 年專任臺灣大學教授，並兼師範學院教授。1954 年政治大學在臺復校，出任首任校長。

3　袁樸，字茂松，湖南新化人。1957 年 6 月調任陸軍預備部隊訓練司令部司令，1958 年 7 月調任第一軍團司令。時為留美陸軍參校特別班第三期結業。1961 年 6 月調升陸軍總司令部副總司令。

4　熊耀文，號保卿，山西朔縣人。1945 年 1 月至 1970 年任蒙藏委員會藏事處處長。1951 年 5 月至 1973 年 8 月任蒙藏委員會委員。

5　余伯泉，字子龍，廣東台山人。1954 年 8 月，調國防部副參謀總長。1958 年 8 月，兼任計畫參謀次長。1961 年 1 月，任第一軍軍長兼金門防衛司令部司令官。

6　唐君鉑，字貽清，廣東香山人。1956 年 4 月調任國防部常務次長，1958 年 7 月調任國防部後勤參謀次長。1959 年 7 月調任陸軍供應司令。

上星期反省錄

一、中美特種作戰演習三周完成。

二、杜勒斯逝世為我國失一良友為悼。

三、第一期空投目標皆已決定，今後應研究實施方法與次序而已。

四、胡適無聊，面約我七月一日到其研究院院士會致訓，可笑。

五、召見留美參校特訓第三期學員完。

六、審核軍、師長調職人事完。

七、決定反攻復國方策之四，甚為重要。

八、大選與國民代表大會之方針已定。

九、金門二四榴砲位射角之改正，及國防大學後山美員防空洞之消費，加以
　　嚴正指責，望能有所警戒。

本星期預定工作課目

1. 匪情資料與對匪戰法必須使軍官實習與考驗，並出期刊，作有計畫、有時
　 期之閱讀與研究。

2. 匪之政策與宣傳：甲、控制大陸已成事實？乙、建設進步與有效。丙、
　 六億人民之軍事化、組織化之實力。丁、對各民族之血性統制鎮壓。戊、
　 對中立主義與鄰邦實施武力威脅。己、俄要求匪軍現代化。庚、大戰之
　 準備。

3. 外蒙共黨內訌之注意。

4. 目前國際問題主流在中東乎，臺海乎。

5. 反共思想與復國精神之建立。

五月三十一日　星期日　氣候：大雨

雪恥：一、昨晚我 B17 之偵察機在恩平縣上空，為共匪全天候機所圍攻被擊毀，十四工作人員皆殉職，此為近來重大之損失，不勝悲憤。今後對該地區之空投路途應特加警戒。二、特種作戰應以轉移（迂迴）至敵來路之後方，截斷其後方為重要戰術之原則（專設一組）。

朝課後審閱新編（荒漠甘泉），聽報，記事，禮拜回。手擬今後反攻復國方策之考案（四），記於大事表中，自覺重要，可作定案也。午課後，審核軍、師長與留美特訓人員調職案，甚費心力。晡見柏亭與乃建，車遊淡水。膳後車遊市區，晚課。

上月反省錄

一、西藏嘉樂[1]對我派往印度聯絡員之談話,幾乎是拒絕來往之態度,此當然為「泥黑路[2]」之壓力。第一條件為其不許與我政府再有來往。其第二條件必為不許達賴以下所有藏人在印作政治活動。據嘉樂自稱今後印度不僅不許他們一家離開印度,而且不許其離開現住之地區,此皆為余四月初達賴入印時所預料者,不足為異,惟不料嘉樂等之西藏政府,其愚蠢卑怯至此耳。昔日皆以為藏人之狡詐貪劣,只畏威而不懷德之判語,今可證明其非虛矣。彼等自暴自棄至此,自可使我對藏政之方針,今後更易採取收復失土不患牽制之決心矣。

二、廖〔寮〕國與星加坡的共產發展形勢應特加注意。

三、緬甸對我滇緬邊區游擊隊積極進攻,究為其自動的,抑受共匪之壓力乎。

四、黑裡雪夫在阿爾巴尼亞召集共產附庸與恫嚇希臘、義大利之行動。

五、本黨二中全會如期完成,對於重新登記案之通過而未定實施之日期,乃已發生對違紀黨員之警惕作用,今後立、監兩院之控制當較以往為易,而此次全會結果對於黨員之向心團結或有效果也。

六、續見軍、師長完,軍會訓詞修整完。

七、巡視大、小金門及其二四榴砲兵陣地之修正,當有益也。

八、對大陸藉〔籍〕老兵以軍作家運動之指導,在將來反攻成功當有效果。

九、日內瓦四外長會議仍在糾纏紛擾中,即使有若干結果,亦不過為其最高會議之架橋,但最後必將徒有其害而無任何利益可言,此與杜勒斯之逝世自有大關係也。邱吉爾月初訪美大有其作用也。

十、美對俄之戰略與決策,如果史頓普所言為不我欺,則仍不出於我所想定者也。

1　嘉樂頓珠,青海人,西藏宗教領袖第十四世達賴二哥。
2　泥黑路即尼赫魯(Jawaharlal Nehru)。

十一、與美作家羅勃生談話，對馬下兒之感想一點，乃已表達我在當時之真
　　　實心理矣。

十二、反攻復國新方策考案（記大事表內）實為本月重要之決定，有關存亡
　　　成敗者最大。

蔣中正日記
Chiang Kai-shek Diaries

六月

蔣中正日記
Chiang Kai-shek Diaries

民國四十八年六月

本月大事預定表

1. 彰化銀行招待所應即令交還，又免稅購車之稅款應令限期補繳。

2. 戰爭思想統一之條目與訓練專課。

3. 參校改七月一日行畢業典禮。

4. 軍官科學補習班之設立計畫。

5. 戰爭思想統一之條目重修。

6. 戰術定型訓練與急行軍之競賽（速度）。

7. 二中全會講詞之修正。

8. 戰略釋義之審核。

9. 去年日記反省錄。

10. 科學軍官儲訓班之成立。

六月一日　星期一　氣候：大雨

雪恥：一、利用特種地形與惡劣氣候之專訓。二、光復設計會與立院聯系。三、縣市稽征處應提改為省府統轄。四、新氣象之具體實施辦法。五、黨務整理之具體實施細則。六、各部組與院各設對共匪各業務有關之研究專組。

朝課後記事，上午在防院（以後稱國防研究院為「防院」）紀念周，對訓導研究班致訓回，記上周反省錄。午課後記上月反省錄未完，召見立法委員

二十人，周兆棠[1]、徐中嶽[2]、嚴廷颺[3]、劉景健[4]、韓同[5]、廣祿[6]、楊幼炯[7]應
再召見。晚車遊回，晚課。

六月二日　星期二　氣候：雨

雪恥：一、星加坡人民行動黨李光耀[8]此次自治選舉之勝利取得政權，不僅
為亞洲共黨勢力之獲得一步大躍進，貽禍無窮，而且亦為我個人援助各地反
共派失敗之一個大教訓。此次援助周[9]、林[10]，只知其為執政黨，而不研究
其內容實情是否值得援助與能否收效，僅憑葉公超之主觀關係，而不察其真

1　周兆棠，字蒂亭，浙江諸暨人。曾任交通部總務司司長、陸軍總司令部新聞處處長、
　　制憲國民大會軍隊代表，1948 年當選第一屆立法委員。1949 年由香港轉赴臺灣，並任
　　招商局常務董事、中華毛紡廠董事。1955 年任復興航業公司董事長。
2　徐中嶽，原名宗堯，安徽霍邱人。曾任第九戰區政治部主任、制憲國民大會安徽區域
　　代表、第一屆立法委員。1949 年到臺灣，續任立法委員，並擔任立法院經濟委員會及
　　其程序委員會召集委員等職。
3　嚴廷颺，字子言，號紫巖，山西河津人。曾任山西省五臺縣縣長、山西省政府委員兼
　　民政廳廳長、第一屆立法委員。1949 年到臺灣，續任立法委員，並擔任立法院程序委
　　員會召集委員。
4　劉景健，河南西平人。曾任中國國民黨河南省黨部委員兼書記長、第三十一集團軍總
　　參議、第三、四屆國民參政會參政員。1948 年在河南省第三選區當選立法委員。
5　韓同，字叔穌，江蘇泰縣人。曾任江蘇省保安司令部參議、第一屆立法委員，1949 年
　　到臺灣，續任立法委員，並擔任立法院資格審查委員會召集委員。
6　廣祿，號季高，滿族，新疆伊犁人。曾任新疆省政府駐南京代表、中國國民黨新疆省
　　黨部執行委員兼社會處處長、第一屆立法委員。1949 年 4 月遷居臺灣。1950 年代末，
　　擔任國立故宮博物院資深研究員和臺灣大學教授。
7　楊幼炯，字熙清，號復齋，湖南常德人。歷任中央通訊社總編輯、民智書局編譯所主任、
　　中山文化教育館研究部主任、第一屆立法委員、《中華日報》總主筆、常務監察人等職。
8　李光耀，祖籍廣東梅縣，為新加坡開國最主要的領導人。1954 年創辦並擔任人民行動
　　黨秘書長，長達三十八年。1959 年人民行動黨首次在選舉中勝出，開始擔任新加坡總
　　理長達三十一年。
9　周即周瑞麒。
10　林有福，新加坡華裔，1954 年與大衛馬紹爾等合組勞工陣線。1955 年出任勞工及福利
　　部部長。1956 年出任第二任新加坡首席部長。1959 年成立人民聯盟，在大選中重挫，
　　6 月卸任首席部長，淡出政壇。

偽虛實，甚至成為一個騙局，可知官僚政客之不知責任與不可再信。今後用錢必須切實研究有效以後，方得決定是為惟一要則，戒之。

朝課後記事，上午在研究院召見立法委員廿人回，批閱。午課後續見廿人，手擬剿匪戰法，晚課，膳後冒雨車遊市區回，禱告。

六月三日　星期三　氣候：雨

雪恥：一、此次星洲計畫失敗之教訓：甲、對金錢消費不須多加考慮則可。乙、但對人與對事之不作正確與深入考慮則決不可也，今後應加切戒。但革命運動之成敗，對金錢之消耗在所不計，此乃對星洲政策之一貫方針，以初時並不認為此一投資必有把握耳。

朝課後記事，上午主持總動員會報，正午約宴諮〔資〕政、顧問聚餐，照往年常例也，回途靜默，午課。下午召見立法委員十六員，李繼淵[1]、周厚鈞[2]、邱有珍[3]（黨校）、房殿華[4]、余文傑[5]較優也。晡沐浴後散步，膳後車遊山下一匝。

1　李繼淵，名學宜，廣東梅縣人。1948 年在僑居國外國民第三選區（中南美洲各國）當選第一屆立法委員，並任立法院僑政委員會程序委員。

2　周厚鈞，號東霖，江蘇江都人。曾任長江航政局局長。1948 年在江蘇省第一選區當選第一屆立法委員。1949 年後，在臺北市執業律師，並在雲林西螺與嘉義分別創辦私立東南中學、稚暉中學。

3　邱有珍，字友錚，江蘇淮安人。1948 年在農會東區當選第一屆立法委員。

4　房殿華，字彥伯，興安雅魯人。1948 年在興安省選區當選第一屆立法委員。歷任臺灣省立師範學院兼任教授、私立中國醫藥學院董事及專任教授、中興大學兼任教授。

5　余文傑，原名華，湖南益陽人。曾任參謀總長辦公室秘書，1948 年 5 月當選第一屆立法委員。

六月四日　星期四　氣候：晴

雪恥：一、文官退休法與假退休制。二、中央銀行發行國幣之籌備。三、臺鄉鎮長選舉準備如何。四、省黨主任人選？四[1]、警察法。五、民族性與自卑感及另一種思想代替領導之注意。五、國防院生注重領導能力之測驗。六、黨員成績記錄卡片。六、在校學生緩征令如何？七、基層空虛（求實）。八、實行主義計畫，十年、五年之進度工作表。

朝課後記事，到研究院會客，召見立法委員二十餘名完，此為費力而有益之舉。午課後批閱公文畢，帶武孫巡視「塔寮坑」，經樹林口之新路經板橋而回。晚散步，車遊山下一匝，晚課。

六月五日　星期五　氣候：晴　未刻雨

雪恥：一、節約辦法：婚喪慶吊與宴客之登記及對公務員服裝之公給。二、文化電影與教育。三、所謂問題學生（太保作惡者）令政校收容感化計畫。四、發起華僑排斥匪貨。五、經濟作戰機構。六、賭風與違章建築之禁令。七、生活法則（四維）與生活方式（自由）。八、重視漢文學生。九、思想與宣傳（認清敵我）。

朝課後記事，上午在研究院召見楊希震[2]、于振宇[3]及防院學生十員，惟桑錫菁[4]不甚清楚也。午課前後皆默禱靜坐後，批閱公文畢，帶武孫遊覽後公園，車遊山下一匝回，見唐乃健〔建〕指示黨務要旨。膳後車遊，默禱。

1　原文如此，下同。
2　楊希震，字葆初，湖北棗陽人。曾任中央社駐日記者、河南大學教授、中央實驗學校（後改名十四中學校長）校長、中央政治學校訓導長，1949 年至 1954 年代理校長。時任臺灣大學教授、教育部訓育委員會常務委員。
3　于振宇，北平人。1958 年 5 月任第五十一師第一五二團副團長。1959 年 7 月調任總統府第二局參謀。
4　桑錫菁，字君儀，江蘇常熟人。歷任財務部總務司司長、中央銀行秘書處處長、顧問、行政院副秘書長、交通銀行常務董事。

六月六日　星期六　氣候：雨

雪恥：一、「必有事也而勿正」、「心勿忘，勿助長」之句讀，仍改正照此為妥，而勿正之「正」字，應作為「過正」，即矯枉過正之意，戒乃較之作為「固執」、「執一」與「膠着」之意解釋更宜。

朝課後記事，上午在研究院召見六員，對叔銘虛偽不實之言行為歎，近日並以緯國言行好事招搖，有損家風，幾乎不能安眠為苦，決予免職。已刻巡視研究院，環境清潔與新圖書館基地皆妥為慰。午課後帶武、勇上角畈休憩，膳後教其學字方法為快，晚課。

上星期反省錄

一、美國對我華南特種作戰計畫，近日提出其初步合作進行之方案，此乃為其向來所避免談及者，而今忽變更態度表示積極之意，是或上月初對巴生（即其新遠東司長）談話之效果也，惟美國政策與形態時時可變，冷熱無常，應加警惕。事事皆須以自我可能者為基礎，方不受其影響耳，惟其所提華南計畫如能誠意進行，則與我所定武漢計畫之行動，自有重大裨益也。

一、慕尼黑的奧林配克總會會議竟受俄共之威脅，不認我國會員為代表全中國，而只許我以臺灣區域的名義出席，不料美國代表竟加以贊成。事後美政府及國會皆加以反對，甚至停止其對該會之捐款，未知如何結果矣。

一、西德總理艾德諾[1]上月宣布競選總理，而表示辭去其總理重任，忽至上周又聲明其續任總理不辭，使其黨內後繼人經濟部長與反對黨皆激烈反

1　艾德諾（Konrad Adenauer），又譯愛德諾，德國基督教民主聯盟黨魁，曾以天主教中央黨身份擔任科隆市長（1917 年至 1933 年），二戰後在聯邦德國擔任第一任德國總理（1949 年 9 月 15 日至 1963 年 10 月 16 日）。

抗，此乃對於反共陣線中在西方是一個重大波折。可知領導者之言行稍
一失檢，對國家前途將蒙重大影響，故余決心非至明年國民大會開會時，
方得表示是否續任總統之態度也。

一、對於忠貞立法委員百餘人見完，此一要務。近日自二中全會後事忙過
勞，故時感疲倦且心神煩惱，態度急躁，而目力亦矇霧日增為念。

六月七日　星期日　氣候：大雨

雪恥：一、對特種部隊戰術二種：甲、消耗戰。乙、殲滅戰。必須在局部
集中優勢三倍以上兵力，方可決戰，如勢所不能，應即避戰分離為上。

朝課後記事，上午修正國防研究院開學訓詞。正午召見胡炘，其腦筋清楚、
事理明白，能力亦強，可以重用也。經兒來見，膳後與胡同車回去。午課後
續修訓詞未完，勇孫冒雨回臺北，以明日須就學也。終日大雨傾盆，故未能
外出散步，惟在寓教導孫輩學字，晚審閱「存亡危急之秋」的四月份，甚有
所感。晚課。

六月八日　星期一　氣候：晴

雪恥：一、優勢戰力作為與優勢戰力發揮之藝術。二、優勢原理，以巧妙運
用戰術配合戰略上所獲得之戰力優勢是也。

朝課後續修訓詞，早膳後遊覽，上午續修訓詞完，記事。午課後審閱戰略釋
義（柏亭著）開始第一節完。晡帶武孫散步至望月臺遊覽一匝回，入浴。膳
後散步回，審閱存亡危急之秋第六卷完，晚課。本日氣候晴朗，心神安逸，
乃得休憩之趣。

六月九日　星期二　氣候：晴

雪恥：一、論機：甲、造化之妙為事物發生之原動力，亦為事物變化之基本法則。乙、研究「機」就是研究變化之道。

朝課後記事，上、下午皆審閱戰略釋義至第二章第五節止，午課、晚課如常。勇孫下午來山與武孫遊玩，建小竹廠與游水為樂。晡帶兩孫到溪口鐵索橋下游水回，入浴，膳後散步。近日更覺親自種植之苗木，尤其是梅樹為可寶愛，幾乎發生一種對兒孫一樣愛情，故一得閑暇必來訪苗也。

六月十日　星期三　氣候：晴

雪恥：本日為端午節。朝課後聽報，觀溪。早膳後記事，審閱戰略釋義，十一時乘輿經雲霞橋參觀小型（十八匹馬力）水力發電廠，甚感興趣。此種電廠如在大陸能利用水力，對於人民福利無窮也。正午到溪內瀑布「觀瀑亭」略憩後，前往瀑布頂上之溪中，閑看武、勇二孫游泳，乘橡皮小艇划槳，上爭逆流與遊玩為快，約半小時再回觀瀑亭。午膳過節，兩孫爭飲櫻桃酒，准飲三杯時，尚求再賜一杯不休，知其已有醉意，故決不准乃止。回途再經雲霞橋參觀小電廠，至妙高臺已十五時餘矣。入浴後休息，午課經兒來山，晡遊覽望月臺回。約侍從人員聚餐後，觀月聽泉，兒回去後乃散步，晚課。

六月十一日　星期四　氣候：雨

雪恥：一、三角形攻擊戰鬥群學理應擬訂具體推演實施的計畫演習。二、惟有以迅速行動方能出敵意表。三、「哥爾」將軍史略。

朝課後記事，上、下午皆審閱「戰略釋義」全部完，加以指正。午課畢，批閱公文。本日天雨，僅於晡時雨歇後巡視小學即回，入浴。晚審閱彭總司

令[1] 對軍長以上各司令的品行之評語，頗為公正為慰。晚課後十時就寢。

六月十二日　星期五　氣候：雨

雪恥：一、精神力、意志力與決心為指揮官必具的條件。二、老觀念與新制度之衝突。

朝課後審閱二中全會講詞錄未完，記事。十一時後帶武孫由角畈出發，回陽明山「後草廬」午膳。午課後續審講詞未完，晡約見張洪生[2] 茶會後，獨到蔣林巡視明日典禮布置情形後，回後草廬入浴。晚帶武孫車遊市區，晚課。

六月十三日　星期六　氣候：陰悶

雪恥：一、戰爭本質乃為概然性與偶然性交織而成之物。二、軍隊（武力）者乃由將才、武德與國民精神之綜合體也。三、人民公社為匪軍之向背治亂關係與對匪軍宣傳要領及反共革命運動之樞紐。四、對匪區家亡之宣傳口號與運動（國軍中）尚不澈底。五、召見美七十四機動艦隊司令。

朝課後審閱講稿，十時到蔣林舉行接受「哥司特黎」國特使[3] 之國書儀式後，得匪諜對叔銘滲透之報告，及金門廿七師有一士兵逃往匪區之消息，此為一年來已絕跡者，而今又發生為怪。正午宴特使，午課後批示，召見柏亭、唐縱二同志畢，散步。膳後散步，晚課。

1　彭總司令即陸軍總司令彭孟緝。
2　張洪生，旅美華僑。本年率妻萬麗芳、女綺娜、綺蓮、綺芙、綺蕾，子少洪，組成「勝利家聲歌劇團」返臺勞軍。
3　古第恩（Max Gurdian Rojas），哥斯大黎加特使。

上星期反省錄

一、端午在角畈帶兩孫在溪內觀瀑亭過節，觀兩孫索酒與游泳最為快樂，惜
　　夫人未能回國同樂為念耳。

二、張柏亭著戰略釋義審核完畢，甚為有益。國防研究院開學詞亦修正完成，
　　此為本周主要工作也。

三、哥斯達黎國特使來華呈遞國書，或與中南美邦交能增進其關係也。

本星期預定工作課目

1. 羅列[1] 均衡穩健，能盡職負責，雖創意與特智不大，但較其他同輩為佳，故
　 派任陸總司令甚妥。

2. 彭、羅、石[2]、黎玉璽等應各晉一級。

3. 曹永湘[3] 與宋達[4] 對調。

4. 胡炘升作戰次長。

5. 鄭為元[5]。

1　羅列，原名先發，號冷梅，福建長汀人。1955 年 7 月任副參謀總長，並前往美國陸軍
　 指揮參謀大學特別班深造。1957 年 7 月，調任第一軍團司令。1959 年 6 月，升任陸軍
　 總司令。1961 年 9 月，調任國防部聯合作戰研究督察委員會主任委員。
2　彭、羅、石即彭孟緝、羅列、石覺。
3　曹永湘，號文翰，湖南黔陽人。原任第十軍軍長，1957 年 4 月調任國防部參謀次長。
　 1958 年 8 月調任總統府第二局局長。
4　宋達，字映潭，湖南湘潭人。1955 年春，任國防部計劃局物資動員組主任，9 月調任
　 國防部副官局局長。1959 年 4 月，調任國防部人事行政局局長。1962 年 1 月，任國防
　 部人事參謀次長。
5　鄭為元，安徽合肥人。1958 年 8 月奉調國防部人事助理參謀次長兼執行官。1959 年 8
　 月，任國防部人事行政局局長，9 月調任陸軍總司令部參謀長。1961 年 1 月，調任海
　 軍陸戰隊司令。

6. 唐君鉑與黃占魁[1]對調。

7. 羅奇[2]調澎湖司令？

六月十四日　星期日　氣候：晴　南部雨

雪恥：今晚高雄氣候潮濕悶熱非常，此為霉天氣節最惡劣之一晚乎。

朝課後記事，九時領武、勇二孫為先慈逝世卅八周年紀念禱告畢，即乘車至新竹清華原子爐研究所參觀，尚無設備，該爐廠房高八十尺，亦未建築完成，惟我國原子專家孫君[3]等已開始工作矣。視察半小時，與經兒、武孫乘車至八掛〔卦〕山午膳。午課後由臺中起飛，至岡山轉西子灣駐節，大雨。晚車遊左營回，晚課，再為先慈忌辰禱告。

六月十五日　星期一　氣候：晴

雪恥：近日便閱「存亡危急之秋」經兒所編草本，頗覺自慰，以無負革命也。

朝課後着手四十七年總反錄草案，至下午六時止，皆草擬總反省錄十月份止。晡召見陳嘉尚總司令，聽取其空軍鵬舉演習總計畫，此為空軍測驗作戰最大一次之演習也。晚膳前車遊大貝湖招待所回，膳後散步於海堤回，晚課。本日午課、記事如常。

1　黃占魁，字纘軒，湖南湘潭人。1955 年 6 月調任聯合勤務總司令部副總司令兼陸軍供應司令部令。1960 年調任國防部後勤參謀次長室次長。

2　羅奇，字振西，廣西容縣人。1950 年 5 月出任陸軍副總司令，1959 年 7 月晉升陸軍二級上將。

3　孫觀漢，浙江紹興人，有「臺灣原子科學之父」之稱。1955 年任美國西屋公司放射線與核子研究所所長，1959 年受清華大學校長梅貽琦之邀，任原子研究所第一任所長，為臺灣裝置第一座原子爐。

六月十六日　星期二　氣候：晴

雪恥：本日為叔銘粗陋失德，不勝懊喪，多年培植竟至如此結果，甚為黨國人才難得憂也。繼任人選考慮甚切，如孟緝調任，則陸總人選更難，以其人不僅使軍中敬服，而又應注重使敵與友之心理不加輕視，故甚難，其人羅列、胡璉[1]似可列為備選乎。

朝課後續擬去年總反省錄草案，至十二月完以後，仍應繼續整修也。十時到鳳山陸軍官校主持卅五周年紀念，梅貽琦[2]部長亦來參加。禮畢，參觀科學儀器，設備大增為慰，會客後聚餐畢，至陸軍育幼院視察，甚嘉。十四時起飛回臺北，午課，入浴，散步。

六月十七日　星期三　氣候：晴

雪恥：昨午課後記事，散步回，續閱「存亡危急之秋」稿至十二月未完。晚車遊至中山橋折回，晚課，十時後就寢。

朝課後記事，上午主持中央常會，對於中央政策委會之加強組織條例問題，討論後重付審查修正，對於立、監二院醞釀平均待遇風潮預示防制。午課後續審二中全會訓詞稿後，散步回，接夫人與孝章[3]等明日同機可到為慰。晚車遊市區回，晚課。

1　胡璉，字伯玉，陝西華縣人。1958 年 8 月，調升陸軍總司令部副總司令。1964 年 10 月，出任駐越南共和國大使。

2　梅貽琦，字月涵，天津市人。1953 年任教育部在美文化事業顧問委員會主任委員。1955 年返臺，在新竹市恢復清華大學，並籌辦原子科學研究所。1958 年 7 月，任教育部部長兼清華大學校長。

3　蔣孝章，為蔣經國和蔣方良長女，1949 年隨家庭來臺。1957 年赴美留學，1960 年 8 月與俞揚和在美國舊金山完婚。

六月十八日　星期四　氣候：晴

雪恥。

朝課後記事，上午到研究院接見亞盟各國代表八人等後，主持作戰會談，聽取共匪軍事可能行動與我對策及指導方針，十三時後方畢。午課後三時到機場，迎夫人回國，歡快無已。晡與夫人車遊山下一匝，晚獨自散步於後公園前，晚課。

六月十九日　星期五　氣候：晴

雪恥。

朝課後記事，上午到研究院會客，批閱公文，巡視研究院圖書館及新館址建築工程。該院本有多數教員住宅，以備駐員研究教師之用，不料全為其高級職員分配自用以盡為異。午課後修正全會講稿開始，甚為費力，晡獨自散步。晚經兒全家來見，家庭更見和睦，實為無上幸福，晚課。

六月二十日　星期六　氣候：雨

雪恥。

朝課後續修講稿，九時後帶武孫往蟾蜍山，視察空軍鵬舉大演習，至 J.O.C 聽取一般報告。昨日演習中已犧牲大隊長一人為哀，但其價值亦大也。順道視察新闢山下防空室，尚未完成。午課前後續修講稿，晡記事。晚以天雨，未能外出散步，在妻書室閒談別情後，晚課。

上星期反省錄

一、日內瓦四國外長會議，以俄共必欲有限期（十八個月）取消西柏林佔領權問題不肯讓步，西方三外長乃提休會三星期之主張，不問俄共態度，各自返回其本國，是該會無結果而散。惟最後必將復會，以俄的目的在召開最高會議中，來解決西柏林問題耳。

二、空軍鵬舉演習開始，傷亡大隊長一員為哀，惟其對我演習之榮耀頗大也。

三、經兒所著「存亡危急之秋」，追述卅八年經過之實情，頗足自慰。卅七年日記亦在本周自檢閱畢，惟總反省錄尚未完成耳。

四、叔銘與大鵬劇團之匪諜案[1]不勝懊喪，不料其言行相背一至於此，幸在發覺尚早，猶未被匪諜利用，惟叔銘之粗疏無識，不能再使留任矣。

五、家庭和睦親愛實為人生之至寶與幸福，不勝自足之至。此乃上帝所特賜其忠信子民之恩德報應也。

本星期預定工作課目

1. 高級將領人事之調動。
2. 全會講詞之修正。
3. 對胡適之趨向如何。
4. 憲法小組研究之結果如何。

---

[1] 指「空軍大鵬劇團」旦角徐露家人因涉入匪諜案，被捕入獄。

六月二十一日　星期日　氣候：晴

雪恥：一、達賴在印度發表談話，對我政府閃避其詞，似作為一個外國相看也。

朝課後續修講稿。上午武、勇兩孫來伴其祖母，十一時同作禮拜，妻昨日倒傷尚未減痛。午課前後仍續修稿，晡與妻車遊山下一匝，甚贊孝章為其最愛之惟一孫女，自言其或因男孫有三而女孫只一，故有偏愛之心乎。膳後獨自散步於後公園回，晚課。

六月二十二日　星期一　氣候：陰雨

雪恥：一、青年教育以心理端正為第一要務。

朝課後記事，十時在研究院主持中央黨務工作會議開幕典禮致詞，朗誦國防研究要旨畢，召見陳建中、唐乃建，談香港左逆[1]問題。午課前後續修全會講稿，未完。孝文[2]由美回來，帶其與武孫遊覽小隱潭，以其出國時曾在此處照相拜辭也。晚雨，未外出散步，晚課。

六月二十三日　星期二　氣候：陰

雪恥：自夫人回國以後，家庭團圞和愛，乃為平生最大之快樂也。

朝課後續修講詞。十時在研究院會客，主持宣傳會談，對宣傳指導會宣傳方針予以核定，宣傳組織應加健全，對國際形勢認為中東危機較大，而俄共對

1　左舜生，譜名學訓，號仲平，字舜生，以字行，湖南長沙人。時為中國青年黨委員長。1949 年到香港，創辦反共刊物《自由陣線》。先後在香港新亞書院、清華書院任教。
2　蔣孝文，字愛倫，蔣中正的長孫，蔣經國和蔣方良長子，生於蘇聯，1937 年隨父母回國，1949 年隨家庭來臺。1960 年與徐乃錦在美國完婚。

美布置已進入加勒比海，威脅甚大，美豈能久默不顧、坐待其亡乎。午課後續修前稿，未完，晡與妻車遊並巡視後公園。晚獨自散步回，晚課。

六月二十四日　星期三　氣候：大雨

雪恥：一、叔銘調職是否另予職位，應再加考慮，但其能力品學已無所取，惟對內、對外與空軍影響應加注意。

朝課後續修前稿未完。上午主持常會，對青、民兩黨合作問題加以討論，並閱及左逆舜生在其聯合評論發表廢憲改為臨時政府謬論標題，此乃其已為共匪工具之明證，應加痛斥。惟此為喪心病狂之發現，乃為投機文人必然自殺之結果也。午課後補記兩日事後，續修全會講稿完。晡與妻車遊市區，入浴。膳後暗中散步回，晚課。

本日上午大雷大雨，為在臺十年所從未見者。

六月二十五日　星期四　氣候：陰

雪恥：大陸遍地水災，近日閩、粵、桂三省更甚，廣州已成澤國，此為百年來所未有之洪水。十年來共匪喪心病狂之作為，真使天怒人怨，鬼泣神嘶，大陸同胞將不知如何度日矣。以勢論，尚非反攻之勢，而以時論，則實為救民之時也。

朝課後記事，上午在研究院會客，批閱公文，巡視黨務工作議場，其奢逸浪費，毫無革命氣象，不勝憂鬱。午課後記前二周反省錄，聽取介民訪西德回報，又使我對德民族起敬愛之心，以其道義與情感特厚也。

六月二十六日　星期五　氣候：陰晴

雪恥：昨晡與妻車遊山下一匝回，入浴。膳後獨自散步，晚課。

本（廿六）日朝課後記事，因對黨員無知浪費與幹部無能落伍，不勝沉悶，故未到黨務工作會議閉幕訓話，甚恐憤激不能自制，無補於公私耳。終日在寓修正黃埔精神講稿。午課前後召見岳軍、辭修、大維，指示軍事人員調動方針。晡與妻車遊山下一匝，晚膳後出外散步如常，晚課。

六月二十七日　星期六　氣候：晴

雪恥：一、剿匪戰術：正面拘束（牽制）、側背包圍（打擊）。二、不進即退、不攻即避（戰）。三、化整為另〔零〕、合另〔零〕為整。

朝課後記事，上午召見馬繼援[1]等後，主持軍事會談，聽取圓山防空指揮所與陲〔隧〕道計畫報告時，更覺叔銘之荒唐虛偽，不勝憂惶，何其卑劣一至於此，批閱公文。午課後，修整前稿「黃埔精神」完，與妻帶孝章至大溪遊覽即回，入浴。膳後與妻散步，晚課。

上星期反省錄

一、閃光眼藥由夫人自美帶來，本周四日開始服用，希望他真能有效。

一、兩廣水災為百年來所未見者，人民飢饉病沒者不知其數，共匪拒絕外來拯濟，而我空投食物無濟於事，誠不知如何為計矣。

1　馬繼援，字少香，原籍甘肅河州，生於青海湟中。馬步芳之子，歷任第八十二軍副軍長、軍長、青海省政府委員。1957 年 6 月曾奉派與李廷弼、時甲、海維量、賀德麟等五人參加回教朝覲大典並訪問巴基斯坦。時任國民大會代表。

一、修正二中全會講稿三萬餘言，盡六日之力方得完成，不知其果能有效否。黨中幹部之無知與浪費，甚為革命前途憂也。

一、叔銘失德欺蒙，包蔽匪諜，貪色奢侈，粗疏暴棄，一至於此，實為萬料所不及者，決予調免不能延誤矣。

六月二十八日　星期日　氣候：晴

雪恥：一、選拔將領以品德為第一，學能為第二，膽識魄力為其必具條件。

本日為星期，所考慮不息者：甲、剿法戰法。乙、叔銘職務。丙、空投作戰相互之距離與時間關係。皆未敢忽視也。

朝課後獨自散步於後公園。上午記事、禮拜，正午約顯光與柳忱[1]便餐。午課後，手擬剿匪戰法，晡往訪妹婿芝珊[2]之病回，入浴。膳後獨自散步卅分時即回，晚課，九時三刻就寢。

六月二十九日　星期一　氣候：晴　未刻雷雨

雪恥：一、反共戰爭之武器，以發掘我國固有文化之潛力為重要工作之一。

朝課後手擬參校畢業講稿要旨，九時後約陳、張[3]、俞（大維）來談軍事、人事調動案，決照預定計畫發表。十時後到研究院召見研究員十人，並見叔銘，告其調職命令，彼似並未想及也。午課後記事，續擬講稿未完，晡與妻及章孫車遊山下一匝。晚再散步至後公園回，晚課。

1　莫德惠，字柳忱，吉林雙城人。1949年3月，任行政院政務委員，為時三個月。1954年8月任考試院院長，達十二年。
2　竺芝珊，蔣中正胞妹瑞蓮之夫婿。1945年代理農民銀行董事長，1954年真除。
3　陳、張即陳誠、張羣。

六月三十日　星期二　氣候：晴

雪恥：午課後續擬講稿要旨，晡與妻車遊淡水道上。膳後散步，晚課。

朝課後準備參校講稿要旨，記事。上午在研究院會客，見泰國空軍司令[1]後，主持一般會談，討論憲法與第三任總統選舉問題。余作結論，如必要余為繼續任總統，則國大只有不舉行選舉，乃以決議方式第二任總統任期延長至何時為止之一道，否則國大選舉余為第三任，乃為國大違憲，如余接受其第三任總統亦為違憲，此余所決不能接受者也。如余一生革命，最後若為違憲之總統，則將置革命歷史於何地耶。

1　差林傑（Chalermkiat Vatthanangkun），又譯查林杰，泰國空軍總司令。1960 年 4 月 10 日來華參加太平洋區自由國家空軍首長聯誼會，14 日離華返國時，座機撞山與同行人員共十八人均罹難。

上月反省錄

一、共匪自彭匪德懷由東歐及俄國歸後，即在盧山召開軍事會議，所可想及者：甲、原子裝備已否由俄獲得。乙、改編匪軍。丙、臺海戰爭之再行發動？丁、西藏增兵與鎮壓。戊、全國水災之處理。以勢論，今日實為發動大陸民眾抗暴革命之重要時機也。

二、日內瓦四外長會議毫無結果而停止三周，英國積極主張召開其高層會議，西德反對最烈，美、法亦甚冷淡也。

三、中歐德、法、義之新聯合趨勢，德國軍備之迅速形成，實為西方之新勢力抬頭，最應注重。俄共亦不能冷戰，如目前對美、英之緩慢不變乎。

四、中東情形複雜仍為世局之癥結所在也。

五、本月工作：甲、全會講詞修正完成。乙、戰略釋義審核完成。丙、石碑〔牌〕科學儲訓班已如期開學。丁、軍校卅五周年紀念，發表黃埔精神之意義，殊有必要。戊、對剿匪特種戰術本月積極研究，尚未具體完成也。己、經著存亡危急之秋審閱已完。

六、本月最感苦痛與懊喪，為叔銘之不德疏妄，不能不使調職。而最為欣慰快樂者，乃為夫人回國後家庭團圞，更臻和愛親睦，實乃無上之幸福也。

七、為國民代表大會與總統連任問題，至本月海內外要求情勢已發展為最高潮，而反動言論左舜生之二三投機分子，已成強努〔弩〕之末，最後余在卅日一般會談中提出主張，或可使黨中意見漸趨一致乎。

蔣中正日記
Chiang Kai-shek Diaries

七月

蔣中正日記
Chiang Kai-shek Diaries

民國四十八年七月

本月大事預定表

1. 操典總綱與教戰總則之性質。

2. 軍官退役（部屬軍官）應加統制。

3. 基地環境與植樹。

4. 組織須為有機體與生理組織之理論相合，組織之知識與技能應定為專訓。

5. 情報組織與智識技能之專門研究與設計。

6. 剿匪戰術：甲、局部優勢。乙、爭取外線。丙、以寡擊眾。

7. 草擬去年總反省錄稿。

8. 大陸水災之空投賑濟品及發動反共群眾革命運動，反飢餓、反鎮壓運動。

七月一日　星期三　氣候：晴

雪恥：晡與胡健中、陶希聖談對左[1]謬論之處置，及宣傳方法要領。晚課與車遊如常。

朝課後續擬講稿要旨，加以統計整理後聽報，知中央日報又對左逆駁斥社論，頗為不解，我黨文人常帶神經病態與敵鬥爭也，可歎，以左之謬論不值駁斥耳，故對余在參校之講詞將受其不良之影響也。十時前到參校，主持陸、海

1　左即左舜生。

兩參校畢業典禮訓詞,如擬進行無誤為慰。聚餐後致訓一小時未能完,只可將以文字整理後全文印發也。午課後閱美陸參品德教育小冊,甚覺重要,實為我各軍校教育所應教之基本教育。

七月二日　星期四　氣候:晴

雪恥:一、自由世界領導國家應採取與仿傚俄共滲透政策。二、四年前提交美國空提〔投〕無軍〔傘〕各縣之特種作戰計畫。

朝課後記事,批閱公文。上午在研究院召見羅列、高魁元[1]等及研究員十人,正午宴中央研究院院士胡適等十餘人。午課後記上月與上周反省錄後,與妻車遊山下一匝,膳後再同散步後公園,晚課。

附件(二)[2]

簡歷表

組別	姓名	別號	年齡	籍貫	學歷	經歷	現職	備考
政治組	陶希聖		五九	湖北黃岡	國立北京大學	教授、參事、中央日報總主筆、總統府顧問、中宣部副部長、總裁辦公室組長、中改會設委會主委第四組主任	中央常務委員 立法委員	
	張慶楨		五四	安徽滁縣	美國芝加哥西北大學法學博士	教授、系主任、訓導長、監委、本院講座、立委	立法委員	

1　高魁元,字煜辰,山東嶧縣人。1957 年任陸軍總司令部副總司令。1958 年 7 月調任陸軍預備部隊訓練司令,1959 年 1 月調任第二軍團司令。1961 年 1 月升任國防部總政治部主任。

2　原件標示如此。

	姓名	年齡	籍貫	學歷	經歷	現職	備考
	傅啟學	五五	貴州貴陽	北京大學 美加州大學研究院	科長、主筆、執委、主秘、教授、主委、處長、廳長、六屆中央執委、臺大教授兼訓導長	國立臺灣大學教授	
軍事組	酈堃厚						已奉諭示聘請
	龔愚	五一	貴州婺川	軍校六、英皇家砲專、國防研究院、陸大將官班	連營團長、總隊長、處長、主任、副廳長、署長、副軍長	國防大學待命	
	陳瑜	四七	江蘇江陰	國立交大電機系、軍校六、步校一、陸大十三、美蘭珈軍校、本院十二、本院軍官團高二	排連營團長、指揮官、參謀長、副師長、高參兼科長	國防大學研究室主任	
經濟組	徐柏園						已奉諭示聘請
	翁之鏞	五六	江蘇常熟	南京高師史地部東吳大學文理學科	講師、教授、院長系主任、專門委員、秘書、司長、設計委員、經濟研究處長兼土地金融處長	光復會設計委員中央設計考核委員本院研究所所長	
文化組	吳俊升	五七	江蘇如皋	東南大學教育學士 法國巴黎大學文科博士並在美國研究教育	教員、教授、教育部司長、政務次長、中訓團指導員、本院講座、正中書局總編輯、行政院設計委員	國立政治大學文學院院長	
	謝幼偉	五一	廣東梅縣	東吳大學學士 美國哈佛大學碩士 美康乃爾大學研究	浙大哲學系教授兼系主任、印尼自由報總編輯、中央日報總主筆、中央委員會設計考核委員	國立政治大學教授	
敵情組	陳建中	四九	陝西富平	上海大學社會學系 中訓團黨政班	省市黨部委員、書記長、主委、戰地政委會委員、中央黨部總幹事、處長、專門委員、國大代表	中委會第六組主任	
	葉翔之	四八	浙江杭縣	日本明治大學	八八師特黨部書記長、軍委會調統局處長、國防部大陸工作處副處長、空軍軍士學校政治主任教官、保密局處長	中委會第二組副主任	

一、章逆士釗最近曾致函費彝民，謂將再來港一行，妄言希設法函邀吳忠信先生到港會晤，函中曾稱，華沙會議對臺不利，大家都感困難，實有與吳晤談必要。

二、程逆思遠曾於十月赴平，向周匪恩來有所報告，並稱：「交辦之事，尚未辦好。」周匪則謂：「我們有的是時間，不必急。」

三、毛、劉兩匪最近行蹤不明，似有一重要會議在舉行，因各黨部第一書記多人均在十一月上旬未見露面，如上海柯慶施、廣東陶鑄、湖北李小銘、甘肅張仲良、陝西張德生、山東舒同、河北林鐵、黑龍江歐陽欽、遼寧黃火青、內蒙烏蘭夫、新疆王恩茂、四川李井泉等十二人，同時有一部份地方負責人繼續更動，如湖北第一書記王任重，湖南第一書記周小舟等，匪內部可能有嚴重問題。

黃埔校歌

民國十三年六月十六日開學時之校歌

莘莘學生，親愛精誠，三民主義，是我革命典型。（其一）

革命軍人，奮鬥犧牲，再接再厲，繼續先烈精神。（其二）

同學同道，以學以教，始終生死，毋忘今日本校。（其三）

紀律神聖，重於生命，服從遵守，革命軍人本性。（其四）

以血灑花，以校作家，臥薪嘗膽，努力建設中華。（其五）

現行校歌

怒潮澎湃，黨旗飛舞，這是革命的黃埔。主義須貫徹，紀律莫放鬆，預備作奮鬥的先鋒。打條血路，領導被壓迫民眾，攜着手，向前行，路不遠，莫震驚。親愛精誠，繼續永守，發揚吾校精神，發揚吾校精神。

　　右鈔件謹呈

總統

　　　　　　　　　　生　秦孝儀謹呈　六月二十九日

七月三日　星期五　氣候：上晴　未後雷雨涼

雪恥：一、徐永昌[1]、李濟[2]病應派經兒代為慰問。二、陸參學校應改名為大學，並定期九月一日開學，至次年七月一日畢業。

朝課後記事，在院召見中央與地方行政人員優等者一百七十名，點名訓示後，主持情報會談，對大陸水災難民之救濟與發展反共運動作重要指示，與辭修、岳軍作對臺黨政安定之商討。午課後批閱公文，晡與妻巡視市區。膳後散步，晚課，十時前就寢。

七月四日　星期六

雪恥：一、大陸水災賑濟與宣傳方針為目前急務。

朝課後記事，上午在研究院會客後，主持軍事會談，聽取木蘭計畫，對老兵留營服役之鼓勵實施辦法頗感嚴重，但整軍已到此最後階段，其困難為必然之事，否則如在大陸軍務即不成其整軍矣，因之更感樂觀也。午課後手擬去年總反省錄稿開始，晡與妻車遊回，入浴。晚課，膳後散步。

1　徐永昌（1987-1959），字次宸，山西崞縣人。1948 年 12 月任國防部部長、行政院政務委員。1949 年春到臺灣。1952 年任總統府資政。本年 7 月 12 日逝世。

2　李濟，字受之，改字濟之，湖北鍾祥人。主持河南安陽殷墟發掘，使殷商文化由傳說變為信史。1948 年當選中央研究院第一屆院士，1949 年創立臺灣大學考古人類學系，出任首任系主任。1955 年接任中央研究院歷史語言研究所所長。

上星期反省錄

一、俄共柯之洛夫[1]抵美與美首領談判自無結果，但西柏林問題是否擴張為大戰，殊難逆料。

二、西德總統選舉基督教民主黨勝利，而且西柏林亦參加選舉，實為西德之復興又進一步，其塞爾區亦實行歸德矣。

三、伊拉克現政府形態亦漸趨反共矣，此乃中東問題之又一新因素也。

四、軍事新任命各將領如期就職，自此軍事新基礎將益形強固，此乃十年來苦心孤詣之工作第一步之收效也。

五、中央研究院院士會議未應邀參加，而仍約宴其院士，此乃對胡適作不接不離之態度又一表示也。因對此無聊政客惟有消極作不抵抗之方針，乃是最佳辦法耳。

本星期預定工作課目

1. 空軍被俘回來之人員在匪受審技術與政治性，及其生活行動被審問與監視，以及釋放以前之經過實情，和今後空軍萬一被俘時之準備教育與口供之具體教材之編訂。

2. 對達賴離印就日問題之準備。

1　科茲洛夫（Frol Romanovich Kozlov），又譯柯之洛夫，蘇聯共產黨和國家領導人。1957年 12 月至 1958 年 3 月任俄羅斯蘇維埃聯邦社會主義共和國部長會議主席，1958 年 3月至 1960 年 5 月任蘇聯部長會議第一副主席，1960 年 5 月至 1964 年 11 月任蘇共中央書記處書記。

七月五日　星期日　氣候：晴　下午陰

雪恥：一、馬祖上空擊落匪機五架之意義。二、大陸水災救濟與反共革命。三、訓導要旨：甲、對太保問題學生。乙、對貧窮不能就學之青年。丙、對優秀青年之領導與吸收。丁、三民主義教授方法。

朝課後聽報，上午記事，記上周反省錄，三個孫子來侍候，同往禮拜。正午四孫皆在寓聚餐，歡樂融融為慰。午課後以目疾日深，不敢看書，在妻書室閒談。晡車遊回，擬去年總反省錄第一節要旨未成，以目疾為害也。晚課，散步。

七月六日　星期一　氣候：上晴　下雨

雪恥：一、中央黨部應成立預算、審計、考核。二、設置留學生十名、大學生五十名獎學金。

朝課後記事，十時在研究院主持紀念周，並為本黨夏令營與訓導工作研究會開學致詞一小時，未知有益於聽眾否。召見任覺五[1]，聽其在省黨部工作經過報告，有益。午課後，批閱公文後以目疾休養，與妻閒談家事後入浴，晚課。膳後車遊回，禱告。

七月七日　星期二　氣候：晴　下午雨

雪恥：一、中央設置工作標準評判會。二、標準規格之擬訂。三、人事考核之標準。

1　任覺五，四川灌縣人。1958 年 1 月任中國國民黨臺灣省黨部主任委員。1959 年 6 月調任革命實踐研究院副主任兼木柵分院主任。

朝課後記事，會客。主持宣傳會談，指示宣傳基本方針，對大陸水災與人民公社之要點，號召大陸反共革命運動勿失良機，對美國反華擁共左派勢力之發展應切實研究其背景，揭發俄共之陰謀內容。午課後批閱公文，晡車遊山下一匝，膳後散步，晚課。經兒腳病與糖病，令入院休養。

七月八日　星期三　氣候：上晴　下午雨

雪恥：一、俄飛彈配給共匪之說，如匪對臺或金門發射飛彈，美是否用飛彈報復。二、共匪今秋以前必重開對臺戰爭。三、中美應準備大戰。

朝課後記事，上午主持中央常會，討論黨務預算案，予以嚴正指示，並對革命實踐研究院應歸併於分院，以免浪費。午課後，批閱公文後入浴，晚課。膳後到圓山飯店祈禱會，聚餐後與妻同回，禱告。

七月九日　星期四　氣候：陰

雪恥：一、將領應重實質不尚形式（說謊虛報為軍人害國最大罪惡）。二、公事太多，應定減少辦法。三、木蘭計畫（老兵留營）與鵬程計畫（退役軍官）之實施情形詳報。

朝課後記去年總反省錄第二則。上午召見馬紀壯、石覺，詳詢其業務實情約一小時之久，續見董乃軍[1]等四員。午課後批閱公文，續記去年總反省錄第三則完。晡車遊山下一匝，稻子已大部收割為慰。晚散步，晚課。

1　董乃軍，江蘇宜興人。1957 年 5 月任預備第三師第九團團長，1959 年 8 月調任總統府第二局參謀。

七月十日　　星期五　　氣候：晴

雪恥：一、測量處黃為序？二、自黑魔[1]與哈爾曼[2]談話發表後，我們臺灣防務與軍事方略應重新檢討與決定。三、共匪已在沿海一帶裝備飛彈，絕無疑問。

朝課後記事，上午入府，主持月會與將領就職典禮訓話，聽取行政改革委會報告。召見賴次長[3]，報告其對美空軍備戰之緊張實情。正午宴美太平洋空軍司令庫塔夫婦餞別，賓主甚樂。與莊大使[4]談黑魔狂言，應特重視毋忽。午課後記事，晡遊覽後公園，車遊山下。晚散步，晚課。

七月十一日　　星期六　　氣候：晴

雪恥：一、布拉客本[5]與蒙哥馬利之約宴。二、空軍對匪警戒之特別備戰。

朝課後閱報，上午主持警官學校畢業典禮訓話後，入府主持軍事會談，指示金門二四榴與八英吋砲的目標與陣地改築之方針，與今後作戰要領應改取攻勢為第一，並對時局予以指示。午課後記事，聽報，入浴。與妻車遊山下，膳後散步觀月為樂，晚課。

1　黑魔即赫魯雪夫（Nikita Khrushchev）。
2　哈里曼（W. Averell Harriman），又譯哈利曼、哈利夢、哈爾曼、哈立門、哈列門，美國政治家、外交官，曾任駐蘇聯大使、駐英大使、商務部部長、總統特別助理、共同安全總署署長、紐約州州長。
3　賴名湯，號曉庵，江西石城人。1958 年 7 月，調任國防部情報參謀次長。1959 年 7 月，調任國防部副參謀總長。1963 年 3 月，調升聯勤總司令部總司令。
4　莊大使即美國駐華大使莊萊德（Everett Drumright）。
5　布萊克本（Paul P. Blackburn Jr.），又譯勃萊克、布拉客本，時任美國第七艦隊第七十二特遣隊司令。

上星期反省錄

一、黑魔與哈利曼威脅談話，乃發出對美警告，如不在臺海對共匪退讓求取和平即是戰爭之用意，暴露無餘。美有後退之可能，以俄乘杜[1] 逝世之機必行此一着也。

二、俄告英在十八個月內，西柏林可保證其安全，必須開成最高會議，余認此會議乃為解決臺灣問題，而非為十八月後之西柏林問題也。且其葛羅米柯[2] 聲言「日內華[3]」將有一連串高層會議，可知西德問題之外尚有其他會議，莫非共匪所參加之另一會議乎，其勢甚險。

三、美參議院削減遠東軍援三億美元，移作歐洲之用，可知其重歐輕亞主義已肆無忌彈〔憚〕，對遠東已置之不顧矣。

四、金門防護飛彈之設施與美交涉之準備具體辦法，共匪飛彈如僅用於金門，問美將如何。

五、金、馬、臺灣工事防務應重新檢討改正。

七月十二日　星期日　氣候：晴

雪恥：一、俄要求高層會議目的 ─ 臺灣為正，西柏林為副。二、將提西太平洋非核子區。三、將提遠東高層會議，或共匪參加日內瓦高階層會議，以解決遠東及臺灣緊張局勢。四、要求金、馬立即交給匪共。五、臺灣問題以五年內謀求解決，且先提國際共管。六、我即警告美國，任何遠東或臺灣金馬會議，堅決且完全反對，望其切勿陷入魔術。

1　杜即杜勒斯（John F. Dulles）。
2　葛羅米柯（Andrei A. Gromyko），又譯葛羅米哭，曾任蘇聯駐英國大使，1957 年 2 月接任外交部部長。
3　日內瓦（Geneva），瑞士第二大城市，日內瓦州首府。眾多國際組織設立於此，包括聯合國日內瓦辦事處、國際紅十字會總部。

朝課後獨自散步，遊覽後公園。上午記事，記上周反省錄後禮拜。午課後在妻書室閒談養目後，入浴。晡與妻車遊山下一匝，晚宴客，為孔大姊[1]祝壽後，散步觀月（獨自）回，晚課。

七月十三日　星期一　氣候：晴

雪恥：一、為高層會應致愛克函，並致戴高樂函，表明我的態度。二、中、韓、越聯合發表聲明。三、共匪攻勢行動，必在高會前夕或會期內發動，使高會進退維谷。四、馬祖調防延期至十月中旬開始。五、白犬島應增加一營兵力。

朝課後記事，在研究院主持紀念周訓話，最後對高層會之目的與我國又將遭遇一次大禍之說，或使聽者驚懼，自覺說之太早為憾。午課後聽報，讀唐詩，心想審核戰術圖示，以目疾為患而止。入浴，散步，車遊。晚與妻散步觀月，晚課。

七月十四日　星期二　氣候：晴　入夜颱風[2]開始

雪恥：一、鬥牛士飛彈目標之測定。二、重要軍品彈藥分存澎湖各島。

朝課後記事，在研究院會客，召見卜道明[3]與田樹樟[4]後，主持一般會談，指示

1　孔大姊即宋靄齡，宋美齡長姐，孔祥熙夫人，1947 年移居美國。
2　中度颱風畢莉（Billie），中央氣象局於本月 15 日零時發布陸上警報。該颱風經臺灣東北部近海後，轉北北西，從溫州南方進入大陸。
3　卜道明，字士畸，湖南益陽人。1953 年 4 月 1 日，與邵毓麟、李白虹等發起成立國際關係研究會，1954 年 11 月，繼任理事長。時任國家安全局研究室主任。
4　田樹樟，號中夫，山東高苑人。1955 年 1 月，任第八十一師師長。1959 年 1 月，調任第十七師師長兼馬祖守備指揮官。

對高層會議之預防措施。午課後聽報，因上午醫治目疾，瞳神放大，檢查結果兩目本質甚佳，並無變化，認為有時閃光無妨為慰。晡車遊，晚散步，晚課如常。

七月十五日　星期三　氣候：颱風大雨終日

雪恥：一、預算管制機構之主計處（原預財局）（檢討與分析之方法）。二、人事管制之人事行政局之人事控制與政策之研究發展。此二者乃為黨政行政機構必須模仿實施之要務。

朝課後聽報，九時半到中央召見少谷與叔銘，並對中央政策會議方針之指示，主持中央常會。正午往祭徐次辰〔宸〕[1]之靈，並見其遺容平安如常為慰，惜其臨終前未能一晤為憾。午課後審閱荒漠甘泉後，在畫室閒談養目，記事，入浴。今晚以颱風大雨，未能外出散步。晚課。

七月十六日　星期四　氣候：雨

雪恥：一、軍校長艾靉[2]與李惟錦[3]。二、王多年可任澎湖司令。

昨夜颱風中心經過基隆，故臺北遭受水災最大，惟馬祖並未受災為慰。朝課後聽報，在研究院召見簡立[4]，可用為兵工署長。主持武漢計畫空投地點之研

1　即徐永昌，1959 年 7 月 12 日病逝。
2　艾靉，號業榮，湖北武昌人。1956 年 2 月，調任三軍聯合參謀大學高級教官，4 月調任第二軍團副司令。1961 年 1 月，調任陸軍軍官學校校長。
3　李惟錦，四川成都人。1956 年 5 月，任澎湖防衛司令部參謀長。1963 年 3 月，調任臺灣警備總司令部警備處處長。
4　簡立，號元衡，湖南長沙人。1957 年 4 月任聯勤總司令部參謀長。1967 年 8 月出任中正理工學院院長。

究，與續訂傘具計畫。午課前後記事，批閱人事，晡巡視士林、北投風災情形。晚到士林視察傢具回，晚課。

七月十七日　星期五　氣候：陰

雪恥：一、證明共匪已有飛彈後，我防務工作方針之調整。二、金門砲位工事與臺北隧道工事經費不可少。三、準備原子戰之國防部之工事。

朝課後記事，在研究院見張邦〔維〕翰[1]等，主持財經會談，對管制社會浪費風氣之指示。午課後審閱荒漠甘泉新編後，與妻巡視市區，風災無大損害為幸。至蒔林與妻布置新建大廳二小時，為養目消閒之一法，但亦頗費神吃力。晚散步，晚課。

七月十八日　星期六　氣候：晴　下午雷雨

雪恥：辭修好聽細言，而且好信反對革命行動者，對幹部有意撮拾一、二細節錯誤，藉此造作是非誹謗之罪言，乃認以為真，當眾大罵，背地怨恨，徒資反動派以利用，殊非領導革命者之所宜，甚以為憂，應如何使之改正與加意修養？

朝課後記事，在研究院召見吳漢祺[2]，可用。主持軍事會談，聽取鵬程計畫實施報告，已達成減少軍額至六十三萬名之目標為慰。午課後續審新譯本，手

---

1 張維翰，字蒓漚，雲南昭通人。1949年4月派任川康區監察委員行署委員，未就。1950年來臺後，歷任中國國民黨中央紀律委員會委員、政策委員會委員。1965年升任監察院副院長。
2 吳漢祺，號叔韜、從斌，江蘇武進人。1954年11月任第四十六師副師長。時為實踐學社教官。

擬特種作戰之專精訓練項目草案十二種，帶武、勇二孫遊覽公園。晚續擬訓練草案後，晚課。

上星期反省錄

一、本周看書減少，故目疾未加深為幸，而右手食指及小指關節疼痛，醫者斷是風濕，又添一種病症為慮。

二、對高階層會議俄共對華之陰謀預防之指示，亦已進行。

三、美國三種飛彈之試射皆同日失敗，更將引起俄共勒索之野心。

四、黑魔[1]在波蘭狂妄講演，對東西德分界絕無統一可能，與對於中歐非核子地帶之設立非此不可之挑戰言行，乃為其高階會議之目的，而高會又不怕西方不順從舉行，美國果能反抗不參加此會乎，可憐之至。

五、決心在滇緬邊境建立陸上反攻第一基地，積極進行。

七月十九日　星期日　氣候：晴　夜雨

雪恥：一、真善美的教育：真者真實無偽，合乎真理。善者善良中節合度，沒有矯揉造作。美者合乎自然，不待裝飾之謂乎。二、青年與其冷漠，不如使之狂熱。三、革命教育必須對己要有自信，對下要有信任，予以激發鼓勵，不使氣餒消沉，最為重要。

朝課後記事，膳後帶武、勇遊覽後公園小築解悶，禮拜。午課前後手擬特種作戰要旨稿，續審新編。晡車遊，膳後到蔣林布置傢具回，晚課。

1　黑魔即赫魯雪夫（Nikita Khrushchev）。

七月二十日　星期一　氣候：晴　溫度：八十二

雪恥：一、善者「可欲之為善」，其為人也，可欲而不可惡。有諸己之為信，「充實之為美」，充實而光輝之之[1]為大，大而化之之為聖，聖而不可知之為神。可欲之「欲」應作「親」解。

朝課後手擬講稿要旨一小時，上午主持夏令營與訓導工作研究會結業典禮，講演一小時餘，尚能盡詞。正午聚餐訓話最樂，午課後記事，批閱公文後與妻閒談養目。晡車遊，膳後獨自散步觀月為樂，回晚課。

七月二十一日　星期二　氣候：晴

雪恥：一、人心惟危，道心惟微。危者，暴也露也，微者，幽也隱也，亦即中庸所謂莫現乎隱，莫顯乎微之意也。二、預備軍官深造召訓。三、民防軍種制度之建立及其軍官之養成。四、義務教育改為九年制之建議與計畫。

朝課後記事，上午在研究院召見外交使節，多不能用。召見國防研究員十二人，張興唐[2]、孫景華[3]可用，王冠青[4]備考，胡新南[5]無政意乎。午課後續審新編，批閱公文。晡獨自散步與妻車遊，膳後散步，晚課。

1　原文如此。

2　張興唐，遼北遼源人。原任蒙藏委員會專門委員，1953 年 4 月升任參事。時在國防研究院第一期進修，並留校兼任研究員。

3　孫景華，福建惠安人。曾任臺灣鋁業公司籌備處主任，時任總經理，時在國防研究院第一期進修，並留校兼任研究員。

4　王冠青，又名冠卿，廣西桂林人。1949 年來臺灣，任臺灣省政府參議，嗣轉中國國民黨中央委員會秘書。時任中國國民黨中央委員會專門委員，刻在國防研究院第一期進修，並留校兼任研究員。

5　胡新南，江蘇無錫人。曾任中國石油公司高雄煉油廠廠長，後升任中國石油公司總經理及董事長。時在國防研究院第一期進修。

七月二十二日　星期三　氣候：晴

雪恥：一、公職候選人之考試制必須實行。二、毛景彪與吳嵩卿〔慶〕[1]派為中央人事與財務顧問。三、各縣市黨部業務費與區分部之組訓費必須增加充實。四、各機構之職與責與權必須詳訂。五、中央制度與業務以及工作效能，必須每月每年並隨時有研究發展，與考核分析之檢討和設計報告。

朝課後記事，右手小指在作字時激痛為患，不得已乃服風濕藥漸好。上午主持常會，為中央預算事辭修及常委仍不肯負責，敷衍了事為痛，乃突起憤激，對常委只知權利地位而不願為黨國稍任勞怨、略事貢獻，痛加責備。事後自覺心安，不知此黨如何領導革命矣。

七月二十三日　星期四　氣候：晴

雪恥：昨午課後續審新編，聽報，晡與妻往歷史博物館參觀古宮畫影展。晚膳後散步，晚課。

朝課後記事，上午召見王〔黃〕啟瑞等，並召見國防研究員十四人，第一次全院學員召見完。午課後手擬陸上反攻第一根據地建立之令稿與方略，或可於明春完成也。入浴後車遊。膳後散步，巡視研究院回，晚課。今日服「白法苓[2]」四次。

1　吳嵩慶，浙江鎮海人。1953 年 6 月，任聯勤總司令部財務署署長。1959 年 8 月，任聯勤總司令部副總司令兼財務署署長。
2　意指白茯苓。

七月二十四日　星期五　氣候：晴　溫度：八十六

雪恥：一、中央製片廠火災與處理方針。二、李惟錦任軍校長。

朝課後記事，上午召見候補團長吳崇彣文[1]等六員後，主持情報會談，匪諜在臺潛伏方法與教育之陰險可慮，共匪人事與偵察組織完全受俄共控制，益證毛匪倒臺受俄決定無疑也。午課後約請新來各使節七人，茶會後入浴，與妻車遊。膳後散步回，晚課。

七月二十五日　星期六　氣候：晴　溫度：八十二

雪恥：一、胡獻羣[2]任作戰次長。二、劉景揚[3]任陸參長？

朝課後記事，聽報，知黑魔[4]對尼克生[5]在莫斯科美國展覽會中之侮辱蠻橫，實開中外歷史上之奇聞，有此瘋狂之惡魔當政，其國不亡何待，共產滅亡更近一步矣。上午主持軍事會談，午課後續審新編，約見美伊州議員等畢，入浴，車遊。夜散步，晚課，十時就寢。

1　吳崇彣文，「文」為衍字。吳崇彣，浙江奉化人。抗戰時期曾任第三戰區浙東綏靖指揮部參謀，時任第八軍運輸組組長。
2　胡獻羣，字粹明，江西南昌人。1955 年 12 月調任陸軍總司令部參謀長。1959 年 8 月升任國防部作戰參謀次長。
3　劉景揚，又名久揚，號獨深，遼寧營口人。時任陸軍總司令部副參謀長。
4　黑魔即赫魯雪夫（Nikita Khrushchev）。
5　尼克森（Richard M. Nixon），又譯尼克生，美國共和黨人，曾任眾議院、參議員，1953 年 1 月至 1961 年 1 月為副總統。

上星期反省錄

一、黑魔在波蘭農人大會又痛斥人民公社為共產主義之錯誤路線，惟未明指為毛共也。

二、俄波公報除西柏林支持東德統轄外，又提臺灣應由共匪統制，支持共匪解放統一也。

三、擎天神飛彈星四試射成功（美）。

四、外長會議（四國）情勢，俄絕無退讓形跡，西方表示堅定，勢將停會，惟如此高階會議無望，俄豈能如此罷休乎。

五、右手小指風濕本周最疼，服藥已有四日尚未告痊。

六、西南陸上第一反攻根據地之建立，本周決定進行且已下令。

七、對常會（中央）嚴加指斥，自覺心安理得，惟恐對一般常委麻木情景，仍不能引起其激刺耳。

八、每日下午一時半至四時止，決午睡養目，避免看書，以期恢復目力，未知能否為念。

七月二十六日　星期日　氣候：晴　溫度：八十四

雪恥：一、青年須有狂熱冒險與犧牲的精神，革命必須自信與信任，及革新與又新，研究與發展，檢討與分析。

朝課後記事，武、勇二孫來陪膳。上午巡視陽明山公共防空洞，甚薄弱。記上周反省錄，禮拜如常。午課後約見莫雷[1]，談俄事一小時餘，有趣。入浴後車遊，膳後獨自散步回，晚課。

1　莫雷（John Morley），又譯莫萊，美國專欄作家。

七月二十七日　星期一　氣候：晴　溫度：八十四

雪恥：一、粵、湘、贛邊區之空投計畫，亦應與川、黔、湘計畫同時準備。
二、見陳大齊等。三、空軍人事應注意。

朝課後記事，上午主持紀念周訓話（對青年團幹）後，朗誦二中全會訓詞，
掌握中興機運全文一小時半，幸無錯誤為慰。午課前後批閱公文，金門二四
榴與八吋口徑重砲新築預備陣地及其目標集中的計畫決定為慰。聽報，車
遊，散步，晚課。

七月二十八日　星期二　氣候：晴　溫度：八十四

雪恥：近年來緬懷故鄉更切，而對雪竇瀑布與妙高臺情景且入夢頻頻，乃將
卅八年遨遊妙高時口占之靜觀閒聽二句，續成七絕一首：「雪竇山中皆自得，
妙高臺外獨幽遊，靜觀明月松間照，閒聽清泉石上流。」並將前年在角畈山
溪內觀瀑時所占一首並錄之：「每來角畈總相訪，迎客歡聲穿瀑聲，氣壯魄
雄千丈勢，何如雪竇澤高深。」以誌對故鄉之向往，何如耶。

朝課後記事，上午會客後主持宣傳會談。午課後批閱公文，為妻畫松竹題記
後車遊。膳後散步，晚課。

七月二十九日　星期三　氣候：晴　溫度：八十四

雪恥：一、共匪內部毛、劉[1]暗鬥之象，正在依次發展中，應如何設法利用，
不可不早速為之準備。二、美大使特提達賴動向，何耶。

1　毛、劉即毛澤東、劉少奇。

朝課後記事,上午到中央,未主持常會,以對該會委員表現甚覺悲觀。入府與岳軍談國際形勢在拖為念,回審閱去年讀書雜記未完。午課後,召見美海軍勃來克本與甘農[1]後,車遊。晚在研究院聽軍樂隊奏樂甚佳,晚課。

七月三十日　星期四　氣候:晴　溫度:八十四

雪恥:一、革命戰爭的條件在勇氣教育,火力、刺刀之使用,而發揚其極度之志氣,使之熱情奔放,乃至造成可怖的熱情之悲劇。二、教育目的:精神智能與體力技能之具備。三、部隊之要求為熱情、忠實性與力的要素為第一。四、教育為構成共同的精神規範,以發展其各人能力。五、研究之努力,智慧之磨鍊,戰爭天才之表現。六、各自研究其各自所應解決之問題。朝課後記事,武、勇二孫來伴餐,同遊後公園回,審核讀書雜記三小時完。午課後,約美大使[2]等八國使節夫婦茶會後,入浴,車遊,散步,晚課。

七月三十一日　星期五　氣候:晴　溫度:八十六

雪恥:一、檀香山華裔鄺友良[3]當選為美參議員(共和黨藉〔籍〕),其主長亦為美共和黨員,此乃近年對美政治差強人意者也。二、美眾議員「波特[4]」對其眾院撥款會反對共匪進入聯合國案,用不正手法為之撤消,可知俄共在

---

1 甘農(J. W. Gannon),美國海軍將領,1958 年 7 月任海軍軍令部助理部長,1959 年 8 月調任第七艦隊第七十二特遣隊司令。
2 美大使即莊萊德(Everett Drumright)。
3 鄺友良(Hiram Leong Fong),美國共和黨人,廣東移民後代,於 7 月 28 日夏威夷州第一次參議員競選中獲勝。
4 波特(Charles O. Porter),又譯薄尅,美國民主黨人,1957 年 1 月至 1961 年 1 月為眾議院議員(俄勒岡州選出)。

美參透之深，甚為美國憂也。

朝課後記事，上午約見日本航空公司柳田[1]等，並召見柏園[2]，聽取其國防部第七研究要旨報告。午課前後覆述福煦在其陸大講稿，頗有心得，入浴後車遊，散步，晚課。

1　柳田誠二郎，時任日本航空公司董事長。
2　徐柏園，浙江蘭谿人。1954 年 5 月任行政院政務委員兼財政部部長，1958 年 3 月卸任財政部部長，仍任政務委員至 1969 年 4 月。1960 年 7 月出任中央銀行總裁。

上月反省錄

一、人民公社已無形崩潰,共匪秋收危機必然來臨,我們應在十月前後作戰準備完成,大舉發動大陸反共革命,其具體實施計畫務於一個月內呈報。

一、美國被奴役國〔家〕周之發動與尼克生到莫斯科同在一日,乃引起黑裡雪夫對尼克生之咆哮侮辱,是乃美國之有意所預定,而非其幼稚行為也。

一、赫特訪西柏林聲明美軍決不退出西柏林,與尼克生對黑魔[1]相談同一說明,更足證明其有計畫之行動也。

一、伊拉克的克煞姆[2]已表明反共,緬甸與印尼亦已與共匪表示強硬不屈的態度。

一、寮國共匪在其北部又發生叛亂與進攻寮軍,此為共匪擾亂中南半島之開始。

一、俄黑聲明東、西德疆界決不能變更,美赫特聲明美軍決不退出西柏林。

一、俄柯之洛夫訪美,雖未轉變美、俄影響,而美尼克生訪俄,由俄黑魔之咆哮惡態將發生若干不良影響?但尼反主張約黑訪美,其意何在,尚不可知。如黑果訪美,俄、美關係之和戰當有一決定之影響乎。

一、右手小指風濕作痛頗劇,服藥未痊。

一、黑魔與哈利曼談話,對臺灣與西柏林問題並提,且聲言俄已有飛彈供匪與助匪戰爭之恫嚇,應加注意。

一、黑魔在波蘭農會聲言,人民公社為共產主義之錯誤路線,其間接攻擊毛匪迫其取消公社,而用意乃將建立劉匪之權力乎。

一、美國「被奴役國」周實觸動俄黑之憤怒,故其更增對尼克生之暴戾乎。

一、美眾議員波特對我美援之反對,及反對匪入聯合國案之取消等,應特加注意。

---

1 黑魔即赫魯雪夫(Nikita Khrushchev)。
2 克煞姆即卡塞姆(Abdul Karim Kassem)。

一、尼克生訪俄乃為美企圖對俄緩和局勢之誠意，亦為高階會議之先聲，故黑魔夢求訪美之目的，乃有實現可能，不能不特加注意。

一、共匪再對金、馬挑戰之因素已多消失？

一、本月看書因養目而減少，但四次紀念周與每周例會除常會一次缺席外，其他工作皆較平時為忙，軍事更有進步，而月初空戰擊落匪機四架，我無損失，實為今年最重要之緒戰也。

蔣中正日記
Chiang Kai-shek Diaries

八月

蔣中正日記
Chiang Kai-shek Diaries

蔣中正日記
Chiang Kai-shek Diaries

民國四十八年八月

八月一日　星期六　氣候：晴　溫度：八十二

雪恥：曾憶廿二歲在東京振武學校入學之初，寄表兄單維則[1]七絕一首，今重修正錄下：「騰騰殺氣滿全球，力不如人心不休。誓復河山雪國恥，東來志豈在封侯。」「心不休」三字為最近修正者也。

朝課後記事，手錄福煦在法陸大講詞數條，甚覺重要。上午見陳宗璀[2]等後，主持軍事會談，決定高級軍事學校制度，各軍種戰爭大學暫附設於其各參謀大學之內（另設高級研究班）。午課後，續錄福煦講詞未完，入浴，車遊。夜散步，晚課如常。

上星期反省錄

一、叔銘尚謀把持空軍，其軍閥行徑更比至柔為惡劣矣，可痛。

二、共匪所謂「八一建軍節」典禮中（北平），無一高級匪將領參加（只有

1　蔣中正長兄蔣介卿，後娶繼室單氏，單維則為其兄弟。
2　陳宗璀，號寒軍，浙江奉化人。1956年1月，任國防部第三廳聯合參謀官。1958年8月，調任預備第七師第十九團團長，1960年6月，調任陸軍步兵第四新兵訓練中心指揮官。

一名副參謀總長），此不僅表示匪正在廬山召開重要會議[1]，而亦表示其內部對軍隊史跡毫不重視矣。此其會議仍以軍事行動為主（對寮國與我金、馬），而對其人民公社制之根本改變，亦必將作一決定乎（毛機七月十六日到九江）。

三、嚴防共匪九月間再向金、馬奇襲，或向臺、澎發射飛彈，限令軍政與市民疏散勿誤。

四、軍事高等教育制度：參謀大學、三軍聯合大學與國防大學的三級制已核定確立矣。

八月二日　星期日　氣候：晴　溫度：七十九　下雨陰雨

雪恥：一、本夜夢見杜勒斯，與其討論國際問題，隨後不見其人，忽覺其為已逝世之人，乃對另一在座者說，我們剛在所見者杜勒斯，是一個夢也。不久余真清醒之後，方知其為夢中之夢耳。余對杜雖甚佩其人，時用懷念，並在去年十月廿四日公報發表之後，彼感余相見以誠，乃將其美國對華政策確保外島之計畫具體實現，但彼在當時所提之第一稿案，實為兩個中國政策之表明無遺，為我終身所不能忘者，認其對余並不誠意也，特記之。

朝課後令武、勇來陪膳畢，同遊後公園回，記事，禮拜。午課前後手錄福煦講稿，車遊，散步，晚課。

1　即 1959 年「廬山會議」，統指本年 7 月 2 日至 8 月 1 日在江西廬山舉行的中共中央政治局擴大會議，和 8 月 2 日至 16 日的中共八屆八中全會。廬山會議原以肯定「三面紅旗」為前提，希望總結經驗，糾正錯誤，但隨著彭德懷上書毛澤東所帶動露出的不同意見，遭毛指責，終而牽動會議轉向，釀成與會者對於所謂「彭德懷、黃克誠、張聞天、周小舟反黨集團」的鬥爭。會後，中國掀起大規模的「反右傾運動」，彭德懷的國防部長職務則遭褫奪。

八月三日　星期一　氣候：晴

雪恥：本日十八時少谷與美大使談話後，前來報稱俄黑[1]與美艾[2]行將在九月與十月互相訪問。初聞之美艾訪俄，殊為任何人所不能想像之事，此乃為美國外交最愚拙而卑怯的政策之決定，惟有痛惜而已。但一轉念之後，乃覺此事結果對不久的將來而言，乃是世界大局總結束之開端，而於我的原來希望仍是相符的，故在對我國言實無悲觀之理。惟在此三月－六月之短期間，對於人心士氣必將有沮喪之表徵，至對我國之利害禍福如何，我認為其間不免發生一翻驚濤，然不能損及我基本，以只要我能自立不屈，而且已能自立矣。故此事最後乃是利多害少，亦是轉禍為福之朕兆乎。

八月四日　星期二

雪恥：昨（三）日朝課，記事。上午主持研究院紀念周與本黨婦女工作會議開幕禮，朗誦組織原理與功效一小時半完。午課前後手錄福煦講稿有得於心，見少谷後與妻車遊，晚散步。晚課後入浴，就寢。

本（四）日朝課，記事。上午續錄福煦講稿後，主持一般會談二小時之久。僉謂艾、黑互訪惟在雙方希圖拖延時間，不致有結果，余認為至少要有一些結果，其在美國放棄金、馬，以謀西柏林三十個月之安定乎，不能不作積極防制也。

1　俄黑即赫魯雪夫（Nikita Khrushchev）。
2　美艾即美國總統艾森豪（Dwight D. Eisenhower）。

八月五日　星期三　氣候：晴

雪恥：昨午課後召見鄭學燧[1]、吳世英[2]等留美參大赴學，此二生可望有成。又見加拿大廣播公司杜時美[3]，訪問錄音後回，入浴。膳後與妻車遊市區，晚課。

本（五）日朝課後記事，上午本擬往中央主持常會，以對該會感歎無望，故停止，在寓續摘福煦講稿完，並加詳研為慰。午課後研究摘錄後，召見唐縱，以中央電影廠精華焚如，果夫[4]一生精力與百餘萬萬金之資產損毀殆盡，而常會乃毫不檢討調查了事，不勝痛憤，本黨誠不可收拾矣。常會其不負責如此也，可痛之至。車遊，散步，晚課。

八月六日　星期四　氣候：晴

雪恥：一、共匪八全大會傳在漢口召開，此為子虛謊報，而在廬山召開乃是實在的。二、日內瓦外長會議昨日無定期的休會，毫無結果而終。

朝課後記事，上午召見日本記者後，主持作戰會談，核定災區空投部隊與根據地點（連平、桂東、連山、信宜）。午課前後手擬陸參大開學詞稿始，車遊與散步如常，讀唐詩，晚課。

1　鄭學燧，字中直，廣東潮楊人。曾任陸軍第十軍官戰鬥團工兵群指揮官，時任澎湖防衛司令部第二處處長，1962 年 4 月任國防部後勤次長室第五處處長。
2　吳世英，河北故城人，時任陸軍砲兵學校副校長。
3　杜時美（Erik Durschmied），又譯杜時邁，加拿大廣播公司記者，1959 年 8 月 5 日訪問蔣中正，並錄製電視節目。
4　陳果夫（1892-1951），浙江湖州人，與弟陳立夫受蔣中正倚重，對國民黨組織與人才培養有影響。戰後因病退出政壇，1951 年 8 月病逝臺北。

八月七日　星期五　氣候：上晴　中大雨

雪恥：一、俄、匪皆宣傳胡志明[1]由莫斯科經迪化、蘭州，將與毛匪會商後回北越，且預言將由寮戰擴大為東南亞全面戰爭，是共匪挑起大戰之計畫已經決定之風報，其用意在促進艾、黑[2]會談對亞洲問題之勒索也，應特注意。
朝課後記事，上午主持財經會談二小時餘，督促軍公教待遇之調整，作具體之解決。午課後研究參大講稿，十七時氣候悶熱惡劣，為從來所未有者，幾難忍受也。中南部皆大雨成災[3]。晡入浴，追述離京辭陵之感懷七言一首，重錄之。晚車遊市區，晚課。

八月八日　星期六　氣候：晴

雪恥：一、卅八年離京所占一首「鍾山陵上欲腸斷，回顧蒼生倍切愁。倒戈桂逆乘風舞，搖尾文人逐浪流」補錄。二、寮國如被共匪發展為武力戰之擴大，其必在金、馬亦同時並舉無疑。
朝課後記事，上午召見三軍「以軍為家」運動之代表六十餘人，接受其國民革命軍之父的稱號，訓話、照相甚為欣慰，主持軍事會談。午課後研究英

1　胡志明，本名阮必誠，號愛國、秋翁，曾任越南總理，1949年至1969年任北越國家主席、越南勞動中央黨主席。
2　艾、黑即艾森豪（Dwight D. Eisenhower）、赫魯雪夫（Nikita Khrushchev）。
3　即「八七水災」。本日因熱帶性低氣壓移入臺灣，導致中南部發生超大豪雨，單日降雨量即達五百至一千公釐（至9日為止，累計達八百至一千兩百公釐）。這場自然災害是臺灣氣象觀測自十九世紀末開始制度化後，截至當時為止，影響程度最為嚴重的水災：死亡者近七百人，傷者近千人，失蹤者約四百人上下，災民達三十餘萬人，房屋全倒近萬八千間，半倒一萬八千餘間，受損農田逾十三萬公頃，損失總值估計達新臺幣三十七億元。為籌措災區重建資金，蔣中正於31日頒布「緊急處分令」，提出開徵「水災復興建設捐」的相關辦法，例如針對營利事業所得稅等多項稅課附徵之，亦對公私小客車一次徵收，對電力費、電信費、鐵公路票價等隨價徵收等等。

軍事教育制度與造成指揮官之程序。晚應辭修夫婦[1]之宴,為夫人洗塵也。十時後回,晚課。

上星期反省錄

一、星五日氣候惡劣,已覺為從來所未有,而不料其即為臺中一帶豪雨成災,損害嚴重,為六十二年以來所最大之水災也,乃令陸空軍全力救濟與服務也。

二、去年春季對愛克之政治行為已由希望而失望,至今日愛克發表其與「黑裡雪夫」互訪之公報以後,乃由失望而絕望矣,何其愚拙至此。此為最無骨格之所為也,不能不悲杜勒斯之死矣。

三、重習福煦之陸大講稿二次最為有益,而對斯立姆[2]在英國防大學講稿之重讀,亦甚有益也。

四、「以軍為家」運動發生功效,此乃團結全軍精神最有效之辦法,其尊稱余為國民革命軍之父,確定國軍之中心思想,更為奠立反共復國成功之基礎也。

八月九日　星期日　氣候:晴

雪恥:一、魏菲爾[3]主張為將第一須要心靈的強韌性,實事求是的精神和能力之言,實先得我心也。

1　辭修夫婦即陳誠、譚祥夫婦。譚祥,字曼意,湖南茶陵人,譚延闓之女。1932年元旦與陳誠結婚。來臺後協助宋美齡管理婦聯會,致力於婦女運動與救濟事業。
2　斯立姆(William J. Slim),曾任英國總參謀長,時任澳洲總督。
3　魏菲爾(Archibald Wavell),1941年7月至1943年6月任駐印英軍總司令,1943年10月至1947年2月任印度總督。

朝課後聽報一小時餘畢,帶兩孫遊後公園,經兒亦隨從報告,禮拜如常,回記事。午課後閱讀魏菲爾的為將之道第一章,有益。晡與妻巡視北機場社會情形,甚不整齊有感。膳後散步回,辭修來報臺中水災未退情形,晚課。

八月十日　星期一　氣候:陰

雪恥:當吾父[1]行將入殮時,先慈特為不肖瑞元指吾父之面貌而教曰:「汝須多認爾父之面貌,切記毋忘。」余乃注視父之面貌,至今敬記猶如昨日事也,此為對母教平生所不能遺忘者之一也。

朝課後記事,上午主持紀念周後,見政治大學新校長劉季洪[2],正士也。午課後續閱魏之講稿(將領與部隊)篇,亦有益也。見加拿大記者二人[3]後入浴,車遊。膳後散步,為犬(佩郎)強項不聽話乃怒,何苦耶。本日右手指更痛,服藥已無效為苦,晚課。

八月十一日　星期二

雪恥:一、純熟的演練(簡單專精)與應用的學習。

朝課後記事,上午會客,見奧國記者阮德魯[4],此為奧人訪臺之第一人也。主持宣傳會談,午課後續閱魏講稿第三篇(將領與政治家),並無特色。晡

1 　蔣肇聰(1842-1895),字肅庵,浙江奉化人。元配徐氏,繼娶蕭縣孫氏,續娶嵊縣王采玉,生次子蔣中正。

2 　劉季洪,本名鐘,字季洪,以字行,江蘇豐縣人。1949年5月渡海來臺,擔任正中書局總編輯;同時應聘為臺灣省立師範學院教育系教授,同年秋兼教育系主任。1953年任正中書局總經理,次年辭之,惟仍兼編審委員及編審委員會主任委員,後又被推為董事長。1954年政治大學在臺復校,乃應聘改任教於該校,後兼教育系主任。1959年8月,接掌政治大學校長。

3 　達波隆尼亞,加拿大蒙特婁關係週刊編輯。寇文,加拿大蒙特婁日報副編輯。

4 　阮德魯,奧地利每日新聞報政治編輯。

檢查右手小指病症，照 X 光後尚未判定。晚帶武、勇兩孫散步，與「佩郎」玩耍後回，晚課。

八月十二日　星期三　氣候：陰晴

雪恥：最近更覺大學、中庸二書對於軍事教育關係之重要，可說大學為研究戰爭科學技能與思惟之方法論，而中庸乃為修養戰爭哲學倫理（德性、靈心）之目的論，甚想將歐美軍事權威所著各戰爭論，引證學、庸原文加以註解，未知能否加我數年完成此一理念，以餉我國今後之軍事教育也。

朝課後記事，主持中央總動員會報三小時餘，對於臺中水後善後處理予以決定。午課後批閱公文，約見美「麥可德[1]」後，指示秦秘書[2]，草擬陸參大開學詞要旨。晡車遊，膳後散步，教犬回。晚課，入浴。

申刻手指用電療開始，停止服白伏苓止痛藥矣。

八月十三日　星期四　氣候：昏暗大雨

雪恥：一、共匪廣播自稱其在水旱蟲災中，共匪內部發展其右傾保守與鬆動情緒及悲觀思想，此乃必然之勢，但一面仍誇耀其人民公社之優越性，而實則對其人民公社之崩潰已無法維持，而又不能不強制維持，此為其兩個月來所會議之第一結果與報導乎。

朝課後記事，終日皆在寓中修正訓詞要旨，未完。晡見嘉尚後與妻車遊，以

1　麥可德（Carl W. McCardle），1953 年至 1957 年任公共事務國務助卿，時任職於泛美航空公司。
2　秦孝儀，字心波，湖南衡山人。長任總統府侍從秘書，1954 年 8 月至 1958 年 9 月兼任中國國民黨中央委員會第四組副主任。1961 年 4 月兼任中國國民黨中央委員會副秘書長。

今午全省又大雨傾盆四小時，恐成第二次水災為慮。膳後散步回，晚課後入浴，電療。

八月十四日　星期五　氣候：晴

雪恥：一、派訓練人員往柳[1]部（緬北）整訓其所部成為勁旅。二、共匪如對寮國挑起戰爭，則我柳部之作用與我滇西之計畫進行有否妨礙，應加研究。上午朝課後記事，修整講稿未完。午課後續修前稿，對反攻作戰之基本戰法（四種），與共匪十五種游擊戰法之配合設計成為特訓課目，甚費心力也。晡主持革命實踐院院務委會，決定取消陽明院址歸遷於木柵也。車遊，散步，晚課。

本日體重一百廿四磅〔磅〕半，比前加重二磅〔磅〕矣。

八月十五日　星期六　氣候：晴

雪恥：一、鬥牛士飛彈歸陸軍或空軍之統屬，因美員陸、空二軍中相持不下，而我國究為誰屬亦起爭執，此乃無謂之爭，決照原來規定平時歸陸軍管訓，而戰時應即轉移於空軍直接指揮與管制也。

朝課後記事，上午會客，召見次辰〔宸〕之子[2]後，主持軍事會談，核定鬥牛士飛彈統轄與指揮系統。午課後續修前稿未完，車遊與散步，晚課、電療如常。

---

1 柳元麟，字天風，浙江慈谿人。曾任第八軍副軍長等職。1951年1月起任雲南人民反共救國軍副總指揮及參謀長。1953年部隊撤回後，餘部組織雲南人民反共志願軍，擔任總指揮。
2 徐元德，山西崞縣人。戰後曾在駐日軍事代表團工作，時任臺灣銀行北投分行總務課課長。

上星期反省錄

一、共匪廬山會議黨政聯席會議已經於上周結束,毛匪乃於十二日由九江飛回北平,最顯明者為其人民公社制繼續堅持到底(聞由投票決定),此乃意中事,在共為非此不可,而在我方則其如此硬拚亦實有利也,以其必無法澈底實施與重建,不過為有名無實之殘局耳。

二、臺中水災大難,盡其一星期之全力救災,業務告一段落,更顯我政府效率不弱也,較之大陸遍地災荒,共匪毫無辦法,因我救災之力而彼匪在災期兩月後,始於上周亦發表(正式)其所謂救荒指令而已。

三、着手研改專精訓練講稿,頗費心力,但甚覺有益耳。即「反攻作戰指導要領」。

八月十六日　星期日　氣候:晴

雪恥:當十三歲在外家葛溪王溯源堂從讀姚仲濂〔宗元〕[1]先生時,初作詩句詠「竹」得「寒」字:「一望山多竹,能生夏日寒」,姚先生贊賞不置,即一時傳為神童奇才者,由此所產生也。今特續成五絕一首,增添二句曰:「窗前千竿笑,天下萬民歡」,惟尚未能洽意耳。

朝課後續修前稿,武、勇來陪膳畢,帶領二孫遊覽後公園小築休憩觀景,經兒亦來談,回禮拜如常畢,記事與反省錄。午課後續修稿,晡車遊散步回。晚課,入浴。

1　姚宗元,浙江奉化人。蔣中正幼時在外家葛溪王溯源堂從讀之塾師。

八月十七日　星期一　氣候：晴

雪恥：一、靈活思維力與想像力。二、道德信念。三、誠正品格。四、作戰毅力。五、忠誠、坦直、謙和與自我犧牲之美德。六、判斷力、意志力、彈韌性。七、靈活運用新觀念與新思想、新知識。八、知力與勇氣之培養與均衡作為戰爭藝術之工具。九、責任感。十、自我犧牲精神。十一、機智、勇武、忠誠、堅毅與道德勇氣為部下模範。十二、戰爭為智力、勇氣、精神與思想之戰爭。十三、德、智、體之均衡發展。活用原則發揮創意，與解決其所面臨之問題。

朝課後記事，上、下午皆續修前稿。午課皆在午睡中作靜默禱告，以此養目休息頗有效。晚散步觀月，晚課。

八月十八日　星期二　氣候：晴　溫度：八十八

雪恥：一、學校教育之最大任務為研究對作戰勝利不變因素之「人」，如何能作更佳運用之問題是也。二、改良氣質，蓋優良品德非全由天生，乃可由環境、時間、經歷中獲得改正者也。三、率直之誠心、高潔之本質。三[1]、不自私之自信與統率力。四、將帥畢生須具誠實，幕僚須具精勵勤慎，指揮官須有從容不迫風範。

朝課後電療，聽報。入府主持月會後會客，批閱。午課前後續修前稿，並手草新武德與新習性之養成一節未完，記事。晡與妻帶孫女孝章乘車遊覽，膳後同散步至後公園豐樂亭，賞月甚快，以今為舊歷七月十五夕。晚課。

1　原文如此。

八月十九日　星期三　氣候：晴　溫度：八十八

雪恥：一、陶冶統率者應具之要素，訓練其綜合之技能，發展其本來性格與特質，俾能養成其由於經驗之判斷力及責任感下之決斷力，或於情勢變化時應付能力及其實行之勇氣為參校教育之主要目的。

朝課後記事，上午主持中央常會，對共匪此次廬山會議結果與趨勢之檢討，及審計制度等之修正建議案。午課後續修前稿，見古巴代辦[1]後，見辭修，談中部救災問題後車遊。晚散步觀月，晚課。

八月二十日　星期四　氣候：晴　溫度：八十九

雪恥：一、前天美眾議院對拒匪入聯合國案投票，結果以三百卅餘票對二票通過，而其最親俄反華的議員「薄德[2]」者則棄權，而未投反對票，可知美國人民反共之心理與意志之堅強，且予俄共黑魔[3]訪美前預加一棒，其意義更為重大也。

朝課後記事，上午續修前稿，與妻往岳軍家吊其母喪。午課前後皆修稿，晡入浴後車遊。晚散步如常，晚課。

1　康普斯（Miguel Ángel Campos y Conde），古巴駐華臨時代辦，1957 年 8 月受任，1959 年 8 月奉調返國。

2　薄德（Frances P. Bolton），美國共和黨人，1940 年 2 月至 1969 年 1 月為眾議員（俄亥俄州選出）。

3　黑魔即赫魯雪夫（Nikita Khrushchev）。

八月二十一日　星期五　氣候：晴　溫度：八十八

雪恥：一、戰地政務綱要與聯合作戰綱要之草案呈閱。二、軍眷受水災之住食應提先安頓。三、救災得力部隊之特獎。

朝課後記事，上午在寓續修參大講稿第三次完。午課後校正福煦在法陸大講詞譯稿第二次完，晡與妻車遊山下一匝。晚散步回，晚課。

美政府發表其對華在臺軍隊之任務：一、為防制共匪在亞洲各地挑釁。二、為牽制匪軍對大陸保持壓力之重要性，此其對最近共匪侵寮之警告乎。

八月二十二日　星期六　氣候：晴　溫度：八十九

雪恥：本日中度颱風[1]經過南部與澎湖，始甚憂愁，夜間已經澎湖，無大損失為慰。

朝課後記事，上午召見陳之邁、段茂瀾[2]及副師長四名，令皮宗敢校長印發「美、英、法高等軍事教育之方針與方法」一書作為我國基本資料。主持軍事會談，核定太白計畫修正稿。午課後續修前稿，約美第七艦隊司令季惟德茶會，與莊乃德特提艾生豪將轉訪印度之消息如何，並表示我不能了解之意見。車遊，散步，晚課。

1　8月22日，艾瑞絲（Iris）颱風自菲律賓東方海面向西北西的方向前進，進入臺灣海峽，於23日凌晨登陸澎湖，七美、花嶼災情嚴重。颱風暴風半徑掃過臺南以南地區，帶來強風，部分脆弱建築及電線桿，不堪十一級陣風而被吹垮，導致部分地區停電、停話。

2　段茂瀾，曾任駐英國公使、駐菲律賓公使兼總領事、駐法公使銜參事。1956年6月受任駐巴拿馬大使，1959年7月受任駐菲律賓大使。

上星期反省錄

一、共匪將組織希馬臘耶山[1]區聯邦之陰謀已漸顯露，最近且時侵印度所踞克什米爾邦之拉達克區，該邦乃我三十二年訪印時所親訪與感想千萬者，以其土地與人民本為我國所原有者也，但今日共匪進侵，對印度「泥黑路[2]」言，實加以當頭一棒耳。

二、美國發表其對我國軍在東亞所負機動軍阻共之任務，使國際對我軍力之重視或有益也。

三、美眾議院反對共匪進入聯合國之提案，竟獲得三百卅餘票對二票之通過，是乃民主黨對華反共政策之明顯表示，其意義較為重大也。

四、「反攻作戰指導要領」講稿之準備，幾及十日之時間，但尚未告成耳。

本星期預定工作課目

1. 反攻作戰指導要領修整完稿。
2. 戰地政務綱要……審閱。
3. 救災軍警工人之獎令。
4. 緬北柳部之整訓計畫。

八月二十三日　星期日　氣候：晴　溫度：八十八

雪恥：近日家事和愛，心神安泰，是人生最感快樂之時也。

朝課後續修前稿。膳後帶經兒與武、勇散步，遊覽後公園小築前閒談回，禮

1　即喜馬拉雅山。
2　泥黑路即尼赫魯（Jawaharlal Nehru）。

拜。午課後記事，記反省錄（上周），審閱毛奇[1]與史利芬[2]軍事思想格言後，入浴後與妻車遊。膳後帶「佩郎」散步後，帶武、勇車遊回，晚課。

八月二十四日　星期一　氣候：晴　溫度：八十八

雪恥：言中肯、行中節、事中理，乃如射者中的，而無錯誤和失敗之慮了。
朝課後記事，終日在寓續修反攻作戰指導要領，對於軍人之智的智字意義，發揮甚詳，自覺適意為快。午課後手書賈煜如[3]八旬祝函，又續稿二小時。晡入浴，車遊。膳後散步，再帶武、勇車遊中山橋回。晚課，十一時寢。

八月二十五日　星期二　氣候：晴　溫度：八十六

雪恥：天才就是天賦之智，為人人所具有，如其能在特殊時機與特如〔殊〕場合，應用其常識與常情、常理而不致越分，並能擴大其常識、把握其時機，發揮此常識與常情、常理之極致者，即謂天才是也。
晨六時即起，朝課後終日修正前稿，增草新知識與新力量一節，甚覺必要，今日仍未能完稿為苦。午課、晚課如常，車遊與散步照舊，晚十時即就寢。

1　毛奇（Helmuth Karl Bernhard Graf von Moltke, 1800-1891），普魯士將領、德國將領，1871 年至 1888 年任普魯士參謀本部總長、德國參謀本部總長。
2　史立芬（Alfred Graf von Schlieffen, 1833-1913），又譯史利芬、希利芬、希里芬，普魯士人，1853 年從軍，1891 年成為德國參謀本部部長，1905 年制定史立芬計畫。
3　賈景德，字煜如，號韜園，山西沁水人。1952 年 4 月，二度出任考試院院長。1954 年 8 月，受聘總統府資政。

八月二十六日　星期三　氣候：晴　溫度：卅七

雪恥：一、舊武器存庫者應即遷移他存。二、預防保存之重要（岡山滑行道等）。三、向〔響〕尾蛇彈之攜帶。四、屏東匪諜報案如何。五、今後水災區之斫林與雜種（佔荒）之禁止。六、疏濬與水利。

朝課後續修前稿，正午往祝賈煜如同志八十壽辰。午課後記事，續稿，與季維德司令談寮國情勢，鼓勵其主張發動東南亞聯盟各國有所積極表示，與美國首先出而倡導也。車遊散步，為「佩郎」狡傲，乃令孝武牽犬來寓相對以戒之。晚課。

八月二十七日　星期四　氣候：晴　最熱　溫度：九十

雪恥：一、良知良能與天賦本能，但須有學問知識，協助其發展與推動其實現也。二、常識常理得自科學規律，即大學本末終始與先後之理也。三、智慧必須有其知識為之補助，以求發展與擴充其範圍，而知識更須要智慧，以運用其原理與規律以發揮其功效耳。

朝課後續修前稿。上午對泰國記者談對寮亂意見，主持作戰會談，決定滇緬反攻根據地之計畫。午課前後續修稿，晡約寮國訪問團茶會後，車遊、散步如常，晚課。

八月二十八日　星期五　氣候：晴　晡後風雨

雪恥：一、福煦：徒知原則而不能應用，則無任何之效果。二、將校須具應用理論之能力，須使將校以身體力行。若對科學真理稍加獵涉，以為將來依據推理即可求得真理，自絕不可能，即使其已有研究，亦不可謂為已有應用知識而下決心之能力，故教育必須注重實行。三、魏非爾說，應明瞭戰爭並

不是有關圖表原則的事。

朝課後上午續修前稿後，主持財經會談。午課後第三次修稿告完，猶未能自足也。晡車遊，晚以颱風未散步。此次颱風（瓊恩）[1]其半徑為三百五十英里，正向臺灣威脅，甚以為憂。十時晚課後就寢。

八月二十九日　星期六　氣候：風雨

雪恥：一、魏非爾：主動性為自由傳統的無價之寶，只要這種主動性不受典令法規和形式主義的太多束縛，必將贏得勝利。二、福煦：自信、自恃、明確之決斷力，皆由知識而來。知識產生實行力，造成活動（自動）家，必有知識而後才有性格之發展也。

朝課後記前二日事。上午見英議員杜康[2]與毛景彪、鄭為元後，主持軍事會談。午課前記昨日事，午後默禱上帝免除此次風災重大損害。晡與妻冒風雨乘車巡視市區，行人稀少，商戶多閉，但平靜如常為慰，晚課。

上星期反省錄

一、印「泥黑路[3]」周末發表其對共匪侵略的軍事抵抗的（行動）準備態勢，
　　乃我上周末對美使警告，其「泥」氏即使受着共軍侵入他印的領土，亦

1　8月29日深夜，瓊安（Joan）颱風自花蓮登陸，中心風速超過當時氣象所強烈颱風的標準，被歸在極強烈颱風。災害處理：1. 於公共場所設收容所；2. 於一週內發放救濟金；3. 救濟金由縣市先行發放，再由省撥還；4. 比照畢莉颱風分配救濟物資、請撥美援救濟物資。全臺均有災情，其中尤以東部地區、宜蘭、臺北、澎湖災情較嚴重，有人員傷亡失蹤。

2　杜康（Edward du Cann），英國保守黨國會下議院議員。

3　泥黑路即尼赫魯（Jawaharlal Nehru）。

不會抵抗，只有要求妥協之一途談話，當由美政府將此話轉告所激動而發乎。但吾信共軍如對他印軍略加一擊，而其受挫時最後必出於求和之一途也。

二、此次大型颱風襲來，中心過境而無重大損失，殊出意外，此實自助天助之明效也。

三、家庭和睦，兒孫孝順，最是幸福。

四、因此次風與水災，常引起幼年時各種之回憶。當余十四歲就讀榆林，是夏約舊曆七月間，大風之後，余自家中經許家岸回至榆林途中，曾見大風折斷古木並連根拔去，甚以為異，其影響至今猶存。但今日觀之，此即颱風尾過境，殊渺小為不足道矣。

本星期預定工作課目

1. 雙十節慶典節目。
2. 地方團隊組織應加強。

八月三十日　星期日　氣候：陰風　溫度：七十八

雪恥：一、曾憶十歲之夏，先嚴逝世之次年，家中大水沒腰，玉泰店中雇工與經理皆置之不顧者終日，吾母曾含淚歎惜曰：若父尚在，則店友十餘人早已來家援手矣。

昨午夜大型颱風在東部新港[1]登陸，直越中央山脈經嘉義而出海峽，全臺皆無

1　新港即臺東縣成功鎮舊名。

重大損害，殊為大幸，孰謂禱告無效也。朝課後電療，上午記事，批閱積案數十通。午課後剪報，與妻視察市區無恙為慰。補成七言一首，卅八年最後離慈庵時情景也。晚課。

八月三十一日　星期一　氣候：晴　溫度：八十四

雪恥：卅八年拜別慈庵時情景，補錄七七如下：「赤燄漫天歸故里，思親報國一生慚。京呼奔陷滬呼急，腸斷心酸別墓廬，何日凱旋守墓庵（重聚敘舊）。」廬韻六魚與憂韻十一尤通用，特註。

朝課後記事，上午國防研究院主持紀念周，宣布重建計畫之實施與辦法十餘項目，約一小時畢。午課後第四次稿（反攻戰爭指導要領）審核開始，晡後車遊、散步如常，晚課。

赤燄漫天歸故里，思親報國一生慚。京呼寧陷滬呼急，何日凱旋守墓庵。

上月反省錄

一、八月份共匪有關事項：甲、匪黨八中全會自七月中旬即在廬山會議，於八月中旬結束，其結果為：子、人民公社制繼繼[1]維持。丑、對匪黨發起反右派悲觀分子鬥爭。

二、八一匪建軍節在北平舉行，寥落已甚，惟有一個參謀次長出席，與往年之熱烈情緒完全相反，此或以其匪酋皆在廬山開會之故，但其對軍隊已不如過去之重視可以相〔想〕見。而且毛匪[2]下臺後匪軍口糧一再削減，由廿三兩逐漸減至十四兩之數，據報是毛匪故意與劉匪[3]為難，使其對軍隊喪失威信，無力指揮之說，未知其內容如何，以待事實證明也。

三、匪黨內部高級幹部中，反對社會主義建設總路線與工業生產大躍進及人民公社之三個運動之聲浪突高，其黨內刊物對隋煬帝主義與非過正不能矯枉等毛匪主張之評論亦隨處可見，此乃毛匪在其黨中威信突落之明證，但其在全會中仍能戰勝其反對派，維持其公社名義，此乃最後掙扎之形勢，是為必經階段，不足為異。

四、匪八中全會後，在平連開其最高國務會議。人代會常會周匪之報告，其荒謬程度殊為可笑，此皆其末日將至一段之現象而已。

五、匪對寮國與印度發動間歇性之軍事行動，正在俄黑[4]訪美之前行動，實為其俄共對美要求不予東歐附庸諸國作為交換條件之張本乎。

六、愛克發表其與俄黑互相訪問美俄之消息，殊出意外，其結果之惡劣當可預定也。愛克訪問西德、英國與法國。

---

1 原文如此。
2 毛匪即毛澤東。
3 劉匪即劉少奇。
4 俄黑即赫魯雪夫（Nikita Khrushchev）。

七、八月間臺省中部發生空前水災，損失甚大，其次大型颱風二次、地震一次，損害雖不甚重，但重負亦甚矣。

八、本身：甲、參大反攻作戰指導要領講稿尚未完成。乙、第一大陸反攻基地計畫決定。丙、緊急令之宣布。丁、水災復興計畫之訂立。

蔣中正日記
Chiang Kai-shek Diaries

九月

蔣中正日記
Chiang Kai-shek Diaries

蔣中正日記
Chiang Kai-shek Diaries

民國四十八年九月

九月一日　星期二　氣候：晴

雪恥：五時半起床，朝課後續審稿，八時出發飛岡山，十時主持空軍官校卅年紀念。其實十八年在南京明故宮南秀山公園復成橋之工業學校舊基，初辦陸軍官校第六期生中考選八十三員之航空班後，在民廿二年方在航〔杭〕州成立正式航空學校，余自兼總校長也。校慶禮畢後，召見顧問與校長等後巡視校史館，見高志航[1]、沈崇誨[2]、劉粹剛[3]、周志開[4]、陳懷民[5]、閻文海〔海文〕[6]等之殉職史跡，悲喜交集，引為光榮也。聚餐畢即乘機飛臺中，對大專

1　高志航（1907-1937），字子恆，遼寧通化人。1934年春，晉升為空軍第四大隊大隊長。1937年淞滬八一四空戰首次擊落日機。11月，奉命赴蘭州接收蘇聯援華戰機途中，在周家口機場，為日機擊中殉職。後追授空軍少將。

2　沈崇誨（1911-1937），原籍江蘇江寧，後遷居湖北武昌。空軍第二大隊第九隊中尉分隊長，參與淞滬會戰空戰，衝撞日艦出雲號未成壯烈犧牲。

3　劉粹剛（1913-1937），原籍安徽宿縣，生於遼寧昌圖。1937年為第五航空驅逐大隊第二十四隊隊長，從8月14日至10月26日，在淞滬前線締造擊落七架日軍飛機的紀錄。後在支援山西前線戰場殉職。

4　周志開（1919-1943），河北灤縣人。鄂西會戰期間，擔任第四大隊第二十三中隊中隊長，對日軍進行對地阻絕任務，成功擊落其中三架，獲頒青天白日勳章。1943年12月14日，駕機偵察敵情時遭遇四架日機攔截戰死。

5　陳懷民（1916-1938），又名天民，江蘇鎮江人。1938年武漢四二九空戰時，時任第四航空大隊第二十一中隊飛行員，在身受重傷、油箱著火的情況下，與敵機對撞同歸於盡。

6　閻海文（1916-1937），遼寧北鎮人。任空軍第五大隊第二十五隊飛行員，派駐揚州擔任「戰場空中支援聯勤」並執行南京空防任務。1937年8月17日，所屬第五大隊轟炸上海北四川路日軍陸軍司令部時，被日軍高射砲擊中，機身著火，尚未降落即犧牲。殉職後，國民政府追贈中尉。

學生暑期集訓班千餘人訓話畢，即與周[1]主席巡視彰化與大肚橋水災區，在彰化縣署巡視，並對陸軍工兵隊修路官兵獎勉後，十八時即由臺中飛回臺北。

九月二日　星期三　氣候：晴

雪恥：昨回後草廬已近十九時，入浴，膳後車遊回，晚課，電療，廿二時就寢。

本（二）日朝課後記前日事，上午主持常會，討論黨員總審查章程通過。午課後續修反攻戰爭指導要領第四次稿未完。晡車遊，晚膳後散步回，晚課。大型中級颱風[2]本日接近臺東海面，心情憂愁，惟有默禱上帝保佑而已。

九月三日　星期四　氣候：陰晴　風雨

雪恥：空軍第五、六期生在抗戰期間陣亡犧牲者，幾達二分一以上，此皆空校訓條精神教育之力也。

朝課後記事，上午十時主持秋祭陣亡將士及革命先烈之典禮回，續修前稿，至午課後七時方畢，尚覺有未妥之處。晡與妻車遊山下一匝，並在後公園為日記者[3]要求攝影，晚颱風已在花蓮附近登陸，但其並不甚大。晚課後電療並默禱。

1　周即周至柔。
2　中度颱風魯依絲，9 月 3 日晚上 9 時在花蓮壽豐登陸，省政府有鑑於日前才離開的瓊安颱風所帶來的損害，下令遷移低窪地區居民，警備總司令黃杰成立防颱指揮部，注意颱風隨時準備救災，並於災後進行搶救工作。東部及北部有嚴重災情，並有人員傷亡、失蹤。
3　日本每日新聞映畫社監製人塙長一郎等四人。

九月四日　星期五　氣候：陰雨

雪恥：孟子[1]曰：殀壽不貳，修身以俟之，所以立命也。

朝課後記事，上、下午終日審核反攻戰爭指導要領第四次稿，對對[2]智慧與知識等條目增補要義最為重要，實為本稿主要部分，期使將領對此能特別了解，故用心最切也。車遊，散步，午課、晚課如常，惟晚課時略受感冒傷風耳。

九月五日　星期六　氣候：陰晴

雪恥：孟子曰：盡其心者知其性也，知其性則知天矣。存其心養其性，所以事天也。

朝課後續修前稿。上午召見派美、法等使館會計員與駐美使館法律顧問後，主持軍事會談，聽取化學兵種之組織性質以及火箭與飛彈的性能之區別等詳報，頗有心得。午課後重核前稿，作最後之修正，對自由精神與主動性之關係特加闡述。六時後車遊，膳後散步，晚課，電療。

上星期反省錄

一、柬埔寨即高棉國王[3]被共匪送禮匣謀刺，炸彈爆炸，但其國王幸免，此案或使「施哈奴[4]」對親共政策能有所悔悟乎。

1　孟子（前 372 - 前 289），名軻，戰國鄒人。戰國時期儒家代表人物。弟子萬章與其餘弟子著有《孟子》一書。繼承並發揚孔子思想，成為僅次於孔子的一代儒家宗師，被尊為亞聖。
2　原文如此，多一「對」字。
3　蘇拉瑪里特（Norodom Suramarit, 1896-1960），施亞努之父，東埔寨國王，1955 年 3 月至 1960 年 4 月在位。
4　施亞努（Norodom Sihanouk），曾任東埔寨國王，1955 年 3 月退位，後改任首相。

二、英工黨領袖[1]與比凡[2]正於愛克訪英之前一日訪俄，此一行動英工黨反
美聯俄之態勢太過明顯，殊堪玩味。

三、加爾各答之印共反飢餓暴動幾近一周，其警力無法鎮壓，乃派印軍至加
爾各答方得平服，而其議會共黨又竭力反對派兵鎮壓之舉，可知印共響
應中共侵印，已作聯合陣形，對印已揭穿其對印陰謀全部計畫矣。

九月六日　星期日　氣候：晴

雪恥：一、戰爭面建立方法與組織，應具體研究成立方案。二、戰地政務草
案之實習。三、新力量實現之規畫與推行。四、軍官團與士官團之工作詳報。
五、軍眷修建房屋應列在重建計畫之內。

朝課後聽報，上午重審印成稿本，修補數處，禮拜。午課後續補修印本，至
晚膳前脫稿重印，此心略慰。車遊與散步、晚課如常。

九月七日　星期一　氣候：晴　溫度：八十六

雪恥：一、易勁秋[3]與程立佐[4]任人事局長何如。二、張莫京[5]（人事）處長

1　蓋茨克爾（Hugh Gaitskell），英國政治家。1945 年 7 月當選國會議員，曾任燃料和電
力大臣、財政大臣，1955 年 12 月至 1963 年 1 月，擔任工黨領袖和反對黨領袖。
2　比萬（Aneurin Bevan），又譯比凡，英國政治家。1929 年 5 月當選國會議員，曾任衛
生大臣、勞工和國民服務大臣，1959 年 5 月，被選為工黨副領袖，1960 年 7 月過世。
3　易勁秋，號明銓，四川富順人。1954 年 9 月任國防部第一廳副廳長，時任國防部人事助
理參謀次長，1959 年 9 月調升國防部人事行政局局長。
4　程立佐，號仁輔，江蘇鹽城人。1955 年 9 月任國防部副官局副局長，後任師長。1963
年 2 月調任第二軍副軍長。
5　張莫京，湖南醴陵人。1957 年 6 月任陸軍軍官學校陸軍軍官基本訓練中心主任。1963 年
4 月調任臺中師管區司令部司令。

應調任。三、周菊村[1]或陳玉鈴〔玲〕[2]任侍衛長？四、黃、劉[3]與胡宗南之調職。

朝課後，第二次訂正本（即作戰指導要領）校閱無誤為慰。九時主持指參大學（陸軍）開學典禮畢，宣讀反攻作戰指導要領二小時始畢，頗覺欣慰，此乃三個月來之心血也。聚餐後回寓，午課後記前、昨二日事，約見美國防次長蕭夫[4]茶會。晡沐浴後車遊，散步，晚課。夜睡最熟六小時餘為慰。

九月八日　星期二　氣候：晴

雪恥：一、褚定民[5]或即「馬下兒[6]」在南京時最得寵之譯員，實為共匪之間諜，今在港常發非反蔣不能反共之荒謬宣傳，而又發其所謂臺灣之命運明春將有伊拉克式之政變的謠諑，其意在挑撥我父子間之倫常關係，不僅作誣陷我政府反共抗俄之政策而已，該褚逆之行動應加密切注意。

朝課後記事，上午接見英議員傅來區[7]與麥克林[8]後，主持情報會談，對內、對外與對匪之情報皆有補益。午課後補記上周反省錄後，入浴，傷風，車

1　周菊村，號以成，湖南長沙人。1957年9月任第五十一師師長，1961年2月調任陸軍指揮參謀學校副校長。

2　陳玉玲，浙江鎮海人。1957年2月任第三十四師師長，1960年2月調任總統府侍衛室第二副侍衛長兼警衛副主任。

3　黃、劉即黃鎮球、劉安祺。黃鎮球，字劍靈，廣東梅縣人。1958年7月，調任臺灣警備總司令，10月回任總統府參軍長。1962年11月，調任總統府戰略顧問委員會副主任委員。

4　蕭夫（Charles H. Shuff），美國國防部主管軍援計畫助理部長。

5　褚定民，1950年代初期、中期香港「第三勢力」，以中國難民協會為號召。1957年1月署名「衣爵」，發表《解決中國問題之途徑》小冊子，建議胡適要求蔣中正退休，改革中華民國政府。

6　馬下兒即馬歇爾（George C. Marshall）。

7　傅來區（Charles Fletcher-Cooke），又譯傅來區考克，英國保守黨人，國會下議院議員兼訪華團秘書。

8　麥克林（Neil McLean），英國保守黨國會下議院議員、外交委員會主席。

遊，晚課，停止散步。正午回寓時忽有腦暈，惟片刻復元，乃係日來修稿用心太過。

九月九日　星期三　氣候：晴

雪恥：一、戰爭面的建立之要領：甲、戰區內之人的問題之處理與組織為第一：子、分共黨員與非黨員，使之對立。丑、分共黨員為三種：甲、老黨員。乙、三年以下的新黨員。丙、候補黨員。寅、匪團員亦分為三種。卯、匪幹亦分為三種，高、中、基三部分。辰、非黨員可分為幾種：甲、親共附共。乙、反共。丙、被共監禁。丁、中小商人。戊、中農（資產階級）。己、中立。庚、民兵及其家屬。辛、匪軍官兵及其家屬。壬、智識分子：甲、教員。乙、學生。丙、技術人員。癸、工人。

朝課後記事，上午主持常會（中央），對派選留學生與清寒青年獎學金各條文，可笑之至，中央黨部之舊腐觀念令人寒心。午課後批閱積案，見岳軍夫婦[1]來謝吊慰也。車遊，散步，晚課。

九月十日　星期四　氣候：晴

雪恥：一、戰爭面的階級鬥爭與分化挑撥技術之訓練：甲、調查每家每戶各個之成員與戶主之關係及其親屬。乙、每個工商業組織與機構之領導人與各成員之利害及平素之惡感，加以分析與運用。丙、利用甲打擊乙及聯合甲乙打擊丙。丁、聯合匪黨員打擊匪幹。戊、造成匪各種組織內部之矛盾。

1　岳軍夫婦即張羣、馬育英夫婦。馬育英，江蘇崑山人，時任中華婦女反共抗俄聯合會委員。

己、對匪黨員有功贖罪者之升格與獎勵辦法,但切勿信任。

朝課後以腦微暈,乃獨自散步,遊覽一小時回,聽報,批閱。十一時見客,與錢穆[1]談一小時,此為老練之中國式學者,但並非政客投機者可比耳。午課後,記上月反省錄與記昨日事,與妻帶孝章車遊,膳後月下散步於後公園外為樂,回晚課。

九月十一日　星期五　氣候:晴　夜雨

雪恥:一、戰爭面的組織與軍事管制方法之研究:甲、嚴刑峻法之地區與時間。乙、威脅利誘之手段與環境情形之判斷。丙、恩威並濟、寬猛並用。丁、各階層中分左、右、中三派。戊、各分子之分析:子、反動。丑、動搖。寅、投機。卯、灰色。辰、騎牆觀望。巳、積極反共。午、忠貞。未、反共英雄等分子。己、研究人的類別方法:子、調查。丑、考察。寅、審慎。卯、判斷。辰、試用考驗。巳、監察上、下、左、右互保連坐。

朝課後記事,上午召見四人後,主持宣傳會談,討論對達賴向聯合國提案問題,加以指示對此案之方針。午課後,批閱公文,見辭修等商討外交形勢與對美勸告。晡車遊,晚課。

1　錢穆,字賓四,江蘇無錫人。1950 年在香港創辦「新亞書院」,出任校長。1951 年為籌辦新亞書院臺灣分校滯留臺灣數月。1952 年 4 月應邀為「聯合國同志會」,在淡江文理學院驚聲堂講演。1955 年獲贈香港大學名譽法學博士學位。1960 年應邀講學於美國耶魯大學,獲頒贈人文學名譽博士學位。

九月十二日　星期六　氣候：晴

雪恥：一、人事局長易勁秋代理。二、劉朝槐（57D）應調職。三、候選名簿之製訂與主官臨時提名之比較，以名簿為主。四、人事政策之具體內容。

朝課後，寫經兒諭以兒孫節儉之家風，不使破敗為戒。上午約見英議員藍子爵[1]，彼以兩個中國說法來試探意見，嚴斥之。主持軍事會談，公館大機場[2]首期告成為慰。剿匪戰法總綱甚不妥也，指示戰爭面的組織要領，甚覺重要。午課後記事，與妻車遊基隆視察，市容尚佳。膳後散步，觀月，晚課。

上星期反省錄

一、印度「泥黑路[3]」七日發表對共匪之白皮書，周匪恩來即於十日答覆泥黑路，對麥克麥洪界線[4]絕口不提，而只專責「泥」氏侵入中國境內十三處之多，但泥氏仍厚顏說絕不使用武力，然亦僅稱中共匪幫為侵略者了。

二、聯合國派遣四國調查團至寮國調查共產侵寮事實。

三、共匪走狗褚定民者發寄其臺灣之命運小冊，其用意不只在誣諂〔陷〕經兒，擾亂中外視聽，而且企圖中傷我父子之關係，其毒不可言喻，但亦見共匪心勞日拙，再無其他方法可施之最後末技乎。

四、反攻作戰指導要領在陸參大開學時正式發布，而戰爭面的建立問題亦自本周開始研究與指示，皆為要務。

1　藍姆頓（Antony Lambton），英國保守黨國會下議院議員。
2　即臺中清泉崗機場。當地舊名「公館」，1950 年經臺灣省政府通告，改稱清泉崗。該機場於日治時期即已開闢，1950 年代中華民國政府為肆應東亞地緣政治需要，遂與美方合作，以「陽明山計畫」之名，徵收周邊聚落土地，並將地方居民集體遷徙至新社、石岡仙塘坪、埔里大坪頂、魚池等地，以利美方協助擴建機場，充當中華民國空軍與駐臺美軍專用的空軍基地。
3　泥黑路即尼赫魯（Jawaharlal Nehru）。
4　麥克馬洪線（McMahon Line）為英國測量並作為英屬印度和西藏邊境的分界線，以 1914 年主持西姆拉會議的英國外交官亨利‧麥克馬洪爵士（Arthur Henry McMahon, 1862-1949）命名。

本星期預定工作課目

1. 戰爭面的組織教範之編輯。
2. 聯合作戰綱要與戰地政務綱要。
3. 統帥綱領與編訂。

九月十三日　星期日　氣候：晴

雪恥：一、統帥綱領之編審。二、張興唐與景雲增[1]之工作。三、共匪所謂社會主義建設總路線、生產（工業）大躍進與人民公社三大運動之失敗，為對共宣傳之重點。

朝課後記事，朝膳後帶武、勇二孫遊覽散步，觀其騎馬回，禮拜後記上周反省錄。經兒全家在寓聚餐，以文、章二孫明日即將赴美留學也。午課後研究時局，與少谷談致愛克函意，及對西藏控訴共匪案方針之指示後，與妻車遊至板橋視察婦聯三村之軍眷住宅之建築甚佳。晚散步，晚課。

九月十四日　星期一　氣候：晴

雪恥：昨、今二日對致愛克函意最後一節，關於中華民國在國際上其不可動搖之主權，特別提示愛克不可為黑裡雪夫對共匪地位之理論所默認一點，乃在今晨初醒時所憬悟也。其次為達賴控訴共匪暴行案，此時不作正式聲明一點，特加指示，對葉公超急欲表達西藏獨立問題之宗旨認為不當也。

1　景雲增，號沛霖，河北易縣人。1954年7月任總統府高級參謀，1955年3月調任第四十一師副師長，1956年2月調任國防大學教官第六組教官，後任陸軍總司令部作戰研究督察委員會委員。

朝課後審核外交部所擬談話稿,尚不稱意。上午記事後,寫文、章兩孫訓條,面交其自勉自立也。十一時聞俄製月球飛箭已射中月球(六時),不足為異,惟可供黑魔[1]訪美威脅之一助耳。

本日六時(臺北時間)俄共宇宙火箭射着月球面。

九月十五日　星期二　氣候:南部晴　臺北大雨

雪恥:昨午與莊乃德大使談話一小時,蓋為愛克與黑魔互訪時,其談話之參考資料,寓有警告之意也。午課後即與經兒飛岡山,轉西子灣澄清樓駐節,審閱美情報局對愛、黑互訪之計畫與理由,實太天真,焉得不為俄共狡獪所算也。晡巡視高雄鳳山間之道路一匝回,約羅列總司令共進晚膳,散步,在堤防觀月,談人事與訓練等事約一小時回,晚課。

朝課後聽報,十時主持陸軍官校廿八期畢業典禮後,召見顧問聚餐、致詞,對畢業生家長加以獎勉。十三時後飛臺北,途中休息、午課。

九月十六日　星期三　氣候:晴(昨夜至今晨大風暴雨)

雪恥:昨十六時回後草廬,記事,閱報,審閱「存亡危急之秋」印成本至一月止。大型「色拉」颱風[2]接近臺北,因漸向北移,故至夜間解除風報,又未形成災害,實為自助天助之又一證明,感禱上帝二次,並禱其亦不致向北時害及大陸人民,不使重受天災之苦耳。晡與妻巡視市區,行人甚少,為防風災乎,晚課。

1　黑魔即赫魯雪夫(Nikita Khrushchev)。
2　強烈颱風莎拉(Sarah),預料雨比風大,低窪居民紛紛撤離,16 日後沿臺灣、琉球間向東北亞而去,未造成重大災情。

本（十六）日朝課後記事，上午入府，見中、泰兩國足球隊五十餘人後，與大維部長談美國最近戰略，因敵勢與武器之變化而亦變動甚大，乃是事實，前日蘇俄火箭射着月球，自又增加其變動之速度矣。午課後重訂革命戰爭的基本戰力一章，略加修正後，從反攻作戰指導中提出，另成一小冊也。車遊後，晚與妻散步觀月為樂，晚課。

九月十七日　星期四　氣候：晴

雪恥：一、攻擊敵人的要領：甲、首腦部。乙、部隊主官與官長（幹部）。丙、要害。丁、弱點。二、對大陸號召口號：甲、取消人民公社。乙、重聚家庭，恢復倫常（原狀）。丙、工作收入所得全歸其本身所有。丁、保障農、工、商、學等各階層的私有財產。戊、保護人民生命與自由。

朝課後記事，記提要數則。十一時召見嚴家淦部長等，報告其赴美出席國際銀行與爭取經援計畫後，批閱公文。午課後批閱公文，清理積案後，與妻車遊山下一匝。晚宴經、緯二家與親戚度中秋節畢，同到後公園賞月遊玩如去年，惟月光為浮雲所蔽，不如去年之圓明耳。晚課後，經兒忽報彭德懷、黃克誠[1] 二匪已罷免，而以林彪、羅瑞卿[2] 繼其任也。

本日中秋節，共匪國防部長與其參謀總長皆忽免職，此乃共匪內部分裂之開始也。

1　黃克誠，原名時瑄，湖南永興人。曾任中共中央書記處書記，共軍總參謀長。1959 年廬山會議期間，因直言批評大躍進和人民公社化運動，被誣陷為「彭德懷反黨集團」成員而被撤職受迫害。
2　羅瑞卿，原名其榮，四川南充人。1954 年 9 月出任中華人民共和國公安部部長，1959 年 9 月調升共軍總參謀長。

九月十八日　星期五　氣候：晴

雪恥：一、今後反攻戰爭方略：甲、在大陸不使安定，先起發爆炸點，再推及蔓延全面性爆動。乙、軍事機動性與造成局部優勢。丙、外交符合美國政策，準備局部戰爭對準共產集團之小肚（弱點），解決中國大陸之共匪，以消除世界戰爭之禍因。二、陸參大高級班課目：地形、外語、戰史、科學。今晨五時十五分起床，在廊上靜觀明月一小時，天朗氣清，仙籟無聲，心神幽靜如入仙境矣。六時半朝課如常，上午十時到淡水特訓班，對特種作戰部隊訓話畢，車中與介民研討共匪彭德懷等任免內容，認為是俄共指使劉少奇所為，以削除毛酋軍權也，尤其是羅瑞卿繼任其參長，更足證明此說為可信也。

九月十九日　星期六　氣候：晴　夜雨

雪恥：昨午前自淡水回後，重審蓋爾[1]論核子時代的將才講演，乃有新的心得。午課後手擬識別與利用地形之重要一節，以雷雨天黑，甚費目力為苦。車遊、散步後，晚課如常。
朝課後記事，上午召見郭永[2]等，為圓山警局趙品玉[3]（原為侍從員）勒索不隨〔遂〕，誣陷人民並破壞人民財產案，憤激失態，甚不自安，但侍從人員為人所怕，如此更覺心寒也。主持軍事會談，午課後重修作戰指導要領消耗戰與

1　蓋爾（Richard Gale），英國陸軍將領。本文為 "Generalship and the Art of Command in this Nuclear Age." *RUSI Journal*, 1956。
2　郭永，號頤卿，又名濟中，湖南醴陵人。1957 年 5 月，任臺灣省警務處處長，6 月兼任臺灣省民防司令部副司令。1962 年 9 月，調任第二軍團副司令。
3　趙品玉，號荊龍，浙江樂清人。曾任總統府侍衛室警務員，時任臺北市警察第三分局局長，本年 9 月間處理圓山飯店停車場違建案，涉嫌瀆職。經調查結果並未涉刑責，以處理失當，1960 年 4 月予以免職，1962 年 1 月改調南投縣警察局總務課課長。

殲滅戰一節後，約奧唐納[1]（美空軍司令）茶會畢，車遊。晚未散步，在家閒談，晚課。

上星期反省錄

一、俄黑魔十八日在聯大為中國代表權問題，譬我中華民國為殭屍。牠說：
「生命迫使人人面對現實。棺材或墳墓是為死人而造的，死者應被移出於生命領域之外，為何必須由反動的中國的殭屍，亦即蔣介石集團，在聯合國內代表中國呢？」特記之。

二、毛匪十四日？舉行其特別會議，只提特赦右派等罪犯，而毫未涉及其偽政權將改組之意，但至十七晚忽發表彭、黃免職，林、羅繼任之偽令，又於十九日晚始發布其各部大改組人事名單，應加研究。

三、俄黑到華府即提「將往北平」之語，在俄使館宴愛克席上又提此語（他訪美後即訪北平），而愛克則答其為愛訪俄後不會去中國之諷刺出之，是其急欲為共匪與美作交易也。

四、黑魔在美記者俱樂部聚餐會上，特提他往北平不出席偽國慶節，而由其俄派往北平代表團長蘇斯洛夫[2]出席云，此語更有深意，可知其此次赴平不是為祝偽國慶，而是為鎮壓共匪臣服與為毛匪預行葬禮乎。

五、與莊乃德談愛、黑互訪應注意三點，轉告愛克，自覺盡心而已。

六、陸官校第廿八期生（新制）畢業典禮中，提出新軍人與新觀念之號召。

七、四月末毛匪倒後劉匪繼任，認為對我復國機會又進一步之舉措，當時並認為且看共匪內部之矛盾，在半年內必將表面化，而毛匪清算之日亦將不久之估計並未錯誤也。

1　奧唐納（Emmett O' Donnell Jr.），又譯歐唐納，美國空軍將領，1959 年 8 月至 1963 年 7 月擔任太平洋空軍司令。
2　蘇斯洛夫（Mikhail Suslov），蘇聯政治家，曾任共產黨中央委員會國際部部長，負責蘇聯意識形態工作。

九月二十日　星期日　氣候：晴

雪恥：國不可孤立，孤立即無援，人亦如此。惟首在自強，自強即自助，自助乃有人助，而不致孤立耳。在大陸孤立而無「與國」，不能怪人，乃無自強自立之道所致。

朝課後記事，聽讀「黑裡雪夫」在聯大講稿詆毀我政府為「殭屍」一節，並未憤激。上午帶武、勇散步，遊覽後公園一匝，再往禮拜回，記上周反省錄。午課後與妻視察大溪，遊覽公園，甚髒為歡。晚散步即歸，晚課。近日家庭快樂，精神欣愉，惟不斷傷風。

四十八年九月二十日 [1]

（一）甲、以武漢計畫空投傘兵與大陸游擊隊配合行動，發展普遍抗暴運動為主。

乙、煽動匪的民兵與匪軍官兵（不滿匪黨）即策反為主要目標。

丙、促成彭、林 [2] 等各派軍隊之分裂為主要手段。

丁、造成匪黨、匪軍與大陸社會之全面混亂紛崩現象為目的。

戊、如不能造成以上四種形勢之一，則基地國軍必須忍耐待時，在原地蓄養精銳、厚積實力，決不輕舉。為國家根本之圖，務立於不敗之地也。

己、如照（戊）項決定，則須沉機策變，再作五年－十年長期之計。

（二）今日大陸災荒與共匪虛弱不可終日之勢，是否仍應依此原則耶。

1　以下註記（一）、（二）書寫在「總統府」便條紙上。
2　彭、林即彭德懷、林彪。

九月二十一日　星期一　氣候：晴

雪恥：一、四十六年春「蘇俄在中國」之發刊與四十八〔七〕年秋（十月廿四〔三〕日）中美聯合公報之發布，此二種文件實奠定了美國對華政策堅定之基礎，美政府纔能澈悟其以往為俄共宣傳所誤之失敗。至今美國雖以此公報「不使用武力」之意限制吾人，但在聯合國對我地位與政治上之宣傳，實有作用，而且藉此或可鬆懈共匪防我反攻之影響，以增進其內部分裂之速度乎。總之，此二文件對我反共與反攻政策皆有重大作用，對於反動派一時之毀謗，何足介意？

朝課後聽報，與介民研討黑魔[1]在美言行與共匪內部情勢頗切。上午主持紀念週，說明彭德懷免除是俄所主持，而實則削除毛匪軍權，乃為俄共對毛匪清算之又進一步之證明耳。

九月二十二日　星期二　氣候：晴

雪恥：昨紀念周中指明黑魔在聯合國之裁軍講演意義及其作用，與黑魔訪美後去北平之用意何在，皆予揭露，或有益乎。召見世界衛生會議人員六十餘人畢，回記事。午課後重修反攻作戰要領之消耗與殲滅戰交互使用一段，頗覺自得。晡因傷風三日未痊，故停止車遊與散步，但亦不能看書。近年來自覺應看而未看之書太多，但為目疾閃光，而事實上又不能休着停閱，殊為最感苦痛之一事，特記之。晚課如常。

本（廿二）日朝、午、晚各課如常，以傷風未外出，終日在寓修訂「反攻作戰要領」稿。晡接見美眾議員六人，晚在寓閒談，十時就寢。

1　黑魔即赫魯雪夫（Nikita Khrushchev）。

九月二十三日　星期三　氣候：晴

雪恥：一、戰爭面的建立之要領：甲、組織以階級鬥爭方法為主。乙、宣傳以辯證法為主。

朝課後即服新傷風藥，如常工作，續修作戰指導要領。至十一時又服第二次藥，因空肚關係，新藥乃發生反應，胸、肚皆甚不適。午餐減食後，復服胃藥過量，午睡後起床，飲茶後乃大嘔吐。晡勉強接見安德生[1]二十分時畢，嘔吐大作不止，此為從來所未見之病象，乃即就寢，體溫如常略慰。床上晚課默禱如常，十時後尚能安睡。

九月二十四日　星期四　氣候：晴

雪恥：一、對共黨員之宣傳心戰以辯證法「否定之否定」的規律，加以深切指斥。

昨夜睡眠頗佳，今晨七時醒後起床，以體力仍感疲乏不適，故停止體操，但朝課其他課目如常舉行。上、下午皆修正「對匪俄動態觀察」講稿，甚覺費力，但頗感興奮，以對林逆[2]出任偽國防部長之關係，應對自我將領有說明之必要耳。午課、晚課如常，胃口亦已恢復為慰。

九月二十五日　星期五　氣候：晴

雪恥：一、訓練要目以領導與組織的技能與精神最為重要，而以宣傳與文字簡要以及生活行動態度之適宜中節為領導之首務。

1　安德生（Samuel E. Anderson），美國空軍將領，時任空軍供應司令部司令。
2　林逆即林彪。

朝課後補修昨稿，上午與鄭局長介民討論共匪內部情勢，認其分析判斷皆較正確，聞蕭克[1]亦已於前日由偽訓練部長調為農墾部次長也。午課後手擬戰爭面的建立之要領，亦甚費力，此等文稿仍必須親自動筆，苦哉。晡與妻至蔣林視察即回，晚課後入浴，就寢熟睡。

九月二十六日　星期六　氣候：晴

雪恥：昨夜浴後就寢，睡眠最熟而時間亦長，足有八小時之熟睡，故今晨七時起床，精神大部恢復為快。

朝課後記事，聽報，上午在研究院召見何浩若[2]等三員畢，主持軍事會談，並對反攻作戰指導要領增訂本與匪俄動態講詞加以說明。午課後接見義大利訪問團[3]茶會後，審閱基本戰術圖示稿，指示另增數目。晚視蔣林修屋回，晚課。

上星期反省錄

一、毛匪[4]與俄共之矛盾愈演愈烈，不能掩藏之事實：甲、毛匪以亞洲共黨總頭自居，去秋竟召蒙共、韓共、越共等領袖來華會議，實為俄共對毛匪非下手不可之動機乎。乙、上月廬山偽八中全會，毛匪竟決定反右派

1　蕭克，原名武毅，字子敬，湖南嘉禾人。1949 年 10 月中共建政後，歷任軍訓部長、訓練總監部部長、國防部副部長、軍政大學校長、軍事學院院長兼政委等職。
2　何浩若，字孟吾，湖南湘潭人。1954 年 11 月出任教育部在美教育文化事業顧問委員會委員。1959 年返臺，應聘國防研究院講座。
3　義大利貿易考察團國會議員艾利阿達（Giovanni Alliata di Montereale）等人。
4　毛匪即毛澤東。

與保持人民公社等案之通過，實為反俄共及反洋派之劉少奇等謀略鬥爭之勝利，故俄共又不能不先行對毛匪下手，乃決定開除彭德懷，根本奪取其軍權之第二整毛之步驟乎。丙、二年來毛匪軍事思想之落後腐敗，其最顯著：（子）將領下連當兵。（丑）軍糧減扣與自給自足之方針。（寅）反對正規化，發展民兵制。（卯）軍眷還鄉無鄉可還等荒謬措施，更引起俄共之不能再忍乎。總之，此次免除彭匪，決非在其八中全會中所決定，而乃為其九月十五日最高國務會議臨時之決議乎。

九月二十七日　星期日　氣候：晴

雪恥：一、俘虜口供順序：甲、部隊番號、本人姓名、藉〔籍〕貫、黨藉〔籍〕。乙、主官姓名、履歷與性質關係。丙、編制裝備、命令要點、目標任務人數。丁、從何處何時出發。戊、宿出地及沿途情形。己、對匪軍感想。庚、教育訓練情形。辛、給養與士氣。

朝課後聽報，記事，召見張柏亭，指示編輯圖示要旨後，帶勇孫散步回。禮拜後記事，記上周反省錄。午課後與妻車登七星山峽，經金山、石門轉淡水回來，入浴，膳後晚課。

九月二十八日　星期一　氣候：晴

雪恥：一、俄黑[1] 赴北平消息，在九月四日波蘭駐俄大使館酒會上宣布。二、匪廬山八全會在八月十六日閉幕，但毛酋[2] 十三日已由九江飛回北平，是其總

1　俄黑即赫魯雪夫（Nikita Khrushchev）。
2　毛酋即毛澤東。

決議當在十二日以前之事。三、正式發布其全會消息，延至同月廿六日，何耶。四、九月四日黑魔赴平之決定。五、九月十五日北平偽最高政務會議之開會。六、同十七日偽令罷除彭匪德懷之宣布時止，可知其匪八全會閉幕後，自八月十六日至九月十五日之一月間匪、俄鬥爭之激烈，最後除去彭匪，為其此次鬥爭之總結果乎。

朝課後聽報，十時入府祝孔子誕辰，十一時到政工幹校舉行畢業典禮講演一小時回，記事。午課後，約臺省各大學校長及資深教師百餘人茶會回，至蔣林布置新廳，夫人興奮太過為念。晚修正詩稿，晚課。

九月二十九日　星期二　氣候：晴

雪恥：一、十年來私心竊自在大不幸中之略覺自慰者，即政府遷臺以後，減除俄共為鄰之侵略危害之程度一點是也。此次俄黑在美之威脅宣傳，說明鄰居為家可以遷移避擾，而鄰國則無法搬家之理由，引起我由大陸遷國之大洋臺、澎，使之無法再侵，而且不只臺灣海峽對臺、澎與大陸之隔絕，即金、馬與閩、廈亦有涇海為之隔絕，此後惟有我可待時而反攻大陸、收復失土，而俄共對我再無計侵擾一點上，豈非不幸中之大幸乎。平生自覺對軍略要地之選擇，最重要者四事：第（一）為粵軍攻閩之役，選定三河壩為總部所在地。第（二）十一年大本營回粵前，個人先入梧州，斷絕南寧與廣州之通信與水陸交通，隔絕陳逆[1]與其粵軍主力所在[2]

1　陳炯明（1878-1933），字競存，粵軍將領，主張「聯省自治」，1922 年 6 月起兵反對孫中山，失敗後退居香港，創建中國致公黨。
2　接次日雪恥項下。原日記格式如此。

九月三十日　星期三　氣候：晴

雪恥：[1]之南寧，使之無法聯絡呼應。第（三）選定重慶為抗日之基地。第（四）即為此次遷來臺、澎與堅守金、馬，為復國的生命線之決策，而選定黃埔為鎮攝廣州滇桂軍閥與惠州陳逆之巢穴，以建立革命基地尚不與也。軍略地點之重要性，其關乎國家存亡與革命成敗有如此也，能不戒勉乎哉。

昨（廿九）日朝課後聽報，入府，召見西藏反共軍副司令嘉瑪[2]等七人，並見鄭立民〔曾力民〕等派往滇緬之軍官十餘人後，主持宣傳會談，討論艾、黑[3]會談結果情形二小時。午課後記事，約派達[4]夫婦茶點並晚宴後，晚課。

本（卅）日朝課，上午主持中央常會，研討美俄艾黑會談結果，加以指示。

午課後記事，召見何世禮[5]，晚宴土國議會訪問團十人後回，晚課，十一時後寢。

蒔林新大廳已由夫人從新布置，華嚴適度，甚為難得。

1　續昨日記事。原日記格式如此。
2　嘉瑪桑佩，藏族，西康理化人。西藏有力反共領袖之一，四水六崗衛教志願軍第一副司令。1958 年 10 月、1959 年 2 月兩次進攻共軍，戰鬥激烈。後來被中國大陸災胞救濟總會接運到臺灣安置。
3　艾、黑即艾森豪（Dwight D. Eisenhower）、赫魯雪夫（Nikita Khrushchev）。
4　派達（Randolph M. Pate），又譯派特，1956 年 1 月擔任美國海軍陸戰隊司令，1959 年 12 月退役。
5　何世禮，原籍廣東寶安，為香港富商何東爵士第三子。1952 年後，歷任駐聯合國軍事代表團團長、聯合國安理會軍事參謀委員會首席代表、行政院美援運用委員會委員。

上月反省錄

一、毛匪在十五日召開其黨政高級會議之外，另開其各黨派負責人特別會議，提出其反右傾、鼓幹勁、堅持社會主義總路線的問題，以及特赦各種已悔悟的罪犯問題，不料突於十七夜宣布其罷免彭德懷、黃克誠，而以林彪與羅瑞卿代之。此一夜令如果為毛匪事前所同意，則其必與俄共先有條件的諒解，此即一面維持人民公社制之名義，而一面對建軍無效與攻金失敗之彭德懷免職，如果如此則毛雖諒解，而亦無異於屈服矣，此豈毛能忍受乎。

二、本月俄黑訪美與赴平二事，乃為世局和戰與我國反共成敗之轉捩要點，但此時尚難斷定其於我禍福與成敗之結果如何耳。但是動作總比靜沉為佳，而且共匪如對俄黑訪美結果認為於其有害，已發生匪、俄雙方矛盾，則於我更為無害矣。但對美、俄二國而言，則俄黑宣傳作用已佔勝利，乃是無可否認者也。

三、俄黑自到美之日起，直至旅行六山磯[1] 舊金山止，其態勢皆甚惡劣，但在舊金山與美工會對罵強辯，受了重大打擊以後，其言行完全改變，直至最後「大衛營」與愛克會談完畢止，乃皆於黑魔有利之一面，此亦為其訪美成功之最重要一段時期，所謂和平共存之膏藥，美國一般心理受其不少之影響乎。

四、國際問題：甲、印度關於與共匪交涉之白皮書的發表。乙、共匪照會印度。丙、印共在加爾各答等處暴動。丁、聯合國調查寮亂四人團到寮。戊、高棉國王[2] 被共匪謀暗炸未成。己、愛克分訪西德與英、法於月初完結，其結果頗佳。

五、美國最近對世界戰略，已着重於各地方之小型戰爭方面，其對此次寮共

1　即洛杉磯。
2　高棉國王即蘇拉瑪里特（Norodom Suramarit）。

之亂積極準備之舉乃可證明。

六、自我重要工作：

甲、反攻作戰指導要領已完成。乙、戰爭面的建設要領之指示。丙、對參大（陸）高級班要目之提示。丁、一般訓練要目之明示（廿五日記）。戊、對大陸民眾號召之口號與反攻戰爭方略之策定（十七與十八日記）。己、去年（十月廿四）中美聯合公報與前年「蘇俄在中國」之出版的效果（廿一日記）。庚、廿二日紀念周中，指明俄匪內容之重要。壬[1]、自述平生在軍略決定上之成就各點（廿九日記）。癸、對美大使談話（十四日）與備忘錄，皆為本月重要工作。

七、匪俄內容鬥爭之研究，廿八日記與最後第四星期之反省錄應加重視。

八、應補充之工作：（甲）軍官調職候選名簿之調製與其主官臨時保荐提名之關係，仍應以名簿候選者為重之規定。（乙）審俘口供之順序（廿七日記）。

九、匪諜「褚定民」發刊臺灣之命運英文本，顯為共匪對美宣傳之另一技倆也。

十、俄黑訪美，共匪所望者：甲、匪偽加入聯合國。乙、臺灣歸併於匪偽。丙、匪偽參加裁軍會議。丁、匪偽參加最高會議。戊、至少能解放金、馬為其所有。如此五題如一無所得，而欲以和平虛名要求其不用武力，則必對俄失望，此則反於毛匪陷入於最不利之形勢也，於我則雖無得，亦並未有所失耳，至少最近如此也。

1　原文如此。

十月

蔣中正日記
Chiang Kai-shek Diaries

民國四十八年十月

十月一日　星期四　氣候：陰　夜雨

雪恥：朝課後記事，聽讀林彪對匪軍文告，滿口頌揚毛匪[1]領導之功德數十次之多，尤其實現毛匪軍事思想一點上特別強調，此乃由我黨報以彭德懷被撤，是為毛匪軍事思想落後腐敗所致之故乎。上午批閱公文，因趙品玉案頊顛報告，痛憤為苦，以要公甚多，乃暫遣不理。十一時見美國防部長麥艾樂[2]，約談一小時，以臺灣正式軍事行動定守諾言，決配合美國政策而行，但大陸反共革命半軍事計畫應以我為主體，美國應遵〔尊〕重中國意旨纔行，彼甚以為然。午課後聽報，聞北平匪偽十一紀念，黑魔[3]與毛匪皆參加閱兵。晡往蔣林布置，晚課。

1　毛匪即毛澤東。
2　麥艾樂（Neil H. McElroy），又譯麥艾蘭，1957 年 10 月至 1959 年 12 月任美國國防部部長。
3　黑魔即赫魯雪夫（Nikita Khrushchev）。

十月二日　星期五　氣候：陰晴

雪恥：一、對共匪內容之研究：甲、毛與劉[1]的關係。乙、毛與林[2]的關係。丙、毛與周[3]的關係。丁、劉、林、周的相互關係。戊、匪八全會維持人民公社與清除彭[4]、黃[5]之關係與反右思想之勝利的研究。己、彭匪清算之原因究為反對軍隊非正規化？抑為反對人民公社？庚、據林匪所發表的文字乃為遵循毛匪軍事思想，則彭豈反毛思想乎？絕非如此乃可斷言。

朝課後聽報，上午約但大使[6]呈遞國書後，與費爾德總司令談話約一小時。午課後記事，約見日野村吉三郎[7]茶會。晚宴麥艾樂等，相談頗洽。晚課，閱報，十一時後寢。

十月三日　星期六　氣候：晨雨　上午微雨後晴

雪恥：一、三軍基本教程與典範有關之書冊，必須定期審定與頒布。

朝課後八時往龍潭，十時對陸軍總校閱後訓話畢，召見美顧問魯倫[8]、傑克生[9]等，報告其對第一軍團之工作與觀感畢。聚餐後，對陸軍團長以上人員點名、訓話畢，午課。三時前到湖口校閱現行師與前瞻師連排之火力，比較測驗演習，未得理想為念。晡回寓，入浴，膳後與妻車往蔣林即回，晚課，九時寢。

1　劉即劉少奇。
2　林即林彪。
3　周即周恩來。
4　彭即彭德懷。
5　黃即黃克誠。
6　卡里第（Thabet Khalidi），約旦駐華大使，1959 年 10 月 2 日呈遞到任國書，1961 年 10 月離任。
7　野村吉三郎，大日本帝國海軍將領、外交官、政治家。1953 年擔任松下電器產業旗下的日本勝利公司第一任社長。1954 年復出政壇，當選參議院議員。
8　魯倫，美軍顧問，上校。
9　傑克生，美軍顧問，上校。

上星期反省錄

一、俄黑[1]星四（卅）日抵平形勢：甲、初抵機場時，首先聲言蔣介石殭屍之語，以為慶祝其匪偽最大禮品。乙、滿腔和平論調。丙、黑魔在宴中只提領導中共中央委會之毛澤東同志，並未稱為中國共黨之領袖。丁、毛匪在其偽國慶期間皆未公開發言，連慶宴上歡迎黑魔亦只由周匪致詞。戊、陳毅[2]、劉少奇、林彪、賀龍[3]等匪，皆強調其必要收復臺灣，陳匪且號召全世界各民族從事一項長期無情的鬥爭，反對美帝國主義。己、寮國侵戰一度激戰。庚、韓共金日成[4]二日即離平回韓。庚[5]、直至三日夜並未聞有黑、毛談話公報之消息，五日間所可見者，如此而已。辛、偽國慶閱兵臺上懸掛有史大林肖像，此非有意諷刺黑魔而予其難堪乎。壬、偽場中樹立毛澤東同志、人民公社、大躍進、總路線之四大標語，此非表示其中共尚在毛匪控制之下，而黑魔其將奈我何耶之意乎。癸、林彪文告中，提毛領導者有二十四處，劉匪亦有十四處，陳匪約十餘處為最少，此非對黑魔明示其所謂俄派共幹，亦乃充分擁護毛匪，而未為俄共所動搖乎。

1　俄黑即赫魯雪夫（Nikita Khrushchev）。
2　陳毅，原名世俊，字仲弘，四川樂至人。1949 年 10 月後歷任上海市市長、國防委員會副主席、中央軍委副主席、國務院副總理兼外交部部長等職。
3　賀龍，原名文常，字雲卿，湖南桑植人。1949 年 10 月後出任中共中央西南局第三書記、西南軍區司令員。1954 年，出任國務院副總理、國防委員會副主席。1959 年擔任中央軍委副主席、國防工業委員會主任。
4　金日成，北韓國家創建人及勞動黨領袖，自 1948 年至去世前是最高領導人。
5　原文如此。

本星期預定工作課目

1. 汪奉曾[1] 應升少將。
2. 姿態不良之團長：預 9D 李壽沅[2]、34D 趙濟世[3]、26D 藍其鑄[4]。

十月四日　星期日　氣候：陰晴

雪恥：一、俄黑魔[5]本日由北平起飛時，毛匪竟未至機場送別，最堪注意。朝課後聽報約一小時半，記事，上午禮拜回，研究匪、俄與黑、毛在平談判形勢，已認定其對黑魔與美賣買和平膏藥，大半不為毛匪所接受也。午課後審核日記，晡獨遊後公園，經兒來談克來英[6]事，約其明日來見。與妻車遊山下一匝，晚閒談，晚課。

十月五日　星期一　氣候：晴　溫度：八十四

雪恥：黑魔昨日離平，直至今日尚未見有黑、毛會談的聯合公報，足見其矛盾與衝突之深，再無妥洽之餘地，此非其短兵相接白刃戰之第一麾乎，且觀今後半年內黑、毛之勝負如何，其揭曉之期當更近也。

1　汪奉曾，湖南長沙人。1955 年 2 月，任國防大學副教育長。後任陸軍預備部隊司令部參謀長、陸軍作戰發展司令部參謀長。1959 年 1 月，任陸軍第二士官學校校長。
2　李壽沅，江蘇嘉定人。1958 年 9 月任預備第九師第二十六團團長，1960 年 3 月調任預備第一師砲兵指揮官。
3　趙濟世，甘肅天水人。時任第三十四師第一〇二團團長。
4　藍其鑄，號立羣，湖南大庸人。原任第三十六師第一〇八團副團長，1955 年 12 月調任第二十六師第七十七團團長。
5　黑魔即赫魯雪夫（Nikita Khrushchev）。
6　克來英即克來因（Ray S. Cline）。

朝課後記事，聽報。十一時入府見「克來因」與「莊乃德」，對大陸情報與策反工作，望美能變更已往政策，與我計畫切實配合，方能有效也，約談一小時始完。午課後，起飛來高雄澄清樓。晚與經兒散步、車遊，晚課。

十月六日　星期二　氣候：晚　溫度：八十二　地點：高雄

雪恥：一、汪奉曾應升少將。二、預 9D 李壽沅、34D 趙濟世、26D 藍其鑄等團長的體力。

朝課後記事，九時到左營舉行本年度海軍總校閱，各種艦艇、車輛皆較往年更為整潔，陸戰隊五千人水上分列式的一目，實開海軍未曾有之壯舉也，出海各種艦隊運動，對空、對潛射擊皆有進步，十二時完，在四海一家聚餐畢回。午課後修改雙十節文告開始，晡車遊，晚與經兒海堤散步、觀月回，晚課。

十月七日　星期三　氣候：陰　微雨

雪恥：一、經兒說我們中華民國政府今日在臺灣的地位，其對東亞與太平洋整個局勢之安定與對美國及世界人類和平之保障，未知美、英等西方國家已有認識和覺悟否。如果今日中華民國為俄共消滅而不再存在時，則整個東南亞早為共匪所統制，而太平洋、印度洋必為赤流所湮沒無遺，美國其能不退回北美而孤立，完全陷入於赤俄包圍之中，究能獨存到幾時乎。余認為美、英已有一半覺悟矣。

本日朝、午、晚課如常，終日在澄清樓重擬雙十節文告，至晚初稿方成，散步如常。

十月八日　星期四　氣候：上晴下雨

雪恥：一、余堅[1]在「中國一周」刊物中，寄自西德的一篇「中華民國在遠東之地位」論文，不僅是美、英西方國家所應研究，而我國一般知識階級更應切實了解其意義也。

朝課後審核文告約二小時完成，十時到岡山舉行空軍總校閱，成績較前年更有進步。正午與美空軍顧問狄恩[2]談話，聽取其對我空軍過去一年間工作與今後一年間計畫，甚為有益，並覺欣慰。聚餐畢即自岡山飛回臺北，續修第三次文告稿至夜方成，因另增對藏民慰勉一段，可說全文完整無缺矣。車遊，散步，晚課。

十月九日　星期五

雪恥：一、俄黑[3]對美直接宣傳煽惑滲透，今後冷戰又將另一種方法與另一方向轉變發動？二、俄對美孤立與癱瘓的冷戰政策必益見有效。三、俄黑冷戰焦點：今後對歐集中於西德與柏林，而其對亞乃必集中臺灣與金、馬，即其西對德、東對華也。四、今後兩方戰略重點乃在遠東與中東的小型局部戰，而演成為全面戰乎。

朝課後重補文告稿，上午聽報後記事，整理書藉〔籍〕一小時餘，頗感疲乏，夫人則往基隆海軍醫院，冒雨慰勞病兵。午課後，續補匪軍官兵要做俄共侵略工具到幾時一節，甚覺重要。晡車遊後錄音，晚巡視市區回，晚課，入浴。

1　余堅，號廷堅，湖北沔陽人。曾任裝甲兵學校政治部副主任，時在西德波昂大學研究所研究，專攻「各國政府及政治」。
2　狄恩（Fred M. Dean），美國空軍將領，1957 年 3 月任太平洋空軍轄下第十三航空特遣隊司令，同年 8 月兼美軍顧問團空軍組組長。
3　俄黑即赫魯雪夫（Nikita Khrushchev）。

十月十日　星期六　氣候：晴

雪恥：五時半起床，朝課畢已近七時，而霖雨尚未停止，雲霧昏蒙，認為今日雙十節氣候已難望有光光氣象[1]，及聽報與朝餐完畢，九時許竟天朗氣清，十時入府乃大放光明，僉認為最難得之現象，惟願今後國運亦將如此化霾霧為光明則慶幸矣，惟上帝佑之。舉行國慶典禮與接受使節祝賀畢，十一時後回寓，記事。午課後四時入府，在陽臺上接受廿一萬群眾歡呼，形勢燦爛，人潮澎湃，為十年來希有之氣象，更感欣慰，可說四十八年以來未有如今日雙十節之盛大與熱烈也。夫人近日操勞過度，其身體已感疲倦，晚仍同車巡視市區慶祝情形為快，晚課。

上星期反省錄

一、士風之卑劣，文人之無恥，至今為甚。是非不明，善惡不分，只有個人利害而無民族大義，此其所以共匪幸勝，而大陸同胞乃遭受此空前浩劫，但此亦共匪所造成。如無共匪，則士風人心當不致卑劣無恥至此，而且此種無恥文人究為極少數之少數。其實絕大多數之知識分子，尤其是全體民心，總是有良心、有公道，故國家前途仍是絕對樂觀耳。

二、雙十文告對於革命先烈擲頭顱，流鮮血，前撲〔仆〕後繼，視死如歸，殺身成仁，捨生取義的革命精神，未能特加表揚，是一重大缺點，其他皆可稱完備無缺。而雙十氣候晨間之霾霧昏沉，忽變為光天化日，尤感興奮。

三、十日來陸、海、空各軍總校閱完成，今年皆較往年為有進步，私心竊慰。雙十節文告亦於最近三日內手擬完成，甚覺吾黨宣傳文字之無人也，時增慨歎，此篇文告乃對準毛匪最近之心理，直刺其心坎而作也。

1　原文如此。

四、俄黑[1]離平迄今，黑、毛仍無聯合聲明發表，相〔想〕見其雙方矛盾之烈已至無法掩蓋的程度。十日來聽讀偽國慶各種文字，黑魔與蘇斯洛夫祝詞以及陳、林、劉、周[2]四匪全文約共十餘萬言，對余實為有益之事也。

五、英國大選保守黨大勝。

十月十一日　星期日　氣候：晴

雪恥：一、上周卡塞姆被刺受傷未死。二、愛爾蘭與馬蘭亞[3]對西藏問題提出聯大。

朝課後記事，聽讀周匪恩來對其偽國慶報告書約一萬餘言，全部為其與事實相反之另一面的虛偽謊言，尤其數字之謊報已為世人所共知，而其仍厚顏撒謊至此，並不自覺其可恥與愧怍，可知共產皆無人心之國賊，不亡何待。上午禮拜如常，午課後清理積案，記上周反省錄，與妻車登士林後山，經大直、內湖、松山而回。晚車遊市區，晚課。

十月十二日　星期一　氣候：晴　申雨

雪恥：一、美國務卿[4]迫使俄黑對其附庸共匪行動負責之用意，應加注重，而且法國亦一向存在着俄黑支配共匪，將其容許歐洲緩和時必能擴及亞洲的能力的幻想，是其在高層會議中必然成為議題也。二、共匪在臺灣問題未有解決以前，決不願有和緩之意。三、西柏林與金、馬的性質不同而形勢相同。

1　俄黑即赫魯雪夫（Nikita Khrushchev）。
2　陳、林、劉、周即陳毅、林彪、劉少奇、周恩來。
3　馬蘭亞即馬來亞。
4　赫塔（Christian A. Herter）。

四、不用武力，用會議以解決問題之口號，已成為俄黑訪美後對世局冷戰之另一面，其對共匪之利害如何。

朝課後聽報，上午遊覽庭園，手擬上月反省錄，頗費心力，至午課後方完。晡見何世禮畢，車遊山上。晚車遊市區以避看書，養目也，晚課。

十月十三日　星期二　氣候：晴

雪恥：一、共匪警告美將在琉球放射飛彈，是對其武力威脅，並稱此時為和平最有希望之時云，未知美國是否因此為其嚇阻乎。

朝課後記事，聽報。上午入府召見王季徵[1]、鄭挺鋒等後，主持宣傳會談約二小時半。對俄共與中共的關係以及黑魔與毛匪關係應分作二事看，俄共對中共各匪首已作各別領導，乃由毛匪一元領導而漸移轉為俄共直接控制矣，此一指示絕非理論，乃為事實也。午課後翻閱俄「陸軍之腦」開始，有益。晡召見中日經濟策進會委員後，車遊。晚散步，晚課，九時半寢。

十月十四日　星期三　氣候：陰　夜雨

雪恥：一、空軍要務：甲、電子補給。乙、各軍種聯訓。丙、陸、海軍對空軍要求聯訓課題。丁、空中加油機之設備。戊、空中再補給。己、基地維護工作。庚、防空情報網與地面雷達。辛、預算要務維護經費應定第一優先。壬、雷達站之康樂設備。癸、現有管制與裝備。

朝課後記事，聽報。上午主持總動員會報，對水災救濟與重建工作之報告後

1　王季徵，福建閩侯人。1957 年 10 月至 1962 年 2 月任駐黎巴嫩大使。

加以指示。午課後續閱軍隊之腦引言完，見美「阿拉斯加」空軍司令[1]，談堪察加以東俄軍備情形。晚車遊回，晚課。

十月十五日　星期四　氣候：陰雨

雪恥：一、空中加油設備之飛機應作第一優先。二、空中再補給之意義。三、印尼最近海、空軍皆有俄顧問新到者，應問美國有否注意。

朝課後聽報，上午入府召見梁寒操[2]等五員後，主持作戰會報，對緬北柳元麟部之訓練計畫與桂東與冊享〔亨〕等空投調查之報告。午課後記事，召見柏亨，談一點兩面的匪戰術之解釋正確為慰。晚約在臺北，至親聚餐，為暖壽也，晚課。

十月十六日　星期五　氣候：雨

雪恥：一、實踐教官文立徽[3]、張紹〔兆〕驄[4]、馬武奎[5]（徐應黢[6]、王創

1　尼卡遜（Conrad F. Necrason），美國空軍將領，時任阿拉斯加地區空軍司令。
2　梁寒操，號君默、均默。原籍廣東高要，生於三水。第一屆立法委員。1949 年赴香港，出任香港培正中學、新亞書院教官。1954 年到臺灣，任中國廣播公司董事長。1957 年 10 月，當選中國國民黨第八屆中央評議委員（第九屆連任）。
3　文立徽，號力揮，湖南衡山人。1952 年 3 月任總統府侍衛室侍從武官，1954 年 11 月任第一軍參謀長。時任革命實踐研究院戰術教官。
4　張兆驄，號翀，浙江德清人。1957 年 2 月任實踐學社教官，後任副師長，1960 年 4 月調任第二十七師師長。
5　馬武奎，號超羣，浙江嵊縣人。1952 年 3 月任第四十一師參謀長，1954 年 7 月調任總統府參謀，後歷任第二十六師參謀長、預備第六師副師長、第四十一師增設副師長、第九軍參謀長。時任革命實踐研究院戰術教官，後調任預備第八師師長。1961 年 11 月調任國防部人事參謀次長。
6　徐應黢，浙江常山人。歷任第六軍副參謀長、陸軍總司令部第四署副署長、第三署副署長，1957 年 5 月調任第六十八師砲兵指揮部指揮官。時任革命實踐研究院戰術教官。

燁[1])、張仲修[2](外語)、劉鐵君[3]、夏亦穆[4]較優。

本日為舊歷九月十五日,即為我七十三歲之初度,時念母親劬勞與不肖之罪孽不置。朝課後聽報,未忍朝餐,以紀念慈母生育之苦也。上午入府召見六員,主持財經會談,如常辦公,正午在臺至親團聚祝壽,吃壽麵。午課後記事、整書,讀哭母文與先慈事略,武孫呈來太祖母舊遺像拜見,當時容貌衰弱,更引起不孝之痛矣。晚夫人約陳夫人[5]等女友聚餐誤〔娛〕樂,晚課。

十月十七日　星期六　氣候：上陰　下晴

雪恥:朝課後記事,聽報。入府主持軍事會談,聽取黨政軍聯戰的戰地政務業務綱要草案報告約二小時,尚待研究。正午宴鄺友良夫婦,以其為美國參議員中之華裔,乃以美民待之,不使其為難,但彼對其祖國甚忠貞可愛也。午課後閱俄黑[6]對訪美時之影響,可說極其遺落譏刺之能事矣。哺妻擬吊馬下兒[7]喪電,僅言對其妻[8]之慰唁,而不多提死者之善惡,故仍以夫妻聯名致唁。膳後車遊淡水,在神社前至球場道上散步,觀月,談馬下兒致病之原因,如有尚有人心,則必為其對華政策拙劣致有深悔而不能告人,乃致獲此先癱瘓後麻木,完全失卻知覺,最後三月連其妻亦不認識之奇疾,擬另記其詳也。晚課。

---

1 王創燁,號蒼逸,浙江黃岩人。1955 年 8 月升任預備第五師副師長。1957 年 4 月調任革命實踐研究院戰術教官。
2 張仲修,時任革命實踐研究院戰術教官。
3 劉鐵君,號友梅,安徽桐城人。1954 年 3 月任第九十二師師長,時任革命實踐研究院戰術教官。1963 年 2 月調任陸軍第四訓練中心指揮官。
4 夏亦穆,江蘇江寧人。1954 年 7 月任總統府參謀,1955 年 3 月調任第三十二師增設副師長。時任革命實踐研究院戰術教官。
5 陳夫人即陳誠夫人譚祥女士。
6 俄黑即赫魯雪夫(Nikita Khrushchev)。
7 馬下兒即馬歇爾(George C. Marshall)。
8 凱薩琳・馬歇爾(Katherine T. Marshall),馬歇爾夫人。

上星期反省錄

馬下兒昨十六日死矣，適為余舊歷七十三歲初度之日，或為彼死乃即為我中華民國復興之朕兆乎，以我國完全為其冥頑冷酷之手所挫折，而遭受今日之浩劫者也。聞其病先為癱瘓，神志不清，語言含混，此乃去年秋季余妻與彼相晤時之狀況，其後於十月間當我金門戰役告一段落，其政府與議會皆宣告美援實對我有效，並非虛擲時，其病加重，轉為麻木失靈，乃入醫院，稱其腦衝血與重傷風，但其已完全失卻知覺，僅對其妻的面貌尚能以目示意，但已不能言語矣，此為今春（三月間）情形。直至最近三個月以來，據其妻來書，連對彼亦全不認識，此真成為「活死人」矣。余以為馬致病之由：其一為余四十六年「蘇俄在中國」出版後[1]，彼在未出版前，早在印書局先行索閱，因對彼並未譴責，而其心當為慚愧，故其當時對余妻無故忽來書表示感激之意，但其書中並未提及此書之事也，此或其天良發現所致乎。其二為至去秋十月金門戰勝，及其政府又正式發表對我之美援有效，則其內心更感無言可辭其咎為疚乎。此為余仍對馬下兒以有人心者之心度之所得之結論，亦為余對馬下兒之死惟一感想耳。

十月十八日　星期日　氣候：晴

雪恥：一、升級將官案之審核，緯國仍不予晉升中將，但其停年已屆矣。二、星四或星六巡視金門，擬留駐三日。三、約蔡維治[2]二十晚宴，廿一日宴狄倫[3]，決分別接談。四、清理積案。五、審閱毛奇等傳記。六、馬漢論重

1　《蘇俄在中國》英文版原於 1956 年在臺北初版。此句應指 1957 年由法拉爾史特勞與貫德西公司（Farrar, Straus and Cudahy）在美國紐約印行一事。

2　蔡維斯（Dennis Chavez），又譯蔡維治，美國民主黨人，1935 年 5 月至 1962 年 11 月任參議員（新墨西哥州選出）。

3　狄倫（Clarence D. Dillon），美國共和黨人，1959 年 6 月至 1961 年 1 月任國務次卿。

習。七、戰地政務綱要之審修。八、凱旋計畫之檢討。

朝課後記事，聽報，聽讀夫人在美軍聯合大學講稿，至司徒雷登[1]一段，不勝憤激，但亦應有此一講，以警告美國賣友之污史也。禮拜，午課後記錄對「馬下兒」死之感慨後，與妻遊覽陽明公園一匝回，入浴。膳後與妻散步、觀月為樂，晚課。

十月十九日　星期一　氣候：上晴下陰雨

雪恥：一、召見李國鼎[2]。二、特種部隊對各種碉堡群攻擊之演練。三、戰爭面與三角形攻擊戰鬥群方式之運用。

朝課後記事，聽報，上午在寓審核將官晉任名簿二小時餘，加以批示，頗費心力。緯國以年資論，本可升任中將，以其招搖不實，故再延後一年，且昭大公而示無私也。午課後審核戰地政務綱要，詳予批評未完。晡見韓李垣根[3]校長後，入浴。晚散步後聽音樂，晚課。

十月二十日　星期二　氣候：晴

雪恥：一、彭德懷已於月初到滇，揚言為其指揮寮共之亂，而其為預備毛匪建立其最後根據地，以防俄黑[4]對毛清算時之惟一末路也。蓋東北、西北與華

1　司徒雷登（John Leighton Stuart），美國傳教士，曾任燕京大學校長，1946年7月起任駐華大使，1949年8月返國述職，1952年11月辭任。
2　李國鼎，祖籍安徽婺源，生於南京。1958年9月任行政院美援運用委員會會秘書長，11月兼任經濟部工礦計畫聯繫組召集人。1959年12月兼任美援會工業發展投資研究小組召集人。
3　李垣根，韓國成均館大學校長。
4　俄黑即赫魯雪夫（Nikita Khrushchev）。

北皆為俄共勢已所控制，華東、華中南亦無其立足之餘地，依現勢與最後計，尚能不受俄共重大影響，其惟與越北共匪聯合，乃在西南樹立叛旗，以效吳三桂[1]之所為乎。

朝課後記事，聽報，召見李運成[2]等六員後，主持情報會談。午課後批閱公文，審核宴會席次，甚費心力。晡在中山堂約華僑六百餘人，茶會一小時半回。晚課後宴美參議員蔡維斯，此人毫無政客氣味，甚覺和洽，十時禱告就寢。

十月二十一日　星期三　氣候：陰晴

雪恥：一、共匪對俄黑的和平運動之表示，最近事實：甲、二十日中共與日共在北平聯合宣言中真相，表明其美、俄在大衛營精神「此時並未伸展到亞洲」之意甚明。乙、十七日陳毅曾向緬甸訪匪團表示，共匪偽政權希望與所有鄰邦和平共存。丙、十八日劉匪少奇在招待匈主席時，仍抨擊「美國罪惡的陰謀」、「警告西方世界將遭到可恥的失敗」。總括其意，共匪表示「俄黑和平計畫不適於亞洲現勢」為其一句結語也。

本日上午與狄倫談共匪問題，足有一小時半之久，彼對我三萬降落傘計畫似已在重新考慮中。午課後批閱，消遣遊覽。晚宴狄倫，外交部多不識外交禮節與體態，致失國格，為人所輕，此為今日政府最大之弱點也。朝、午、晚各課如常。

1　吳三桂（1612-1678），字長伯，明崇禎時為遼東總兵，封「平西伯」，鎮守山海關。1644 年降清，引清兵入關，被封為「平西王」。1661 年絞殺南明永曆帝。1673 年叛清，發動「三藩之亂」。

2　李運成，字樹功，湖南湘陰人。1954 年 6 月，調任金門防衛司令部副司令官。時任第一軍團副司令，1959 年 11 月，調任澎湖防衛司令部司令官。1963 年 7 月，調任憲兵司令部司令。

十月二十二日　星期四　氣候：晴

雪恥：一、一切訓練以領導即統御與心理及組織之能力為第一。二、生活、行動、態度與語言的中節適宜為要務。三、財政的彈性以科稅（所得稅）為惟一要目。四、輕稅重罰與逃稅重刑（不只民法關門，而應處以徒刑監禁），並注重稽核制。五、金融體制之建立。

朝課後聽報，入府會客後，參觀西林與高氏密碼電機之表演約一小時，仍不甚了解，但可（較密）使用無疑。午課後記事，批示戰地政務綱要甚詳，約荷蘭訪問團（團長貝高維[1]）茶會畢，車遊。晚散步，晚課。

十月二十三日　星期五　氣候：晴

雪恥：一、屏東民眾在鵝鑾鼻建立銅像，應即令省府負責勸止，不得違反前年禁令。

朝課後聽報，審核戰地政務綱要草案，詳加批示三小時後完。十一時入府會客，林崇墉[2]之才可用也，批閱公文。午課後記事，批閱國防研究院第二期課程時間要旨後，與妻車遊山上一匝。晚觀「今日之臺灣」的電影片頗佳，散步，晚課。

1　貝高維（Cornelis Berkhouwer），荷蘭政治家。時為自由民主黨國會議員、國會自由中國之友議員訪華團團長。
2　林崇墉，字孟工，福建閩侯人，林則徐玄孫。曾任中央銀行業務局局長。1950 年任臺灣大學教授，後到美國加州大學研究。1964 年 11 月返臺出任經濟部證券管理委員會主任委員。

十月二十四日　星期六　氣候：晴

雪恥：一、法戴高樂約俄黑[1]訪法，法、俄二國今日同時發表此一公報，此乃對於高階會議之又另起一個新的因素，其影響不可輕視。此實戴對英與美的報復行動，但依理今日法戴不能出賣西德與西柏林耳，或對會議本身不使有重大變質乎。

朝課後記事，聽報。入府召見美時代雜誌記者後，主持軍事會談，檢討總校閱成績。午課後整書，四時前起飛，五時半到金門，途中閱誓雪五三國恥舊講稿，記錄（蔡〔林〕春華[2]速記）最不良，可歎。晚在岩室前散步、休息，晚課，九時前寢。

上星期反省錄

一、北大西洋盟約國通過西德自製飛彈之決議，此乃關於歐洲安危之重要關鍵，俄共更無安枕之時矣。

二、對美國戰略概念之研究。

三、關於美、俄、匪之近態：甲、美廿一日聲明共匪未放棄其使用武力之報導。乙、美報俄黑致愛克函，支持共匪要求臺灣之權利（廿二日），此與甲案完全相關連也。丙、陳毅對緬言要求和平。丁、劉少奇對匈言美侵略，為世界各民族之大敵。戊、共匪與日共代表宣言和平運動不適用於今日之亞洲。己、美國務院要求俄黑對共匪武力行動應負其責。此乃本周內之形勢也。

1　俄黑即赫魯雪夫（Nikita Khrushchev）。

2　林春華，四川人。1926 年至 1934 年間任蔣中正秘書，是中國第一代速記專家，將記粵音的「張才快字」，改編為記國語的《張才快字速記》，打破地域性，向華東地區推廣，培養人才，在中國國民黨中央和政府各機關擔任速記。

四、狄倫來訪，指斥美對我降落傘之違約不發是對我不信任之表示，並談共
　　匪內容。

五、戴高樂約俄黑訪法，此乃歐美外之又一波折也，西方國家之可憐如此。

六、本周工作：甲、國防研究院第二期課程之審核完。乙、將官晉升名冊之
　　批示完。丙、戰地政務綱要草案修改完。此皆重要工作也。

十月二十五日　星期日　氣候：晴　七級風

雪恥：本日為光復臺灣十四周年紀念，亦為金門島十年前國軍殲滅來犯之共匪
全部，奠定今日反攻復國基地之勝利紀念日，故今日在金門特為此留一紀念。
朝課後先與經兒登駐室山巔之擎天峰，此峰名為劉壽如司令所新定者，巔上
風大，沙飛石走，步履維艱，在巔上眺望大陸敵陣，自煙燉山經廈門澳頭至
圍頭，歷歷如在掌上，巡視新設指揮所基，尚未完成，以今為單日，甚想匪
敵向我射擊而始終未見也。十一時回，聽報，午課後先祭公墓，以紀念古寧
頭陣亡將士之壯史也，特往古寧頭巡視西一點紅陣地工事，此為卅八年匪共
登陸之灘頭也，眺望大小墩、蓮河、雲頂岩，近如咫尺，明顯極矣。回途經
南山、北山，在下堡士兵康樂中心下車，視察畢乃回。

十月二十六日　星期一　氣候：晴　風大

雪恥：昨晡回駐所，因其在擎天峰之下，乃名之為擎天石室，以志紀念。入
浴，晚課。膳後觀士兵演劇甚佳，九時後畢，回禱告後就寢。
本（廿六）日六時後起床，朝曦濛瞳，未能觀日出海景為憾。朝課後修正科
學的學庸之大學篇，未完。朝膳後由石室直通龍潭司令部之石級，約二百
步，其陂度徒削〔陡峭〕，由上至下級度亦高，故腳股甚疲，但仍能一直達

到其地也。先在兵棋室聽取全島部署後,巡視武威康樂中心,順訪邱良功[1]
之墓地,翁仲、石坊皆甚完全也。繼與壽如司令至舊金城蚯蚓山,巡視新築
二四榴重砲陣地,再經舊城至古岡巡視新增重砲陣地三個,其中間之陣基乃
即魯王[2]真壙所在之處,此一發移對於鄭成功[3]拋棄魯王於海中之說,乃可
證其為無稽之誕也,而其假墓即在其真壙之左數百公尺處也,此為歷史之要
案,甚覺為快。

十月二十七日　星期二　氣候:晴

雪恥:「續昨」:復在其假墓上盤桓片刻,擬將其遺骨安置於假墓之中,以
慰其靈也。正午回石室,午課後先訪顧問招待所,巡視為其新闢之石室,高
大可觀,為金門各坑道之冠。繼登太武山,巡視新築之觀察所與雷達站,經
海山第一庵略坐,與僧談話後,至東麓黃煜軒師司令部巡視,又至預備陣地
之排班坑道寢室,再至戰車營坑道視察照相畢已五時餘,仍由太武山回石室,
入浴。晚課,觀越劇。

本(廿七)日朝課後記事,九時半再到兵棋地圖室研究蜂腰部之部署與工事
後,先巡視第一北坑道甚佳,復至第二北坑道,乃知數十前[4]始開通行車,其
中支坑道正在修築中,可知前年所報已開通完成者乃虛報也,胡璉所為者類

1　邱良功(1769-1817),字玉韞,號琢齋,諡剛勇,曾經官至浙江水陸提督,乃金門俗
　　諺「九里三提督,百步一總兵」中的三位提督之一。
2　朱以海(1618-1662),字巨川,號恆山,別號常石子。1644 年 2 月,被明思宗封為「魯
　　王」。1645 年南京、杭州相繼陷落後,於紹興宣布監國。1651 年 8 月,舟山陷落,移
　　居金門;1653 年 3 月,自去監國稱號。
3　鄭成功(1624-1662),原名森,字明儼、大木,南明隆武帝賜朱姓,名成功,民間尊
　　稱國姓爺,西方文獻取其音拼作「Koxinga」,永曆帝封延平王,為南明重要將領、明
　　鄭王朝君主,被視為反清復明活動的代表勢力之一。1661 年,率軍攻佔普羅民遮城、
　　熱蘭遮城,翌年擊敗荷蘭東印度公司的援軍,以大員為基地建立承天府。
4　原文如此。

皆表面形式虛偽之事，殊不如劉安祺之實在可靠，亦就可知要務非親自檢查皆不可靠耳。

十月二十八日　星期三　氣候：晴

雪恥：續昨。上午十時後，自北坑道口沿太武山北麓新闢之軍用路，直經東面之腰部，至黃煜軒昨日所至之司令部，再轉鄒[1]師部之新莊士兵文康中心，殊足自慰，以此直通南、北山麓之腰部軍路開通，乃為我八年前之理想，今日竟能完成，而且其距離甚短，工程不大，可知只要主官能實心實地督導而已。十一時半至陳坑官兵休假中心，其地皆比八年前來視察時不可同日而語矣，觀此不禁欣慰系之。午膳約劉[2]司令與鄧定遠[3]主任聚餐後，即起飛回臺北，入浴，閱報，休息。晡與妻車遊山上，感道此次金門之行所見所獲之大也。晚散步，晚課，九時就寢。

本（廿八）日朝課後聽報，記事，遊覽庭院後，手書劉安祺函約千言。午課後重修大學之道講稿第一篇完，晚散步，晚課。

1　鄒即鄒凱。當日視察第六十九師師部，時師長應為常持琇。鄒凱，號豈凡，安東鳳城人。1958 年 9 月，接任金門防衛司令部砲兵指揮部指揮官。1959 年 11 月，調任第四十九師師長。1962 年 9 月，調任陸軍砲兵學校校長。

2　劉即劉安祺。

3　鄧定遠，字超平，湖北鄂城人。1958 年調任金門防衛司令部副司令官兼政治部主任、戰地政務委員會秘書長。1960 年 6 月，調任陸軍總司令部政治部主任。

十月二十九日　星期四　氣候：晴

雪恥：一、俄黑以西方對已獨立與半獨立的舊殖民地之經濟勢力特別注重與加以攻擊，此乃俄共對此等舊殖民地之宣傳要領，以企圖煽動顛覆與發動有限戰爭以困擾西方之主要武器。二、沿海走廊緩衝地帶之任務。三、輕裝師之編組擬訂。四、對大陸報復，乃為自由世界對共產集團惟一制命之報復手段。五、對大陸反共革命之要領：甲、心戰。乙、遊〔游〕擊。丙、策反。丁、擾亂不定。六、戰略機動。

朝課後記事，重修「科學的學庸」。上午入府，接受哥斯達利加大使[1]與教廷公使[2]到任國書，會客，見俞部長，談對美交涉要領。午課後重修「學庸」後，見楊啟泰[3]、姚廼崑[4]等。晡視察華興育幼院，晚散步，晚課。

十月三十日　星期五　氣候：晴

雪恥：一、共匪對印邊近三日又發生衝突，死傷數十人之眾，勢將愈趨愈兇。二、美國務院墨菲[5]辭職，是美對俄妥協之預兆乎。

朝課後續修「科學的學庸」中庸篇第一次完，入府召見數員解決購船事，主持軍事會談，研究美國最近全球戰略之現狀，頗有心得。午課後約見華僑領

1　范爾格（Fernán Vargas Rohrmoser），哥斯大黎加駐華大使，1959 年 10 月 29 日呈遞到任國書，1961 年 6 月離任。
2　高理耀（Giuseppe Caprio），義大利籍，教廷駐華公使，1959 年 10 月 27 日呈遞到任國書，1966 年 12 月離任。
3　楊啟泰，福建龍溪人，菲律賓華僑。隨父移居菲律賓。任職於其祖父的瑞隆興鐵業公司，嗣升任董事長兼總經理，經營致富。戰後歷任華僑救濟復興委員會主席、華僑福利委員會主席、菲律賓華商聯合總會理事長、菲華反共總會主席、中華文化復興運動推行委員會菲分會主任委員、菲律賓中正學院董事長等職。
4　姚廼崑，菲律賓華僑，祖籍福建晉江。時任菲律賓華商聯合總會副理事長。1961 年 6 月，返國參加陽明山第一次會談。
5　穆飛（Robert D. Murphy），又譯墨菲，美國外交官，曾任駐比利時大使、駐日大使，時任政治事務國務次卿。

袖十餘人與谷正綱[1]後，即與妻來大溪避壽，夫妻對飲為樂。膳後散步於公園回，晚課，九時就寢。

十月三十一日　星期六　氣候：晴　午後陰

雪恥：本日為陽曆即國曆正式生日，朝起六時即朝課，默禱，並祈父母親在天之靈得到安慰。在大溪公園散步，觀學生群眾天真可愛，聽報後，重理中庸各章，至晡到卅三章讀完，甚感比過去所讀者大有不同的心得，擬重新修正從前所著「科學的學庸」，另有新的發見也。上午辭修、岳軍與各總司令等以及經、緯各家皆來拜壽，惟令孝武、孝勇讀書莫來，准其明日星期來此野餐也。正午約宴美眾議員周以德[2]、邱吉夫人[3]、皮禮智[4]等五員，相談頗洽，三時後辭去。午課後重理中庸，晚宴侍從人員後，與妻散步回，在亭上閒談半小時。晚課，讀大學畢，十時前就寢。

1　谷正綱，字叔常，貴州安順人。1954 年 1 月，出任國防部參謀次長，8 月改任亞洲自由國家聯合反共聯盟中國總會理事長。1959 年 10 月，任國民大會秘書長兼憲政研討委員會秘書長。
2　周以德（Walter H. Judd），美國共和黨人，1943 年 1 月至 1963 年 1 月為眾議員（明尼蘇達州選出）。
3　邱吉夫人（Marguerite S. Church），美國共和黨人，1951 年 1 月至 1963 年 1 月為眾議員（伊利諾州選出）。
4　皮禮智（John L. Pilcher），美國民主黨人，1953 年 2 月至 1965 年 1 月為眾議員（喬治亞州選出）。

上月反省錄

一、俄共調換其駐偽大使尤金[1]，而以查伏寧可[2]替代，此為黑、毛[3]矛盾期間之重要行動，不能忽視。

二、俄黑致愛克函及其月末在最高蘇維埃的政策聲明中強調，其支持共匪爭取臺灣一點上，是美對匪妥協政策雖欲急就而亦不可能矣，此乃俄黑訪美後對我國主要關鍵，至此似可澄清乎。

三、周、劉[4]、陳（毅）三匪在其偽國慶前後所發之言論，皆應研究其用意之所在，亦可判知其今後之動向也。

四、彭德懷在滇之消息應加注意，我以為如毛匪將來被清算時，其反抗地區可作為其基礎者，在今日只有雲南而已，其他東北、西北、華北皆為俄勢範圍，而華中、華南交通發達且受我國軍脅制，皆無其立足餘地矣。

五、聯合國對寮亂調查小組之結果，必將無結果而終，但寮亂因此暫時緩和，亦並非全無作用耳。

六、愛爾蘭與馬來對西藏問題提出聯合國，及其結果與結果只有如此而已。

七、自俄黑訪美後：甲、俄對美宣傳，必對美直接滲透與煽惑將更進一步。乙、對中南美各國積極挑動其反美，使美不遑他顧。丙、對北大公約國更激起矛盾分裂作用，而以法、義為其主要對象，以達其孤立與癱瘓美國之目的。丁、美、俄冷戰焦點：子、東為臺灣。丑、西為西德。寅、而以其金、馬與西柏林為導火線。戊、戰略重點在中東。己、今後戰爭方式為局部傳統性小戰爭，避免核子全面大戰，但必將由局部小戰以導

---

1 余丁（Pavel Yudin），又譯尤金，蘇聯外交官，1953 年至 1959 年任駐中華人民共和國大使。
2 查伏寧可（Stepan Chervonenko），蘇聯外交官，1959 年至 1965 年任駐中華人民共和國大使。
3 黑、毛即赫魯雪夫（Nikita Khrushchev）、毛澤東。
4 周、劉即周恩來、劉少奇。

發全面大戰也。庚、廢棄以武力解決國際爭端之口號,將為俄共冷戰之新方式。

八、俄黑與毛匪北平會議後之形勢:甲、毛不承認俄黑「廢棄武力」之冷戰策略。乙、俄只有承允共匪爭取臺灣策略,以保持俄、中共之聯合形勢,以免決裂,故臺海形勢無法緩和與安定,必將繼續演進。是美、俄冷戰最近之行動,對我或不致有損乎。

九、共匪內部反右傾與矛盾尖銳益急,而俄黑與毛匪二人之衝突更為不可掩之事實,惟毛匪何日被清算,則尚未能決定,此在俄黑之政策如何而定。但其矛盾衝突雖未表面化,只要其能雙方對持不下,則於我總是有利,而我之內部純一堅定,則更比敵方優勝矣。

十、匪軍內部右傾與悲觀現象日增,最近正在反右傾進行整肅之中。

十一、共匪對印邊侵佔未已,與俄貸印款之關係。

十二、印尼與俄勾結日深,其與匪關係亦將加強?

十三、狄倫來訪,我對特種作戰之政策已作堅定之表示,未知果能有所轉移其原有安定大陸之方針乎。但其我金、馬固守與協助政策,乃比去年堅定矣,此乃我金門砲戰後之效果也。

十四、美、俄飛彈競爭,美已落後數年,惟戰略空軍與軍事基地與海軍優勢尚能克制俄共而已,此乃愛克與黑魔互訪,以期和緩一時之總因乎。

十五、「馬下兒」死已。

十六、准西德自製飛彈之北約決議應加重視。

十七、本月工作可言者:甲、視察金門三日。乙、三軍總校閱完成。丙、雙十節文告。丁、一點兩面戰術之解釋,加以修正與確定。戊、九日記事重要。

十八、英國大選,保守黨大勝。

十九、伊拉克卡塞姆被刺受重傷。

蔣中正日記
Chiang Kai-shek Diaries

十一月

蔣中正日記
Chiang Kai-shek Diaries

蔣中正日記
Chiang Kai-shek Diaries

民國四十八年十一月

十一月一日　星期日　氣候：晴

雪恥：晡見美國羅斯門[1]夫婦，為羅斯福[2]之顧問，約談一小時後辭去。

朝課後聽報，重讀大學正文十章完，對大學內容朱子[3]所審定各章頗多疑點，尤其對第四、第五章本文與釋義，皆認為有重新訂正之餘地也。十一時武、勇二孫來，帶有重要情報資料，詳閱為慰。中午乃帶其到石門水庫視察工程後，即在該地野餐，親自炒蛋飯餉之，其祖母亦認為最佳之味也。午課後記事，會客。晚膳後夫妻帶兩孫散步，送其上車後回，晚課。

十一月二日　星期一　氣候：晴

雪恥：近來在大溪避壽五日，增補科學的學庸脫稿之外，並將平日所想念與信心作成數語，曰：「萬惡俄共如不覆滅，世界人類將成禽獸，中華民族更無焦〔噍〕類。」第一滅毛，第二覆俄，此乃信念，亦為畢生之志節也，否

1　羅斯門（Samuel I. Roseman），又譯羅森曼，美國民主黨人，羅斯福總統、杜魯門總統文膽。

2　羅斯福（Franklin D. Roosevelt, 1882-1945），美國民主黨人，1933 年 3 月至 1945 年 4 月任總統。

3　朱熹（1130-1200），字元晦，一字仲晦，齋號晦庵，晚稱晦翁，又稱紫陽先生。南宋理學家，程朱理學集大成者，學者尊稱朱子。輯定《大學》、《中庸》、《論語》、《孟子》為四書作為教本，成為後代科舉應試的科目。

則中華民族將無立足之地矣。

朝課後着手重修中庸講稿，上午聽報畢，續修前稿。午課後重讀中庸全文，至三十三章完，實為最有心得之一次也。晡與妻至洞口慈湖視察疏散，新築傢俱亦已具備，此地幽雅，可以避囂也。晚散步，晚課，讀書。

十一月三日　星期二　氣候：晴

雪恥：朝課後聽報，上午續修中庸講稿三小時餘，午課後續修完脫稿，自信比前完備，惟尚未能自足耳。晡與妻遊覽大溪上游之觀音亭，其地勢略似古鄉之樂亭，但其風景之不足比矣，污臭一如從前，對鄉村建設與警察負責管理與領導教育之重要，特有所感。回入浴，晚散步，車遊龍岡軍區回。晚課，九時就寢。

十一月四日　星期三　氣候：晴

雪恥：一、惟精惟一，允執厥中。二、至誠無息，於穆不已。三、大學之傳十章釋治國平天下之要旨，全在仁與義二字。四、止於至善之「至善」即「道」也。五、知所先後，則近道矣之「道」，即大學之道也。六、中庸之中乃「中立不倚」與「大中至正」、「自立自主」、「屹立不搖」，所謂「主敬立極」、「不偏不易」之意，決非如世之所謂依違兩可，可左可右，中無主宰，而騎牆兩可、投機取巧之類所為者也。

朝課後記事，聽報，餐畢，補記日記。十一時與妻至角畈妙高臺別墅，視察新植梅樹，幾乎皆抽綠芽為快。膳後巡視街道、小學與衛生所後，登車回蔣林已十五時矣。午課後補記上周反省錄後，會客，散步，入浴。膳後散步，晚課。

十一月五日　星期四　氣候：晴　溫度：八十五

雪恥：一、「致中和，天地位焉，萬物育焉。」此乃治平之至道。中和之反者，為暴力、為褊激、為強制、為迫害，必使天反地覆，鬥爭互殺，了無安定位育可言也。二、天命、天性皆言天地自然之理。中庸序文中，其書始言一理……末復合為一理之理字，乃指天命之天，亦即天命之謂性的「性」字，而與其率性之謂道的道字相對，乃以「理」為體，以「道」為用，說明理與道不能分離，亦即道不能離理，此其所以末復合為一理耳。

朝課後記事，聽報。上午在寓着手重修「中庸之要旨與將領之基本修養」廿三年之講稿。午課後繼續修前稿，頗費心力。晡車遊，晚散步，觀月，晚課。

十一月六日　星期五　氣候：晡[1]　溫度：八十

雪恥：一、將領修養之道，莫要於闇然而日章，而以淡而不厭，簡而文，溫而理，由近而遠，自〔知〕微之顯，為入德之要領也，即以澹簡溫微為修養之要旨，是以古人以澹泊寧靜為修己立業之基本也。

朝課後續修中庸之要旨講稿，直至十七時後方脫稿，腦筋作痛矣。午課如常，晡見唐乃建，談評議會與中央政策委會第一次會議之準備事宜畢，與妻車遊山上一匝回，入浴。晚散步、觀新月為樂，天朗氣清，澷游自得，晚課。

十一月七日　星期六　氣候：晴

雪恥：一、指揮官必具之性格：甲、審慎。乙、決心。丙、行動。丁、澈底。

朝課後補記前日事，上午入府召見調職人員六員後，與辭修談話，彼以胡適

1　原文如此。

265

要我即作不連任聲明，余謂其以何資格言此，若無我黨與政府在臺行使職權，則不知彼將在何處流亡矣。主持軍事會談，指示編纂〔纂〕軍事基本書藉〔籍〕之方針，聽取改組各總部之計畫後，加以指正，應特別提高編譯工作之地位，為建軍之要務。午課後，重核大學之道講稿，至十八時方完，付印。晚觀影劇（摩西十戒[1]）上部，甚佳。散步，觀月，晚課。

上星期反省錄

一、俄共二十二周年十月革命紀念會中，無論在莫斯科與北平所開慶祝大會中，皆無毛、劉[2]二酋參加露面，此乃最足研究之問題。最粗淺之感覺，至少是毛酋不願參加該會，有意離平則可能，但劉匪與毛同避，則殊難想象耳，應繼續注意其發展。

二、本周名為在大溪避壽休息，實則重修科學的學庸，盡其一周之力初修始成，惟此為民族基本哲學數年來之積案，乃得於本年生日前後償此宿願，亦為報答先慈養育之恩德紀念，以加強我民族文化之光輝也。

本星期預定工作課目

1. 小潛艇之訂購計畫。

1　《十誡》（*The Ten Commandments*）是 1956 年派拉蒙電影公司製作的一部史詩電影，取材自《舊約聖經》的〈出埃及記〉，講述猶太先知摩西領導以色列人出走埃及，並於接受上帝耶和華頒布的「十誡」的故事。該片導演是西席·地密爾（Cecil Blount DeMille, 1881-1959），飾演摩西的是卻爾登·希斯頓（Charlton Heston）。

2　毛、劉即毛澤東、劉少奇。

十一月八日　星期日　氣候：晴

雪恥：一、教育的目標是在造就其為現代的國民，能在建國救國事業中，盡到其國民一分子義務。二、程序：甲、研究方法：子、定靜。丑、思考。寅、推理。卯、判斷。辰、決定。乙、實用：子、明德。丑、修身。寅、明理。卯、處事。辰、立業（務本）。丙、功效：子、立己。丑、立人即修己治人，化民成俗，完成其救國建國的任務。三、今日教育總方針，乃在反攻復國致用。

朝課後記事，聽報。上午考慮上月以來之時局動態與反省工作後，禮拜。正午約日藉〔籍〕白鴻亮總教官等十七員聚餐，以紀念其來臺十年工作也。午課後記上月反省錄後，車遊。晚觀摩西十戒影劇完，藝術頗佳也，晚課。

十一月九日　星期一　氣候：晴

雪恥：一、本晨召集各大學校長，宣讀大學之道講詞，忽想及孔學會之提倡與組織辦法，乃定名為「孔孟學會[1]」，特增加孟子之「孟」字，自感得意者，又對各大學校長說共匪以馬克斯[2]與列寧[3]為其祖宗，完全是外來之物，使國人都能明識其是藉寇兵而資盜糧，今我國決以孔、孟為教育思想之正宗，更可使一般智識分子知其本末善惡，有所辯〔辨〕別也。

朝課後記事，十時主持三軍聯合大學紀念周，宣讀大學之道畢，與各大學校長談話。午課後批閱公文，審校三軍聯大與實踐學社下期學員候選人名冊，頗費心力。晚重審大學講義，晚課。

1　孔孟學會，成立於 1960 年，以闡揚孔孟學說，恢弘倫理道德為宗旨。
2　馬克思（Karl Marx, 1818-1883），普魯士人，馬克思主義的主要創始人，發表著名的《共產黨宣言》和《資本論》。
3　列寧（Vladimir Lenin, 1870-1924），俄羅斯政治家，領導十月革命推翻俄羅斯帝國，蘇聯創始人。

十一月十日　星期二　氣候：陰　夜雨

雪恥：一、遠程大飛機之交涉。

朝課後記事，聽報，上午入府見德記者金德曼[1]後，復見僑領十餘人畢，主持財經會談後，嚴[2]部長密告菲律濱交通銀行股款處理方法，准予如擬辦理。午課後審核實踐學社與聯合大學下期學員名冊，足有三小時之久完。晚讀勝利生活，晚課。

十一月十一日　星期三　氣候：陰雨

雪恥：一、熱情、篤愛、堅定、奮發、深思、精研、推理、判斷與決心，為精神教育之要目。二、對共匪軍人之弱點及其所恐懼之心理，應研究具體答案。三、政治科學與軍事決心之關係如何。

朝課後記事，考慮今日講話要旨。十時在研究院主持中央政策委員會第一次會議，至十三時半方完，少數反叛分子張志智[3]等三、五人頑固如舊也。午課後批示要公，晚與妻參觀商品展覽會，頗為難得。晚課。

十一月十二日　星期四　氣候：雨

雪恥：本日為總理九十四誕辰。回憶民國五年，總理已由日本回國，革命勢力低落時，吾等為總理在上海愚園祝五十歲壽之情形，迄今忽有四十五年，

1　金德曼（Gottfried Karl Kindermann），西德學人、遠東問題專家。時任慕尼黑路德維希馬克西米利安大學（LMU）講師。
2　嚴即嚴家淦。
3　張志智，號季真，山西崞縣人。1948 年 3 月在山西省第二選區遞補第一屆立法委員。曾任立法院法制委員會召集委員。

而革命猶未成功，愧為革命黨員，誠無顏立世。甚望在總理百歲誕辰時，即再過六年，本黨已能消滅全國共匪，完成統一，實現主義，得在北平慶祝總理百歲誕辰，乃無愧於革命信徒乎。

朝課後記事，聽報。十時入府主持總理誕辰紀念會後，見日、菲、韓三國籃球隊員五十人畢，與辭修談話，批閱公文，審閱密報二小時。午課後到研究院，主持評議委員會議晚會回，晚課。

十一月十三日　星期五　氣候：雨

雪恥：一、國民大會中提案之研究：甲、新制度。乙、新權力。丙、新政策。丁、新組織。即如何達成反攻復國之任務。二、反共復國軍之任命。三、戰區內實施軍法之治，授予全權，便宜行事。四、立法院在反攻時停止某種職權之辦法。五、約謝院長[1]來談。

朝課後記事，聽報。入府見西雅圖市長克靈登[2]夫婦等十八人，又見溫哥畫記者赫契生[3]夫婦後，主持情報會談。午課後批閱要公，核定訓練計畫後，分別召見袁守謙及黃仁霖，此二人一則固拙，一則招搖，甚使人失望為痛，加以嚴訓。晚車遊與晚課。

十一月十四日　星期六　氣候：晴

雪恥：一、後勤弱點如何改正，應組專案研究小組擬定具體方案與督導實施。二、後勤與兵工幹才之培植方案。

1　謝院長即司法院院長謝冠生。
2　克靈登（Gordon S. Clinton），美國共和黨人，1956 年至 1964 年任西雅圖市市長。
3　赫契生（Bruce Hutchison），加拿大溫哥華維多利亞每日時報總主筆。

朝課後記事，聽報。入府召見奚倫[1]等人畢，主持軍事會談，聽取匪、印邊境衝突，以及歷史、地理與所謂馬克馬洪線等來歷之報告頗詳。午課後審核國防研究院下期學員候選名冊，二小時未完。膳後散步、觀月回，晚課。

上星期反省錄

一、美國務院發表對臺灣與中華民國報告書，現時其對我政府有益之影響甚大：甲、此小冊可以抵銷其艾其生[2]國務卿時代，對我惡劣侮蔑之白皮書的作用，實為十年來中、美最大事件之澄清。乙、抵銷最近所謂康隆研究報告書[3]等左派之陰謀。丙、對目前國內反動派胡適等反蔣之心理，無異予以打擊，以彼等假想美國不贊成連任，為其反蔣之惟一基礎也，可恥。

二、大學之道宣布後，繼即發起孔孟學會組織之倡議，必將在歷史上成為繼往開來的重要關鍵時期。

三、中央政策會與評議會議如期召開完成。

1　奚倫，號東曙，安徽當塗人。抗戰期間任國民參政會第一、二、三、四屆參政員、國民政府財政部貿易委員會主任。1945 年任中國實業銀行總經理。1949 年後在上海公私營銀行擔任副董事長兼中國實業銀行總經理，1959 年 1 月 20 日由香港飛抵臺北，出任中央銀行專任顧問。

2　艾奇遜（Dean G. Acheson），又譯艾其生、艾其蓀，美國政治家，曾任國務次卿，1949 年 1 月至 1953 年 1 月任國務卿，後即自政界退休。

3　1959 年 10 月底，美國參議院外交委員會委託康隆學社所提出的報告書（The Conlon Report）。公開建議要求美國逐漸承認中共政權，成立獨立的臺灣共和國，以及使印度和日本成為聯合國安全理事會的常任理事國等等。

本星期預定工作課目

1. 約謝冠生來談。
2. 召見國防研究員。
3. 召見研究員候選人員。
4. 國代聯誼會講稿。
5. 政制組織權責等問題之研究。

十一月十五日　星期日　氣候：晴

雪恥：一、發大維特別費。二、各省主席人選。三、黃振〔鎮〕球、羅奇調研究員，又黃珍吾[1]。四、胡宗南任參軍長，又聯大教長與參大校長對調。朝課後散步遊覽，聽報。上午到聯合參謀大學點名，召見各副教育長以上與校長等聽取報告，回禮拜，記事，記上周反省錄。午課後審核國防研究員下期人選後，見美記者與參、眾議員各一人畢，車遊。晚獨自散步觀月歸，晚課。

十一月十六日　星期一　氣候：晴

雪恥：一、維護保養研究專組與高訓班。二、凡事總有困難與總可克服困難。三、凡戰事總有危險與總能克服危險的教育與口號。四、消滅本位主義、主觀主義與孤立主義。五、辦公下班，其主官必為最後下班者，並在下班前必

1　黃珍吾，字靜山，廣東文昌人。1949 年到臺灣，任東南地區憲兵指揮官，1950 年 2 月調任憲兵司令部司令。1954 年 9 月調任臺北衛戍司令部司令。1957 年 5 月 30 日因「五二四事件」遭免職。後調任總統府參軍。

須檢查其所轄區內之整潔與公文字條之散失的職責。六、普通各級學校修理費之預算。

朝課後記事，聽報。十時到聯合參大主持其第八期與空參大第廿期畢業典禮，召見美顧問，巡視聯合講堂後聚餐。午課後，調記研究院各省學員候選人二小時後，約懷達將軍茶會畢，車遊山上回，入浴。晚散步，晚課。

十一月十七日　星期二　氣候：陰雨

雪恥：一、令經復立夫與子安賀電。二、「明明德」第一之明為實現之解，第二「明德」為「主義」之解，明明德即實現主義也。三、所謂齊家者，不僅對男子之教曰宜兄宜弟，而后可以教國人，且對女子亦教曰之子于歸，宜其家人，而后可以教國人，故齊家並非乃對男女皆有責任[1]，而並非只對男子而言，此亦即古之男女平權之一例耳。

朝課後記事，續審研究員人選一小時完。入府召見學員候選人十名畢，主持宣傳會談二小時餘，對菲律濱排華案予以方針之指示，暫事拖延而和緩為要。午課後到陽明山研究院，召見學員十五名回，入浴，散步，晚課。

十一月十八日　星期三　氣候：雨　颱風

雪恥：一、國防研究院學員之任務應決定方針。二、窮理至本則知止，集義養氣則有定之止與定的解釋應補充。

朝課後記事，聽報。上午主持中央常會，對文化宣傳工作之檢討，過去散漫紛亂、無組織、無責任、無方針之情勢，聞之寒心，加以澈底改革，又學

1　原文如此。

校軍訓業務決移歸教育部主管。午課後續校大學之道講稿，未完。約見美參議員毛斯等三人[1] 畢，入浴。晚修稿，晚課。

十一月十九日　星期四　氣候：陰晴

雪恥：一、對美國議員和官吏接應談話之方式與宗旨，應擬定整套與分別談話之辦法與籌劃指導，甚為重要。二、對政客無賴文人之態度，應以置之不理不校為宜。

朝課後記事，聽報。上午入府見美眾議員三人，談三刻時，是皆天真可愛之青年也。召見候選學員十五名，頗有可取者為慰。經兒來告與美情報副局長[2] 談話結果，並未改變其政策也。午課後審修大學之道下篇講稿未完，晡見日本灘尾[3] 君一小時完。晚散步，審核臺北近郊軍用道路計畫後，晚課。

十一月二十日　星期五　氣候：晴

雪恥：一、胡適反對總統連任事，各處運用其關係，間接施用其威脅技倆，余皆置若罔聞。昨其來與岳軍相談，其意要求與余個人關門密談，並托岳軍轉達其告辭修等相同之意，乃余對岳軍曰，余此時之腦筋，惟有如何消滅共匪，收復大陸以解救同胞之外，再無其他問題留存於心，至於國代大會與選

1　摩斯（Wayne L. Morse），又譯茅廝、毛斯，美國民主黨人，1945年1月至1969年1月為參議員（奧勒岡州選出）。楊安（Stephen M. Young），美國民主黨人，1959年1月至1971年1月為參議員（俄亥俄州選出）。關隆（Ernest Gruening），美國民主黨人，1959年1月至1969年1月為參議員（阿拉斯加州選出）。
2　比塞爾（Richard M. Bissell Jr.），1959年1月1日至1962年2月17日任美國中央情報局規劃副局長，負責開發和運作洛克希德U-2間諜飛機。
3　灘尾弘吉，日本自由民主黨黨員。1952年10月當選眾議院議員，1956年出任文部大臣，前後擔任共六任。

舉總統等問題，皆不在我心中，亦無暇與人討論，否則我即不能計畫反攻復國要務矣。如胡再來問訊時，即以此意答之可也。此種無恥政客，自抬身價，莫名其妙，誠不知他人對之如何厭惡也，可憐實甚。

本日朝、午、晚各課如常。上午入府召見候選學員十人畢，批閱公文，與岳[1]談話。午課後在研究院召見學員十二人，晚散步，車遊。

十一月二十一日　星期六　氣候：晴

雪恥：一、東南亞各地華僑，尤其是印尼、菲律濱、越南僑胞，受當地新起的無知之政府壓迫、虐待，誠有朝不保夕之勢，而大陸同胞更受共匪奴役迫害，更不堪想象，我政府對此情勢有心無力，不能加以保護與解放，尤為痛苦。此時惟有當地華僑澈底覺悟其處身艱危，皆有共匪出賣民族、顛覆政府所造成，只有竭力擁護政府，反攻復國，拯救大陸同胞，而後方能恢復國家主權，以解決僑胞苦難，以收復其所有權利，目前惟有忍耐與拖延而已。

朝、午、晚課如常。入府召見人員，主持軍事會談，核定海軍五年建設計畫與史政計畫。午課後續訂大學之道下篇完，甚費心力也。車遊山上，晚散步。

上星期反省錄

一、菲律濱政府為志願遣送華僑以願往香港，而港府不准，無法離菲者之關係，我政府亦拒絕接受，乃菲藉口禁止華僑入境，並將原居菲國而依法可以回菲之正當僑商亦一律禁拒回菲，其議會並以絕交相恫嚇。此種幼稚無理之新成小國，只可忍耐從事，乃定不予計校，以待其自動覺悟時，

1　岳即張羣，字岳軍。

再行交涉解決之方針。而印[1]政府取締僑商，不許在鄉間營業，並限期集中都市，乃發生流血之事件多起，亦不許共匪偽使令人員前往鄉間旅行，煽動華僑，蓋其此舉完全為防止共匪在鄉間滲透，利用華僑聯合尼共，希圖顛覆之故，而我無辜僑商乃竟受其累如此之慘烈也，悲乎。

本星期預定工作課目

1. 國防研究學員候選人之選定。
2. 中庸要旨講義之修正。
3. 俞大維特別費。
4. 聯大與參大校長之決定：皮[2]與吳文芝。
5. 電力加價案。
6. 黃文叔之子正銘工作。
7. 彭[3]談吳文芝事。
8. 謝冠生來談。

十一月二十二日　星期日　氣候：晴

雪恥：一、誠的工作如大學所說，必慎其獨也，即毋自欺也。所謂小人閒居為不善，無所不至，見君子而后厭然（消沮閉藏之貌），揜其不善，而著其善，人之視己，如見其肺肝然，則何益矣。此誠於中，形於外，故君子必慎其獨也。

1　即印尼之意。
2　皮即皮宗敢。
3　彭即彭孟緝。

朝課後審修中庸之道，上午散步遊覽庭園，召見黃達雲[1]談大陸來談〔臺〕人民登記事，不可實施為宜。禮拜如常，武、勇二孫來玩，記事。午課後，約美太平洋空軍司令奧唐納茶點後，帶兩孫車遊山上。晚觀大陸人民公社等電影，乃西德記者為共匪宣傳者，不可觀也。膳後再觀臺灣現狀即巍巍寶島[2]，比前進步矣。晚課。

十一月二十三日　星期一　氣候：晴

雪恥：一、誠意為中庸之主旨。二、中庸緒言乃朱子引程子[3]之言，而非朱子之言，其與朱子序文應分別說明。三、誠的工夫有二方面，一為內心修養，即大學所謂毋自欺也與必慎其獨也，二為外表的行動，即中庸第卅三章，所謂澹簡溫微，即自闇然而日章中做起。四、闇然日章者，由隱而見，由微而顯，故莫見乎隱，莫顯乎微，不僅為惡者之警戒，而亦為善者之勉勵，其意只要其能求諸己，存於內，則其誠於中者必形於外，不患人之不己知也。朝課後續修中庸之道講稿三小時，至十時半方完。此乃本月份之主要工作告一段落，頗足自慰，但目疾加深矣。

1　黃杰，字達雲，湖南長沙人。1958 年 8 月，調任臺灣警備總司令部總司令。1962 年 12 月，調任臺灣省政府主席，至 1969 年 7 月離職。
2　指英國百代新聞社本年在臺拍攝之 *Formosa: 10 Years Free* 一片。
3　程頤（1033-1107），字正叔，北宋河南伊川人，世稱伊川先生，北宋理學家。與其胞兄程顥共創「洛學」，人稱「二程」，為理學奠定基礎。程顥主張「明心見性」，重視「氣」，為學「力行」，影響陸九淵。程頤主張「格物致知」，重視「理」，為學「窮理」，影響朱熹。

十一月二十四日　星期二　氣候：晴

雪恥：昨上午十一時到陽明山，召見研究員十四人。午課後記事，召見美藍達公司經理[1]，為我國在美宣傳工作之主持人也。晡約見約但、哥斯達黎加與教廷等使節[2]茶會後，與妻車遊山上一匝，入浴。晚傷風，晚課。

本（廿四）日朝課後聽報，入府聽取孟緝參觀此次在菲律濱與琉球的美國新武器演習之報告，與大維談對美交涉方針，召見六員，批閱公文。正午重讀朱子中庸序文，更覺其理精深，而往日所講中庸要旨之淺薄錯誤，不勝惶急之情，對前講稿急須修正矣。約盧福寧[3]來見，此生知識豐足，甚可培植也。

十一月二十五日　星期三　氣候：陰雨

雪恥：昨午課後續修講稿，記事，見美參議員史高脫[4]君，對我國甚為友好。晡與妻車遊山上一匝回，入浴。晚續修中庸要旨講稿一小時餘後晚課，十時半就[5]，即失眠至一時方睡去。

本（廿五）日朝課後，續修中庸講稿後聽報，主持中央常會，聽取省政府為大陸來臺人民登記案，誠幼稚糊塗，可痛可憐，第二組對匪、俄關係分析甚有價值。午課後記事，召見研究員十四名完，甚有可用之人。晚約美海軍霍達伍德[6]夫婦便餐後，晚課。

1　藍達，又譯萊德，美國新聞公司董事長。

2　約旦駐華大使卡里第（Thabet Khalidi）、哥斯達黎加駐華大使范爾格（Fernán Vargas Rohrmoser）、教廷駐華公使高理耀（Giuseppe Caprio）。

3　盧福寧，浙江杭州人。1956 年 10 月任駐美武官處武官。1962 年 3 月任駐聯合國軍事代表團副團長。

4　史高脫（Hugh Doggett Scott Jr.），美國共和黨人，1959 年 1 月至 1977 年 1 月為參議員（賓夕法尼亞州選出）。

5　原文如此。

6　霍伍德（Herbert G. Hopwood），又譯霍武德、霍達伍德，美國海軍將領，1958 年 2 月至 1960 年 8 月任太平洋艦隊總司令。

十一月二十六日　星期四　氣後：陰

雪恥：一、耕者有其田制度建立之歷史。二、直接稅青年訓練班。三、預備軍官與軍官團制之建立。四、大陸起爆運動之專門研究組。五、陳大慶[1]、艾靉、周力行[2]入研究院（羅揚鞭[3]）。六、政治作戰參謀部、中央黨部或國防部。七、許金德[4]新竹（工礦公司）召見。八、學以致用與應用於各種業務。

朝課後審核大陸起爆運動之綱要對美說明稿，未完。上午入府召見十餘人，批閱，聽取陳空軍司令[5]之報告，與岳軍談胡適事。午課後續審前稿後，與謝院長[6]談憲法與大選問題。晚車遊，晚課。

十一月二十七日　星期五　氣候：陰晴

雪恥：一、蔣渭川[7]履歷。二、對天的養畏法事四箴與中庸講義。三、研究員成績仍須定序列。四、辜振甫[8]履歷。

朝課後，審修大陸起爆運動草案二小時完，交經國重審，上午入府召見候選

1　陳大慶，字養浩，江西崇義人。1954 年 10 月出任國家安全局副局長。1960 年 1 月，升任國家安全局局長。
2　周力行，湖北沔陽人。歷任要塞司令、港口司令、副軍長、警備副司令，1958 年 3 月調任陸軍總部陸軍作戰計劃委員會委員。
3　羅揚鞭，字奇峰，湖南邵陽人。1957 年 4 月任陸軍預備部隊訓練司令部參謀長、1961 年 6 月調任第九軍軍長。
4　許金德，臺灣新竹人。1951 年當選第一屆臺灣省臨時省議會議員。之後連任第二、三屆臨時省議會議員，第一屆至第四屆省議會議員。1955 年任民營化後的臺灣工礦董事長，1959 年將臺灣工礦南港橡膠廠獨立為南港輪胎公司，任董事長；並投資《自立晚報》。
5　陳即陳嘉尚。
6　謝即謝冠生。
7　蔣渭川，臺灣宜蘭人。日治時期從商，戰後從政，1948 年當選臺灣省議會參議員，1949 年底擔任臺灣省政府委員兼民政廳廳長四十天。1950 年 2 月出任內政部次長，1960 年轉任行政院顧問。其兄蔣渭水為日治臺灣時期社會運動著名領袖。
8　辜振甫，字公亮，彰化鹿港人，生於臺北市，來自鹿港辜家，為富商辜顯榮五子。1957 年 4 月，任工商協進會常任理事。1959 年 3 月任臺灣水泥公司總經理。

人員十五名後,批閱。正午訪禮卿[1]病,午謂〔課〕後記事,核定研究院候選名單後,與夢麟談日本近情約一小時畢,入浴。膳後散步,重閱政治的道理後,晚課。

十一月二十八日　星期六　氣候:陰晴

雪恥:一、不患貧而患不均,不患寡而患不安,是經濟學基本原理,應加特別注意。二、各級負責簽字核定之要領,在使其對經費有決定權,故預算亦須分級授權之指定。三、減少公文之設計,應特設專組研究與實驗。四、管理學院之專設。

朝課後記事,聽報。入府召見十人後,主持軍事會談,聽取空軍防務設施與雷達新設備之報告,防空網已與美太平洋區初步聯繫之完成,此為五年來所設計之重大進步也。正午接見菲新聞部長[2],攜其總統[3]函件來訪,表示其在中、菲僑案緊張中和好無間之心情也,余亦好言慰之,表示友義。

1　吳忠信(1884-1959),字禮卿,安徽合肥人。歷任貴州省政府主席、蒙藏委員會委員長、新疆省政府主席。1947 年在原籍當選第一屆國民大會代表。1948 年 8 月,轉任總統府資政,1948 年 12 月至 1949 年 1 月任總統府秘書長。1950 年 3 月任中國國民黨中央評議委員。1953 年任中央銀行常務理事。本年 12 月病故。

2　納布爾(Jose Nable),又譯那必利,菲律賓新聞部部長。

3　賈西亞(Carlos Político García),菲律賓第八任總統(1957 年 3 月 18 日至 1961 年 12 月 30 日)。

上星期反省錄

一、俄黑[1]覆毛、劉[2]等十一月七日所謂十月革命節賀電滯至廿七日始發出公布，此黑、毛矛盾之又一證明也。

二、共匪最近又要求美軍撤離臺灣，及其進犯臺灣等反美宣傳的用意何在，應加注意。

三、省政府無端發動其對大陸來臺者調查之命令，引起反動分子之藉端毀謗誣蔑，挑撥內地來臺者之反感，殊為可歎，由此更可測驗我高級幹部之無常識、無計畫之一般矣。

四、胡適無恥要求與我二人密談選舉總統問題，殊為可笑，此人最不自知，故亦最不自量，必欲以其不知政治而又反對革命之學者身分，滿心想來操縱革命政治，危險極矣。彼之所以必欲我不再任總統之用意完全在此，更非真有愛於辭修也。因之余乃不能不下決心，而更不忍固辭也，以若輩用心不正，國事如果操縱在其手中，則必斷送國脈矣。

十一月二十九日　星期日　氣候：晴

雪恥：昨午膳後即與妻起飛到臺中下機，機上午課後，經草屯、埔里至日月潭，正六時矣。途中公路因受水災損壞，多未修復，故崎嶇難行，橋梁損壞更多，恐非一年以後不易恢復原狀也。膳後巡察旅館餐室，侍衛人員與傭人在公共餐室內無禮失態，見之又起憂憤，侍從之無組織與訓練，其無紀律如此，可痛。聽鐘，晚課，九時寢。

本（廿九）日朝課後散步，朝輝初升，湖光如鏡，養心悅目，正適其時。先朝餐聽報畢，巡遊館內，整潔修理皆照我所指示已完成為快。上午記事，重

1　俄黑即赫魯雪夫（Nikita Khrushchev）。
2　毛、劉即毛澤東、劉少奇。

修政治的道理二小時未完，午課後續修。晡與妻乘舟泛湖三刻時回，入浴。膳後散步，聽鐘，晚課，九時半寢。

十一月三十日　星期一　氣候：晴

雪恥：一、近日常感學問之道無窮，而往日自認為其已有心得之學問，迄今重述乃覺膚淺可恥，無異夜郎自大與坐井觀天也，而於科學的學庸講稿為尤甚，其他軍事有關之學術亦莫不如此，又認為民國四十一年以前所講之學術，皆自欺欺人之談，最好予以燒毀，以免貽笑後世。幸而大陸失敗之後播遷來臺，尚有此一機會能加我重新研究之時日，自信六十五歲（即四十年）以後所學習研究者，皆為根基之學，尤以軍事學為然，如將來略有成就，乃皆由三十八年大失敗之所賜歟。

上月反省錄

一、俄共七日所謂十月革命紀念在北平慶祝會，毛、劉[1]皆避不出席，此與往歷十年來完全相反，而俄對毛、劉等賀電，在俄亦遲至廿七日始公布其覆電，最足注意。

二、美艾[2]與俄黑[3]交換函件，黑猶支持共匪對臺灣權利之要求，本月初旬美始證實有其事，因之美政府自愛克至高級主將，皆痛斥共匪兼涉俄共為不願停止使用其武力也。

三、共匪亦至下旬對美與我發動其美軍撤臺與進犯臺灣之宣傳，於此乃可知三個月來美、匪由俄仲介和平之奢望無法實現矣。

四、美參議院發表其康隆研究所承認共匪之報告後，中、美輿論皆為震驚，此即美左派艾其生等反華親共之陰謀暴露其一部分而已，今後必將繼續發展，非至其美國自取滅亡則不甘其心也。

五、國際裁軍與管制問題，美參、眾兩院民主黨要人，皆發表其非由共匪參加不可之議論，其「哈太」國務卿之言，亦有此為不可避免之意，惟此應特加注重，但裁軍管制協議決無實施之日，故不過慮此事。

六、美國務院公共局發表其對中華民國進步實況小冊之報告，與狄倫回美後對我之贊揚甚力，此乃美國現階段政策，在愛克期中不致為康隆與安其生等左派分子所動搖，可以無疑耳。

七、菲律濱忽禁止華僑入境令，與印尼強迫華僑集中都市，並禁止另〔零〕售業，此皆由共匪作惡所造成，惟有忍之。

八、本月分工作可記者：甲、三軍聯參大學第八期生畢業。乙、大學之道從新宣布，並發起孔孟學會。丙、續修科學的學庸未完。丁、聯大與實社

1　毛、劉即毛澤東、劉少奇。
2　美艾即艾森豪（Dwight D. Eisenhower）。
3　俄黑即赫魯雪夫（Nikita Khrushchev）。

下期學員人選審核完成。戊、中央政策委會第一次召開完成。己、評議
委會亦召開完成。

九、胡適無恥言行暗中反對連任，與張君勱[1]亡國言論，皆狂妄背謬已極，惟
有置之不理而已。

1 張君勱，名嘉森，字君勱，以字行，江蘇寶山人。中國民主社會黨主席。1952年自印
度到美國後曾參與香港成立之「中國自由民主戰鬥同盟」活動，後退盟以文章自養。

蔣中正日記
Chiang Kai-shek Diaries

十二月

蔣中正日記
Chiang Kai-shek Diaries

民國四十八年十二月

十二月一日　星期二　氣候：晴

雪恥：昨（卅）日朝、午、晚三課如常，上午遊覽全館一匝後，續修政治的道理二小時餘完。下午記事，重審中庸要旨開始，晡與妻遊湖半小時回，膳後散步，聽鐘。

本（一）日為我夫妻卅二年結婚紀念。朝課後在院臺上用膳，聽報，遊覽散步如昨。上午重修中庸要旨三小時餘未完，妻友沈[1]、關[2]、尹[3]、蔡[4]、杜[5]諸太太來參加紀念，故不覺寂寞為快。午課後續修前稿，約二小時未完，入浴後續修。晚膳後，與妻同其女友散步、聽鐘，在街上購些柺杖贈友而回，晚課。今晨妻默禱翻經，上帝指示其撒母爾下十九章十四節，預示吾人以全國同心得回大陸之兆，中心感謝無已。

1　葉德馨，沈慈輝太太。沈慈輝，1926 年在上海創辦永固造漆公司，生產長城牌油漆。
2　張靜霞，關頌聲太太。關頌聲，建築工程師、企業家、基泰工程司創辦者，在 1950 年代臺灣推動田徑運動，被譽為「臺灣田徑之父」。其元配李鳳麟為宋美齡在維斯理學院同學，1947 年 4 月 28 日病逝上海。
3　程湛英，尹仲容太太。
4　蔡炳禮太太。蔡炳禮，財團法人基督教福音聖工基金會董事長。
5　杜姚谷香，藝名姚玉蘭，平劇名伶，1928 年嫁給杜月笙，成為四太太。1949 年 4 月 27 日，隨杜月笙赴香港。1951 年 8 月 16 日杜月笙病逝後，遷居臺灣，受到宋美齡、孔令偉照顧。

十二月二日　星期三　氣候：晴

雪恥：近曾回憶，當時對胡展堂[1]與居覺生[2]二位老同志，予以監視之處分，對個人言，似乎不近情理或有過分者，當然亦有匪諜與小肖從中為之挑撥煽動之故。但覺生在中國革命黨時代[3]，對總理背逆，甚至為總理婚姻事，糾合黨員設計控訴總理，又其反對總理派英士[4]為總務，而不派其任此職，竟表示其欲脫黨之醜態，至展堂在公共場中屢對總理咆哮忤慢，令我為後輩者時抱不平，此乃真實之因由，並非徒為小肖一時播弄所致也。因之幹部對黨魁之不敬，黨魁雖能寬容，而其一般忠實後進視之，他日必將以其對黨魁者報之，能不警惕乎。

十二月三日　星期四　氣候：晴

雪恥：昨（二）日朝課後續修中庸要旨，至正午一時後告成，甚費心神也。午課後記事畢，與妻約其女友泛舟遊湖半小時餘回，入浴。續審修「政治道理」第三次稿開始，甚覺不妥，更不安於心，乃重加修改，以此為余平生重要著作之一也。膳後散步，晚課，九時就寢。

本（三）日朝課後，續修政治的道理，上午聽報後散步，試聽單邊波 CCB-1 之無線電話，了解其性能矣。午課前、後皆續修前稿，至夜方完。晡與妻遊湖至進水口，不見噴水，因來水不大也。晚課，九時半寢。

1　胡漢民（1879-1936），名衍鴻，字展堂，號不匱室主，廣東番禺人。中國國民黨元老和早期主要領導人之一，國民政府立法院院長。
2　居正（1876-1951），字覺生，號梅川，曾任司法院院長。1948 年參加第一屆中華民國總統選舉。1949 年避居臺灣，旋即被任為中國國民黨中央評議委員。1950 年創辦淡江大學的前身淡江英語專科學校。
3　意指民初中華革命黨時期。
4　陳其美（1878-1916），字英士，浙江吳興人。早年加入同盟會，在日本結識蔣中正，並與重任。於辛亥革命初期與黃興同為孫中山的左右股肱，1916 年遭暗殺身亡。

十二月四日　星期五　氣候：晴

雪恥：一、研究劉少奇任偽主席後，為何仍與毛酋[1]一致行動，而不受俄共之命，聯周[2]反毛，此其為周於今年初朝俄，接受俄共所謂五十億盧鉑之借款，由周與俄私自決定，並未預告毛、劉，亦未為在發表劉為主席以前獲得其本人劉匪之同意，此乃為周出賣毛、劉之行徑，所以劉不能忍受，而且明知此主席乃為空名傀儡，故不願為周所賣弄，且亦表示反俄，而劉、毛表示其忠誠乎。

朝課後，上午續政治的道理稿完。午課後記事，審閱大學之道下篇，仍有改正。晡遊湖回，續審前稿。膳後散步，晚課。

十二月五日　星期六　氣候：晴

雪恥：一、八日是先慈誕辰，即舊曆十一月初九日也。

朝課後續修大學之道下篇，補充窮理「知言」改為窮理「至本」則知止的理由，頗覺自得。九時乘車經南投至省府，約見美國記者二十餘名，問答一小時餘，尚感欣快，照相後即乘車回日月潭，已十四時矣。途中午課，下午記事、入浴，續修下篇，至夜方完。介民同志應召來談，共匪此次所謂特赦杜聿明[3]、宋希濂[4]等補〔捕〕俘將領之作用，與我方之對策後，與妻等散步，遊湖回，晚課後十時半寢。

1　毛即毛澤東。
2　周即周恩來。
3　杜聿明，字光亭，陝西米脂人。1948 年 9 月，轉任東北剿總副總司令兼冀熱遼邊區司令官，11 月指揮東北國軍從葫蘆島撤退。再回任徐州剿總副總司令兼前進指揮部主任，1949 年 1 月被俘。1959 年 12 月 4 日獲特赦。
4　宋希濂，字蔭國，湖南湘鄉人。1946 年起任西北行轅參謀長，新疆警備總司令，華中剿總副總司令兼第十四兵團司令官。1949 年 3 月任湘鄂川黔邊綏靖公署司令官、川湘鄂綏靖公署主任。12 月 19 日在四川峨邊縣沙坪被俘。1954 年轉移到北京功德林戰犯管理所，1959 年 12 月 4 日獲特赦。

上星期反省錄

一、結婚紀念日夫人特為孝文、孝章默禱，最令人感慰之一事。

二、共匪四日發表其所謂特赦戰犯令，有杜聿明、曾擴情[1]、宋希濂、陳長
　　捷[2]（天津警備司令）、盧濬泉[3]（前六兵團司令）、鄭庭笈[4]49C 長、邱行
　　湘[5]206D 長、楊百〔伯〕濤[6]18C 長、周振強[7]等三十三人，而溥儀[8]亦
　　在其內，此為其對我被俘將領特加污辱之所為也。此外尚有王耀武[9]在內，
　　此為惟一可鄙之敗類也。

三、本周在湖上專心修正科學的學庸四篇（政治的道理在內），一面慚惶自
　　覺所學淺薄，一面研究求其至極無誤，或為學術進步之一重要階段乎。

四、星六接見美見〔記〕者二十餘人，問答一小時餘，尚稱允洽，不知果能
　　有效否。

1　曾擴情，原名朝笏，又名慕沂，四川威遠人。1947 年 6 月任中國國民黨川康渝黨務特派
　　員，9 月升任重慶行轅秘書長。1948 年 6 月任四川省黨部主任委員兼中央軍校四川非
　　常委員會委員。1949 年 12 月，向中共自首，1959 年 12 月 4 日獲特赦。

2　陳長捷，字介山，福建閩侯人。1948 年 6 月調任天津警備總司令部總司令，11 月兼任
　　天津城防司令部司令。1949 年 1 月兵敗被俘，1959 年 12 月 4 日特赦釋放。

3　盧濬泉，字子惠，雲南昭通人。盧漢之叔，曾任第九十三軍軍長。1948 年任第六兵團
　　司令兼錦州警備司令，10 月中錦州戰役期間被俘。1959 年 12 月 4 日獲特赦。

4　鄭庭笈，字竹齋，號重生，廣東文昌人。1947 年春任新編第六軍第一六九師師長，同
　　年秋任第四十九軍軍長，1948 年 10 月 28 日在遼寧黑山被俘。1959 年 12 月 4 日獲特赦。

5　邱行湘，字遠峰，江蘇溧陽人。1948 年任第二〇六師師長兼洛陽警備司令，3 月 13 日
　　在洛陽戰役被俘。1959 年 12 月 4 日獲特赦。

6　楊伯濤，名序章，號盪波，湖南芷江人。曾任第十八軍第十一師師長。1948 年 7 月任
　　整編第十一師師長，10 月任第十八軍軍長，參與徐蚌會戰，12 月 15 日在雙堆集被俘。
　　1959 年 12 月 4 日獲特赦。

7　周振強，浙江諸暨人。1949 年 5 月任浙西師管區司令兼金華城防指揮時被俘，1959 年
　　12 月 4 日獲特赦。

8　溥儀，愛新覺羅氏，字曜之，號浩然，1908 年 12 月 2 日登基，是為清宣統皇帝，1912
　　年 2 月 12 日退位。1917 年 7 月 1 日至 12 日，短暫復辟。1932 年 3 月 9 日，出任滿洲
　　國攝政，年號「大同」。1934 年，成為皇帝，年號「康德」，1945 年 8 月 18 日日本戰
　　敗、被蘇聯俘虜。1950 年 8 月 1 日，由蘇聯移交中共，接受十年勞動改造和思想教育。
　　1959 年 12 月 4 日獲特赦。

9　王耀武，字佐民，山東泰安人。1948 年時任第二綏靖區司令官兼山東省主席，9 月兵
　　敗被俘。1959 年 12 月 4 日被特赦釋放。

十二月六日　星期日　氣候：晴

雪恥：本日與介民研究共匪內部毛、周[1]衝突原由，以及如何使之公開決裂之策略。介民認為目前周受俄黑[2]之支持，已居於優勢，而其惟一顧慮者為對我問題所牽制，故我方宣傳與策反計畫，此時應避免其注重為第一要務，並將其自黃埔以來，國共合作之統戰工作方針，最先為俄反英，其後為反日抗戰，今日周之惟一目的為求我共同反美也，余然其說不誤。

朝課後續修大學之道下篇。上午與介民談話、聚餐，午課後記事，審修中庸要旨第四次稿未完，晡與介民遊湖。晚復與妻泛舟、觀月，散步回，晚課，十時前寢。

十二月七日　星期一　氣候：晴

雪恥：一、英麥米倫首相有約請共匪參加東西最高層會議之消息，閱此報導時，我不以為奇，此乃英人外交只重強求，而絕無道德之慣例，但余相信其不至有如此愚昧之舉，故泰然處之。

朝課後寫經兒諭示畢，記事，聽報，上午續修中庸要旨完。午課後審核大學之道下篇，並望於明日能將科學的學庸四篇修編完成也，晚與妻散步即回。晚課畢，續審閱中庸要旨第五次未完，十時後就寢。

1　毛、周即毛澤東、周恩來。
2　俄黑即赫魯雪夫（Nikita Khrushchev）。

十二月八日　星期二　氣候：晴

雪恥：本日為先慈九十六歲誕辰，六時起床朝課，為父母親在天之靈，安慰默禱畢，即着手審修中庸要旨五次稿，甚望本日能完全定稿，以貢獻於先慈誕辰，以慰父母親在天之靈，而略減已往不肖之罪孽耳，直至十一時半方審核完成為慰。付稿後，即與妻再度跪禱畢，即與妻等乘車往霧社，巡視萬大水壩工程，越時八年，耗資臺幣三億五千萬元，今竟完全告成矣，惟見此等成就，略感快慰，亦以此為告慰先慈誕辰之紀念耳。膳後先視察電廠，再及水壩工程，果已告成矣。回途經霧社、埔里間，車中午課如常，回潭樓已十七時矣。

十二月九日　星期三　氣候：晴

雪恥：昨晡入浴後，重審修中庸要旨，增補中庸與中立意義之闡明等節，膳後獨自散步回。晚課畢，又補稿至十時二十分方就寢，蓋窮今日之力，以完成此稿耳。

朝課後記事，上午審核大學之道上篇開始。午課後續審前稿，仍多修正之處，至夜方脫稿。晡與妻遊湖，雲霞絢爛頓呈壯觀，殊不易見之景色。膳後散步，又獨自泛舟，觀月、聽鐘，頗感自得，回後續審前稿完成，一樂也。晚課。

十二月十日　星期四　氣候：晴

雪恥：介民來潭談話可記者：甲、北代〔伐〕第一時期，由廣東出發四個軍，其第二、第三、第四各軍，皆有受共黨影響，或多多少少皆有叛變者，惟第一軍毫不受其影響之故，問周匪恩來彼在黃埔集中一切力量，進行政工

與組織宣傳工作，毫無效果，豈不完全失敗？周答當時在校對第一期進行組織，其人選在精而不在多的方針之下，只選擇四個最優秀學生加入共黨，後來此四人在清黨與東征時或陣亡或被處死，而校長又以大多數非共學生來控制共黨，這是校長利用群眾路線方法來打擊共黨之功效所致，並非是其共黨組織不力也。這段談話引起余回憶當時黃埔情形，殊有意義，故特記之。

十二月十一日　星期五　氣候：晴　溫度：八十四

雪恥：昨晨六時起床，聽鐘觀湖，甚感自得。朝課後閱覽陽明傳習錄格致要旨與究竟話頭等條，與前感想已有不同矣。上午審核大學之道上篇完，記事。午課後審核大學之道下篇完，尚有修正之點，甚感此次審核「科學的學庸」四篇講稿，自十月杪生日前開始至今日，即先慈誕辰後二日止，約四十餘日之時間完成此冊，可以無所愧疚乎？晡與妻等遊湖，晚觀月覽湖，頗感幽閒自得也。晚課。

本（十一）日六時起床，室外散步，唱詩讀經。朝課方畢，忽接經兒電話，稱介民不幸已於今晨二時逝世云。得此噩耗令余受到重大打擊，不僅悲哀而已，乃停止朝餐，此實我黨之重大損失也。

十二月十二日　星期六　氣候：晴

雪恥：昨上午在介民惡耗悲哀中，仍強勉批閱公文，清理積案。午課後又增補中庸要旨中，闡述心物合一的道理一段，認為重要，乃可補足該篇之缺憾，而作最後之定稿了。晡批示聯大及實踐學社畢業學員派職名冊未完，與妻等泛舟遊湖一小時回，浴後湖上獨坐觀月，甚念介民之不可復得也。膳後散步，聽鐘，觀月。晚課，十時前就寢。

民國四十八年 / 西元 1959 年 / 十二月

本（十二）日為我西安蒙難第廿三年紀念日，回憶當時危險痛苦情形，惟有感謝上帝賜我再生宏恩而已。朝課後記事，上午批閱人事公文。午課後審察上月日記後，與妻遊湖，至唐僧廟[1]視察回，入浴。膳後與妻散步，聽鐘，晚課，九時寢。

上星期反省錄

一、自本周起，每晚膳後飲櫻桃白蘭地一小杯，甚覺有補於睡眠甚熟，且減少夜間小便次數，其熟睡時間總有七小時也。

二、介民來潭敘談，甚感得益非尠，並覺往日與他討論共黨問題太少為憾，不料其回臺北後即逝世，此為本黨革命力量無可補償之損失，不勝悲痛，乃為公而非為私也。

三、科學的學庸四篇修補一月有餘，本周作最後定稿合訂付印，作為貢獻於先慈九十六誕辰，頗感自慰，以此為對民族精神與我國道統之繼承，乃最重大之責任，一旦告成，能不以慰先慈者自慰乎。

四、美總統訪印「泥黑路[2]」之言行，惟恐俄共懷疑其不中立之醜態，事先謝絕美國對其作軍事保證與調解，其實愛克並未作此嘗試耳，其結果必以余往日訪印時對泥黑路之感想無異乎，印度民族性之冷酷淡漠果如斯乎。

---

1 即暫厝玄奘舍利之日月潭玄光寺。玄奘（602-664），俗姓陳，名褘，唐洛州緱氏縣人，師承印度那爛陀寺戒賢大師，為中國佛教法相唯識宗奠基人，被譽為中國四大翻譯家、漢傳佛教最偉大的譯經師之一。由其所口述、弟子辯機撰文的《大唐西域記》為研究古代印度歷史的重要文獻。
2 泥黑路即尼赫魯（Jawaharlal Nehru）。

十二月十三日　星期日　氣候：晴

雪恥：一、介民同志在日月潭談話要點：甲、對共黨必須鼓勵共產被清算出來分子另組共黨，以促其分裂，號召其內部右派來歸，即以組織對組織來打擊共匪。乙、離間俄、毛關係，應借英港情報，設法與毛派在港者相晤，不斷接觸應酬，以啟導俄共在港諜報人員對毛已走英、美路線之疑懼。丙、對毛、周之爭，必須先聯毛系以打擊周匪，先使之兩敗俱傷，而後皆予以澈底毀滅。

朝課後記事，記上月反省錄。九時半由涵碧樓出發，經中興新村、省府、大學，以星期日寂無一人可歎。到公館機場巡視一匝，遠東第一標準機場告成，殊覺自慰，在場半小時後上機，十三時半回蔣林。

十二月十四日　星期一　氣候：晴　溫度：八十二

雪恥：昨午課後經兒來談，美方對我西南爆發計畫原則同意，未知其是否誠意耶。聞禮卿亦病危為念。審閱中庸要旨印成本後，約見美眾議員井上[1]夫婦。膳後散步，晚課，九時半就寢。

本（十四）日朝課後記事，九時往弔介民之喪，謁見其最後容顏，不勝悲痛，又感其腦殼並普通人為大，是其大智之關係乎。上午主持紀念周，宣讀中庸要旨完，會客。午課後批閱公文後，與妻車遊山上一匝。晚散步，晚課如常，九時半寢。

1　井上健（Daniel Ken Inouye），日裔美國人，民主黨人，1959 年 8 月獲選美國聯邦眾議員（夏威夷州選出）。

十二月十五日　星期二　氣候：陰　溫度：七十四

雪恥：一、介民在日月潭談話要點：（丁）他認為毛、周[1]之爭果能實現，則其不致因我反攻而重新團結合作，以共黨性質，第一是鬥爭與疑忌，決不會中途妥協，再留對方重起餘地，以致其自取滅亡也。（戊）俄共扶持共匪工業化，使共匪能對太平洋美國集團單獨作戰之宣傳，應加強調，余謂此對美宣傳則可，但必須說明共匪工業化實現時，其主要關鍵部門仍必由俄撐〔掌〕握統制，決不讓共匪完全獨立耳。

朝課後記事，入府召見楊繼曾、陳大慶等後，主持一般會談，商討國大代表會政策與籌備事項。午課後以目病，乃與妻車遊山上養目也。晡約見皮爾生[2]，相談尚稱和洽。膳後散步，晚課。

十二月十六日　星期三　氣候：陰

雪恥：一、續介民談話要點：（己）毛、周衝突公開化時，我方應先承認毛匪為中共正統，如其要求合作，我方即允之，並以共同倒周反俄為基本條件。（庚）不可要求毛匪以投降方式出之。（辛）共匪現階段要求與我合作之用意，其毛、周各有懷抱，並不一致，周則要求之目的全在聯合反美，以達到其為俄驅出美於亞洲之目的，而毛則在統一戰線，以擴張毛在共黨之聲勢，而希望我共同倒周為目的也。

朝課後記事，往祭介民，以其今日遣〔移〕靈也。上午主持常會，正午約司馬德聚餐談話至二小時半，以其將回美述職也。午課後以天色昏沉，不便看書，乃入浴養目，聽讀狄恩對中國空軍攻勢運用講稿未完，膳後散步。晚課，九時半寢。禮卿本午逝世。

1　毛、周即毛澤東、周恩來。
2　皮爾生（Andrew R. Pearson），又譯皮也生、皮耶遜，美國新聞記者，1941 年起在《華盛頓郵報》開闢專欄「華府隨筆」。

十二月十七日　星期四　氣候：陰晴微雨

雪恥：一、克來因對我雙十計畫（即爆發），其口頭雖同意我原則，但其東南亞出發機地在其友邦主權之下，臨時將藉口推托與阻延乎，此為惟一之顧慮，其他運輸工具長程飛機之數量，是否足夠應用亦成問題。今後交涉應限定於明年五月前，必須一切準備完成為要。

朝課後記事，聽報。上午入府會客，與克來因談雙十計畫後，主持情報會談。午課後批核公文畢，約見崛〔堀〕內謙介夫妻。膳後聽讀狄恩中國空軍攻勢運用之研究講稿，其最後一段完全為戒告我不能攻擊大陸，甚至共匪進攻外島亦不可攻擊大陸，只可以空對空作戰方有把握也，可歎。晚課後十時前寢。

十二月十八日　星期五　氣候：晴

雪恥：一、芮正皋[1] 可任禮賓司長。二、共匪又對「泥黑路[2]」誘和談。

朝課後記事，聽報。入府與岳軍談有小數無恥政客張君勱等，要求政府約請其私人名義來臺商討外交政治問題，而不再要求召開救國或國是會議之方式出之，余認為切不可允其所求也，主持財經會談。午課後修正「以軍作家」訓詞未完，晡車遊。膳後散步，晚課。

體重一百二十六磅。

1　芮正皋，號器先，浙江吳興人。原任外交部專門委員兼禮賓司幫辦，1959 年 10 月派任駐教廷大使館參事，未到職。1960 年 2 月調任駐土耳其大使館參事。
2　泥黑路即尼赫魯（Jawaharlal Nehru）。

十二月十九日　星期六　氣候：晴

雪恥：一、近聞胡適受夢麟之勸，其對國大代會選舉與連任問題不再反對，並願擔任此次國代聯誼會年會主席，此乃其觀望美國政府之態度而轉變者，可恥之至。余昔認其為比張君勱等人格略高，其實彼此皆為政客，其只有個人而絕無國家與民族觀念，其對革命自必始終立於敵對與破壞之地位，無足奇哉。

五時半起床，明月當空，光明如畫為樂。朝課先靜默半小時後，再體操、讀經唱歌畢，手擬講稿要旨。九時到研究院，先讀大學之道下篇，再於十時舉行國防研究員第一期畢業典禮致詞畢，召見顧問，巡視新圖書館後聚餐、致訓。午課後續修以軍作家訓稿完，車遊，孝勇同餐。晚課。

上星期反省錄

一、兩周來，西德愛德諾訪法，法態傲慢，反對美軍駐歐甚為露骨，並對其統一與領土問題冷漠置之，此為俄共征服西歐，挑撥歐美之惟一機會。其二為美參謀會議首席丁寧[1]，上周在巴黎北大西洋公約國軍事首長會議時，很露骨的痛斥法國不遵守盟約，法軍不受盟約指揮系統之內，更使法國反美。而此次聯合國內，對阿爾及利亞問題不予討論之表決時，美又棄權不支持法國立場，此皆為西方對俄統一陣線破裂之表現，將為東、西方高層會議最大失敗之制〔致〕命傷也。戴高樂固執自私如此，世人對其去年以來之希望，行將完全變更矣。

1　丁寧（Nathan F. Twining），又譯戴寧，美國空軍將領，曾任空軍副參謀長、空軍參謀長，1957 年 8 月至 1960 年 9 月任參謀首長聯席會議主席。

二、美愛克訪印度結果，泥黑路[1]始終抱持首鼠兩端之畏共心理，對美軍援之保證絕不提及，而且露骨表示其不參加軍約，其對巴基斯坦之仇恨敵對亦如故無異，或可於此使美克對泥黑路之為人何如，更可了解乎。

本星期預定工作課目

1. 凱旋演習之日期。
2. 明年將領應讀書之指示。

十二月二十日　星期日　氣候：陰

雪恥：一、光復大陸設計工作的基本項目，第一為教育計畫與實施方法：甲、恢復中華民族精神與倫理觀念。乙、尊重個人獨立與自由的人格。丙、發揚人類天賦的理性，即良知良能。丁、實現三民主義，建設民有、民治、民享的中華民國。二、三民主義以（天理人情）發揚人性，而以民生為歷史的基礎，共產主義以發展獸性，而以物質為歷史的中心。三、今後光復大陸，惟有設計和實施三民主義的教育為救國建國惟一要務，惟有如此方能澈底消滅共產主義。

六時起床，朝課，記事，吊祭禮卿之喪，其遺容和愛如生為慰。上午禮拜，雷德福來訪。午課後修正對國代聯誼講稿，令儀[2]來訪。晡經兒來談美對起飛基地計畫，內心略慰。晚與雷德福談話，晚課。

1　泥黑路即尼赫魯（Jawaharlal Nehru）。
2　孔令儀，孔祥熙與宋靄齡長女，曾寄居蔣中正官邸，時寓居美國。

十二月二十一日　星期一　氣候：陰

雪恥：一、共匪由大放大鳴運動而至人民公社之突然發動，皆由共匪鑒於匈民反共暴動[1]之後果，乃不能不速謀其大陸民眾必將起而效尤之恐怖心理所造成的，此乃為人民公社重要之造因也。二、美國邀俄黑訪美與謀求冷戰之和緩，實由於俄共太空武器與科學之優勢，乃不得不對俄謀和以爭取時間也。

朝課後記事，十時到政工幹校主持戰地政務班開學典禮，致訓一小時餘畢，巡視該校設備與內容，大有進步與擴充為慰。午課後批閱公文，修正對設計會講稿要旨後，晚課。

十二月二十二日　星期二　氣候：晴

雪恥：一、俄因共匪人口威脅而起恐懼，乃發為俄共對中共之衝突的原因之傳說，據介民前次所說，此一宣傳是俄黑於三年前對西德艾德諾所談者，可知此一宣傳，乃為俄共對西方故作動聽，誤信之有計畫的謊言欺世也。

朝課後記事，十時對三軍情報會議致訓後，入府召見調職人員六人畢，與岳軍談吉田[2]來訪與國代近情。午課後，修正對光復設計會講詞稿，孝武來侍，其身體較佳矣。晚課，散步。

1　即 1956 年匈牙利革命。
2　吉田茂，日本東京人。1947 年 4 月至 1963 年 10 月為日本眾議院議員，期間 1948 年 10 月至 1954 年 12 月，出任日本第四十八至五十一任首相。

十二月二十三日　星期三　氣候：晴

雪恥：一、見余紹騏〔兆麒〕[1]。二、西昌與西康為武漢計畫中增加之根據地。

朝課後，修正對光復設計會講稿，並增加三民主義思想教育之設計應注意之一段，即對其他思想並存不悖一段，以免左派政客之挑踢〔剔〕矣。十時到會致詞。上午批核公文後，與妻遊覽陽明公園。午課後主持中央政策委會，三小時完，膳後散步。晚課，九時半寢。

十二月二十四日　星期四　氣候：陰

雪恥：一、中央人事：甲、中央社長。乙、新聞局長。丙、第四組長[2]。丁、第二組長之人選。二、發王家械譯稿費。

朝課後，手擬西昌、康定、西隆等地區空投方略，記事。入府召見調職人員五名，主持宣傳會談，聽取美國對共匪輿論龐雜混亂之情勢報告有益。午課後修正明日講稿後，散步遊覽庭園，入浴。晚課後宴雷德福，授其勳章。十時禮拜，聖誕夜十一時半寢。

十二月二十五日　星期五　氣候：晴

雪恥：一、四川敍永之根據地，仍應計畫建立。二、各省主持人之決定。

六時前一刻起床，為聖誕跪謝默禱上帝與基督之恩德後，乃先靜坐，以尚未拂曉也。體操、讀經等朝課如常畢，續修對國代聯誼會講稿。十一時入府召

1　余兆麒，廣東新會人。抗戰時任軍事委員會參議，後到香港，創辦中國聯合銀行並任董事長。
2　指中國國民黨中央委員會第四組主任。

見四員後，與雷德福談空投大陸與起爆方略，此時其政府能否協助相間，彼認為如有可能成功之計畫，並非不可能之意，並以為西藏或西藏附付地區或更易同意也。午課前後仍續修講稿第三次，作最後之決定。

十二月二十六日　星期六　氣候：陰晴

雪恥：昨十六時後到國代聯誼會發表講詞，約二十分時完，以專對毛匪垮臺及其共黨歷史與命定之必然一點，更使中外作有力之證明，以反影我反攻復國必成之理由，殊有必要。入浴後晚課，靜坐。二十時作家庭聖誕聚餐為樂，廿二時就寢。

本（廿六）日朝課後記事，入府會客，批示，主持軍事會談，聽取最近匪軍動態後予以指示，認為港尾之煙燉山無論攻守，乃為重要陣地，而以東引島為今日我軍惟一弱點，特加注意。午課後修正元旦文稿第一次完，晡車遊。膳後再與妻帶令儀車遊市區，晚課。

上星期反省錄

一、西方最高會議在巴黎開會之結果：甲、法國軍隊與防空系統仍不願其北約盟軍之統一指揮，此或引起美軍退出西歐之政策？乙、對俄高會之方針公報：子、截軍[1]與西柏林及德國統一問題不分先後次序，而側重於截軍為優先問題。丑、東、西高會定於四月二十六日。寅、俄黑[2]覆文只要求其改期，或在此期之前與後皆可。

1　即裁軍之意，下同。
2　俄黑即赫魯雪夫（Nikita Khrushchev）。

二、本周工作：甲、修正對國大聯誼會講稿。乙、手擬對光復設計會講稿
（三民主義思想教育之設計要旨）。丙、出席聯誼會與設計會。丁、主
持中央政策委員會。戊、研究武漢計畫，又有西昌與康定二地，為新選
之中心空投地點。

十二月二十七日　星期日　氣候：晴

雪恥：一、孫子之「道天地將法」者，是與智、信、仁、勇、嚴的本質相配
合也。

六時起床朝課後，修正元旦文告第二次稿。令儀今晨回港，上午禮拜後，
記事。午課後重修前第三次稿完，乃與妻至大溪視察大溪橋，正在拆卸重建
也，回後重核第四次稿，故今未沐浴。膳後散步，晚課，十時前寢。

十二月二十八日　星期一　氣候：晴

雪恥：本晚約宴吉田茂，至九時半辭出。余自認今日談話仍有過份之處，但
內心甚安。

朝課後續修前稿。十時入府接見吉田茂，彼先談其對中共與俄共拆離的概念，
與美、英、日合作對共政策約一小時後，余乃就中共內容與中、日關係加以
剖析，希望其能對美、英陳述其日本的意見，非解決大陸中共問題不能安定
東亞與世界和平的政策，獲得協力一致上要求同意，彼竟無條求的接受，相
談共計二小時半完畢。午課後，召見實踐第八期學員開始。

十二月二十九日　星期二　氣候：陰雨

雪恥：一、曹聖芬[1]派任第四組長。二、第二組長由副組長升任。[2]

朝課後續修元旦文告第五次稿。十時後入府，約見日議員愛知揆一[3]等四人，談一小時辭去後，召見實踐學員十五人畢，回記事。午課後批閱，召見學員十五人，回續審前稿未完，入浴，晚課。膳後因雨未散步，乃默禱後，九時就寢。

十二月三十日　星期三　氣候：晴

雪恥：一、軍職調任人選之核定。二、雙十計畫之督導。

朝課後續修前稿，增補另告大陸反共革命同胞的革命特種戰法附錄，認有必要。上午主持中央常會，對組訓僑生簡則批評過火為憾，回記事。午課後約見美參議員「開斯[4]」，自認為多言，應切戒。晡召見實踐學員完聚餐，指示荒漠甘泉內容，並分贈各員後回。晚課，修稿。

1　曹聖芬，字欽吉，湖南益陽人。1955 年回臺後，任《中華日報》社社長。1960 年 1 月，調任中國國民黨中央委員會第四組主任。

2　葉翔之，化名陸重光、葉光華，浙江餘杭人。1952 年 11 月出任中國國民黨中央委員會第二組副主任，1960 年 1 月升任第二組主任，並兼國防部情報局局長。

3　愛知揆一，日本政治家，初為參議員、後為眾議員。1957 年 7 月 10 日至 1958 年 6 月 12 日任內閣官房長官、1958 年 10 月 28 日至 1959 年 1 月 12 日任自治廳長官兼法務大臣。

4　開斯（Francis Case），美國共和黨人，1951 年 1 月至 1962 年 6 月為參議員（南達科塔州選出）。

十二月三十一日　星期四　氣候：陰　溫度：七十八

雪恥：今晚膳後散步回，晚課畢，跪禱感謝上帝，在此一年中平安進步過去了。昨夜九時後就寢，今晨五時起床盥洗，靜坐半小時後，天方拂曉，乃體操、唱歌、讀經，朝課完，即手擬告大陸反共革命全體同胞書初稿，十時半脫稿後，入府召見調職六員，批閱公文。午課後批核高級將領調職公文後，見雪艇[1] 報告其在美國觀察情勢後，錄音廣播後，又補修告書中只要能作有組織有計〔畫〕的行動一節，甚覺安妥，否則總感不甚完全耳。

1　王世杰，字雪艇，湖北崇陽人。曾任外交部部長，1948 年 3 月當選中央研究院院士。1950 年 3 月至 1953 年 11 月出任總統府秘書長。1958 年 7 月出任行政院政務委員。

上月反省錄

一、月杪吉田來訪，長談中、日外交共同方針，應以促成美、英諒解我光復大陸為中、日根本之圖，彼乃首肯，並允積極進行，未知其果能誠意促進否，但對中、日外交談後當有益也。

二、本月下旬三篇講詞，尤其元旦告大陸同胞書，自覺有力，必將發生效果，但費神費目不少耳。

三、介民十一日逝世，最為悲痛，實為吾黨不可補償之損失。

四、科學的學庸四篇，研究兩月至本月中完成，此為平生對民族精神與傳統哲學之重要貢獻，惟求其心之所安而已。

五、美國記者團由其國防部協助來訪遠東，其主要目的乃在使其美民眾能了解臺灣之重要性，與我國軍事之壯強對美國關係之密切也，已使美國對我之觀感與舊日左派親共之反動宣傳澈底改變，並力圖抵消其康隆學會承認中共之謬論也。此為美政府現階段之堅定政策所表現乎。

六、美情報局對我雙十計畫表示同意，並願協助實施。此乃本年度主要之期待，亦可說第一步之成效乎。

七、愛克訪印，對泥黑路[1]中立媚共畏共政策未能轉變，可說此行並未有所成就也。

八、巴黎四國高階會議，對俄會議方針與日期雖有所決定，但法、美關係並無改善，法對北約軍隊之統一指揮仍堅持反對，此已足為俄共利用而有餘矣。

1　泥黑路即尼赫魯（Jawaharlal Nehru）。

雜錄

蔣中正日記
Chiang Kai-shek Diaries

蔣中正日記
Chiang Kai-shek Diaries

全年反省錄

本年總反省錄之綱要

四十九年七月廿五日於角畈山

一、自我檢討：甲、八七大水災之結果，獲得了自助人助之功效。乙、陸軍前瞻計畫正在開始進行，海軍、空軍亦在開始換裝，尤其是空軍進步最大，政治與經濟、社會穩定，而黨務最無進步。丙、家庭更為親睦，個人修養與學術亦較往年多有進步，此乃為平生最樂之一事也。

二、反攻復國工作檢討：甲、反攻復國新方策與武漢計畫之擬訂，以及緬北江拉機場與陸上第一反攻基地之建立，又特種作戰部隊戰術之手草完成，是為十年來重大之成就也。惟海內外反動勢力與反對總統連任之策劃運動甚烈，但皆置之不理，則彼等亦莫奈何矣。

三、匪、俄關係檢討：甲、匪、俄矛盾益趨表面化，而以俄黑魔[1]十月一日訪匪之情形為其發展的中心。乙、毛酋[2]倒塌，彭德懷繼之，此為俄黑對毛酋實力整肅之事實。丙、西藏反共抗暴革命之發動。丁、匪與印度武力之接觸（衝突）。戊、人民公社制之更加暴烈，此乃其危機四伏與四面楚歌，自取滅亡之道路又近一步矣。

四、國際形勢：姑息妥協之氣氛為十年來最濃厚之一年，而以美、俄雙方

1　黑魔即赫魯雪夫（Nikita Khrushchev）。
2　毛酋即毛澤東。

領袖互訪之宣布為其惟一關鍵，以俄黑訪美時期為其頂點，其原因：
甲、由杜勒斯逝世。乙、愛克無知鮮能。丙、英國之促成其事。但今
後大戰危機亦即種因於此，可說是迫近戰禍之大躍進也。

五、中、美關係：自去年（四十七）年十月廿四日杜勒斯來華，中、美發
表共同宣言，以三民主義為光復中華之主旨，而不恃武力為依據的政策
聲明以後，一般反動分子乃以政府無意反攻大陸為藉口，攻訐政府，
大肆誣蔑，余始終不理置之，認為此一宣言，實為對內、對外最合時宜
之政策也。果爾，美國對華之政策至此始告確定，故其本年軍援大增，
經援亦較實在，可說中、美合作之基礎，端由此一共同宣言為之奠定
耳。將來如果美國對我復國真能援乎有成，惟一之關鍵當在此也，故特
誌之。

雜錄

二月十八日。阿里山（號召反共歌）。

掃平共產消浩劫，消滅朱毛除漢奸，報復親仇清血債，同靖國難救親難。

三月八日。吉田松蔭〔陰〕，士規七則，約為三端：

一、立志以為萬事之源（凡人為生，宜知人之所以異於禽獸……故人之所為人，忠孝為本）。

二、擇交以輔仁義之行（士道莫大於義，義因勇行，勇因義長）（士行以質質〔實〕不欺為要，以巧詐文過為恥，光明正大皆由是出）（死而後已四字，言簡而義賅，堅忍果決，確乎不可援者，舍是無德也）。

三、讀書以稽聖賢之訓。士苟有得於此，亦可以為成人矣（成德達材，師恩友益居多也，故君子慎交友）（人不通古今，不師聖賢，則鄙夫而已，讀書尚友，君子之事也）。

美軍指揮官狀況判斷之格式與程序。二、廿八。

一、使命（任務）。

二、狀況與行動考案：甲、作戰地區之特性。乙、有關戰鬥力量（敵友及我軍戰力）。丙、敵軍可能行動。丁、我軍行動考案。

三、敵我可能行動考案之分析。

四、我軍各種行動考案之比較。

五、決心：此階段指揮官，將行動方案變為決心，簡明敘述使用「何部隊」於「何時」、「何地」、「如何」與「為何」去實施此項決心，係由指揮官指示者也。

三月十二日。美軍統御中，對於其部隊優劣成敗之測知的四大徵候：

一、士氣。二、軍紀。三、團隊精神（團結）。四、效率。

五月三十日。歐美名將對作戰要領與原則：

一、毛奇以分進合擊形成局部優勢為要訣。

二、史利芬以迂迴作戰，用一部作正面拘束。

三、福煦提倡猛攻主義之學理，但其在第一次大戰中之實施作戰時，則形成先防而後攻的經驗。

四、馬漢戰爭原則：甲、基地位置（安全）。乙、中央位置。丙、集中（攻勢）。丁、交通補給線（安全）。

五、福煦四大原則：甲、節約兵力。乙、行動自由。丙、自由處置。丁、安全。

六、約米尼六大原則：甲、集中。乙、預備隊。丙、協同。丁、奇襲。戊、攻勢。己、追擊。

七、俄共所謂「實力基礎」：甲、力量。乙、機會。丙、趨勢。

八、俄共的運動與主動之原理：甲、機動。乙、彈性。丙、速度。

九、俄之作戰藝術：甲、作戰計畫與組織。乙、各種不同作戰形式的研究。丙、作戰指導。丁、後方組織和行動（此後方或指敵後？）。戊、敵情研究。

國軍反攻大陸要領：

一、造成局部優勢。

二、機動。

三、奇襲。

四、敵後活動為主。

五、殲滅敵人（以寡擊眾，以弱敵強）。

六、消耗戰與殲滅戰互用。

七、消耗戰意義：甲、破壞其經濟、交通、通信、運輸、倉庫等與軍事的設備。乙、打擊民心士氣，動搖匪幹意志。

六月五日。

一、國際外交與冷戰之拖延時間的趨勢如何。

二、極權共匪必須向外發展，否則無法持久之說。

三、星加坡共黨之勝利與寮國共亂之形勢。

四、太平洋（禁止）非原子區提倡之陰謀。

五、星加坡選舉人民行動黨組織政府，乃為俄共對亞洲赤化發展第二個陰謀
　　重大之成就也。

六月六日。特種部隊對匪軍策反之對象，民兵第一，公安師第二，正規師第
三之程序。

六、十三日。揭宣子[1]：「勢之維繫處為機，事之變化處為機，物之緊切處為
機，時之湊合處為機。」如各個擊破的機，就存在時間的作用上。人之意志
能在機上發生一種作用變成行為，就是對機的運用，如知機、握機、乘機、
造機是也。

七、二八日。孟子「必有事焉而勿正」的「正」字，應作強制解為正確，以
前所作主觀或固執與執一之解釋，皆應作廢。又應注此「勿正」之「正」字，
應作為「矯枉過正」的「過正」之意，更易了解也。

1　揭暄（1613-1695），字子宣，號韋綸、緯紛，別名半齋。明末清初知名軍事理論家，
　　著有《揭子兵法》、《揭子戰書》和《兵法紀略》等書。

此頁為四十六年日記雜錄中所移來者

孟子曰：智者無不知也，當務之為急。仁者無不愛也，急親賢之為務。堯舜之知而不偏物，急先務也。堯舜之仁而不偏愛人，急親賢也（三月十八日）。

反攻戰爭幹部必具之性能：

一、警覺。

二、研究與觀察之深入。

三、工作澈底。

四、篤行實踐。

五、科學精神。

六、哲學修養：子、靈感。丑、領悟（了解）。寅、彈性（應變）。卯、握機。辰、制宜（適合實際情況）。己〔巳〕、制機（中節）。午、志氣。未、器識。申、膽力。酉、判斷力。戌、決心。亥、毅力。兵學格言：（一）為使戰鬥者對其不預期所發生之新事實，毅然不斷之鬥爭計，必須具備二種性能：甲、處在黑暗之中，仍能不失其光明前途之信心，而明瞭其真相何在之智力。乙、為藉此一線光明之信心，而加強其前進之勇氣，前者為慧眼，能察破事態真相之智力，後者即決心，乃融合智力與勇氣之所生也。

七、議事者，身在事外，宜悉利害之情。任事者，身居事中，當忘利害之慮。

八、勝敗為人生之常事，今日之失敗未始非來日勝利之朕兆，則何不多為故意失敗以求勝利？如果這樣說法，實在過於危險，這種心理非把澈底袪除不可，但無意的失敗之能助成將來的勝利，則依然為不易的定義（勝利生活三月十日章）。

九、史大林說：「有時必須故意放棄戰術上的成功，甚至不惜故意使用錯誤戰術，蒙受無益的損害，以來求得將來戰略上的利益，在戰爭中常有因為想保持實力，而不惜作有計畫的退卻，而且不惜自動放棄很多土地，以來換取時間和集中必要兵力，用供未來決戰之用」，此乃戰爭勝敗，因有戰術與戰略關係，故不能與前第八項人生的精神生活勝負之道並論耳，以（前者生活）乃是自然的（純為道德），而戰爭乃是謀略也。

八、一〇。福煦以人之活動力所產生部分（程序）為冷靜、為思惟、為程序、為推理、為判斷、為實際運用即實行，此即大學中所謂：「定、靜、安、慮、得」之道也。

軍事科學理論與進行的條目，理論、精神、研究、指揮、裝備、補給、地形與優勢之兵力作為。

戰爭不能以科學與數學的因素而決勝，必須能運用其精神力與物質力而獲得最後之戰勝也。

人之能力是多方面的，在何方面加以訓練使之發展，方得成為有活動力之人物，乃是一個教育上重大問題。

九、一七。美北極星（固體）飛彈一八〇〇浬射程（潛水發射），目前戰略空軍 B 五十八型（非超音速）將有四十七型替代（獵犬）？ B 五十二型將有七十型替代。

十月四日。陸參高班課目：甲、史地。乙、科學。丙、外語。丁、地形。

又錄最近賦詩如后：

一、追憶卅八年離京告別總理陵寢情景：「鍾山陵上欲腸斷，回顧蒼生倍切愁。倒戈白逆乘風舞，搖尾紅人逐浪流。」

二、同年休養雪竇山：「雪竇山中皆自得，妙高臺外獨幽遊。靜觀明月松間照，閒聽清泉石上流。」

三、當年離家告別慈庵情景：「赤燄漫天歸故里，思親報國一生慚。京呼奔陷滬呼急，何日凱旋守墓庵。」

四、回憶十三歲詠竹詩：「一望山多竹，能生夏日寒。」「窗前千竿笑，天下萬民歡。」（其後二句為最近所續者）

十月十二日。「馬下兒[1]」一九四八即民國卅七年二月間，向美國參、眾二院外交會的行政會議中，宣讀其聲明書中有「不得不承認美國不斷傾注的大量援助，無法搶救中國的經濟危機」之語，應加查明。

十月廿四日。手錄民十四年二月東征，在廣九路常平車站口占一絕如左：「親率三千子弟兵，鷗鴞未靖此東征。孤忠革命成孤憤，揮劍長空涕淚橫。」又錄二十三歲在東京留學時，寄單維則表兄一絕如左：「騰騰殺氣滿全球，力不如人（且肯休）心不休。」「光我神洲完我責」擬改為「還我河山雪國恥」，「東來志豈在封侯」。

1　馬下兒即馬歇爾（George C. Marshall）。

姓名錄

施裕壽[1]　總務　林品石[2]　秘書　國大代會秘處

唐　毅　徐中齊　羅才榮[3]　陳開泗[4]

吳嵩慶　施邦瑞　張志雷[5]

余兆騏〔麒〕

傅啟學[6]

吳俊升[7]

楊希震

鄭錫霖[8]　閩　政校　卅四才　廷黻之秘書

1　施裕壽，江蘇吳縣人。曾任中國國民黨京滬杭鐵路黨部主任委員、上海市政府參事、
　　國民大會秘書處副秘書長。時任國民大會秘書處處長。
2　林品石，浙江樂清人。歷任中國國民黨中央組織部秘書、國防最高委員會黨政考核組組
　　長、軍事委員會秘書。後當選憲政實施委員會常務委員、時任國民大會秘書處秘書。
3　羅才榮，號言侃，四川瀘縣人。1952年3月任中國國民黨改造委員會第二組副主任，
　　11月調任中央委員會第一組副主任。1962年12月任設計考核委員會副主任委員。
4　陳開泗，號紹謙，四川巴中人。1953年5月任立法院副秘書長，1954年9月至1961
　　年4月任立法院秘書長。
5　張志雷，浙江杭州人。1957年7月任國防部聯絡局副局長，1959年4月調任聯勤總司
　　令部外事服務處處長。
6　傅啟學，字述之，貴州貴陽人。曾任貴州省政府委員、教育廳廳長。1950年2月任臺灣
　　大學政治學系教授兼訓導長，1955年後專任教授。1958年1月任國父遺教研究會總
　　幹事。
7　吳俊升，號士選，江蘇如皐人。歷任北京大學教育系教授兼系主任、安徽省教育廳主
　　任秘書、國民政府教育部高等教育司司長、中央大學教育學院教授、教育部次長等職。
　　1960年出任新亞書院副校長。1965年接替錢穆出任新亞書院院長。
8　鄭錫霖，福建閩侯人。1957年1月，任駐聯合國代表團參事處一等秘書，主管安理會
　　事務。1959年12月升任專門委員，1962年2月兼任新聞官。

周士瀛　王公堂[1]　曾祥廷[2]　李　文[3]

陳開椿[4]（後勤）　以上胡宗南保

王宇斌[5]　廿四榴砲營長

羅　張[6]　陸戰師參長

洪　潮[7]　預六師副參　浙淳安　校十四

鄒　凱　鳳城　校十　金幼鎔[8]　滇　校十　言百謙[9]　新昌　校十六

鄭崇城[10]　陸參校教育長

馮啟聰　擬調副總長或次長

程福培[11]　江西　登陸艇隊長

陳步墀[12]　泰興　登陸運輸車營　校十八　美兩棲班

鍾械祥[13]　四川　十九師參長　卅九才　四平戰傷　校十四

閻國棟　山西　步校總教官　原傘兵總隊　後留美

1　王公堂，字鳳來，山東高密人。1953 年 5 月入國防大學聯合作戰系受訓，1954 年 7 月任第二軍第五十七師師長。1955 年 1 月調任國防大學校教官。1960 年 3 月調任第二十六師師長。

2　曾祥廷，號濟中，福建平和人。1954 年 7 月任總統府高級參謀，1955 年 3 月調任第七軍副軍長。1957 年 6 月調任第十軍副軍長，後調國防大學學員，再任第八軍副軍長。1960 年調任國防研究院戰略研究委員。

3　李文，字質吾，號作彬，湖南新化人。1948 年 12 月任第四兵團司令官兼華北剿總副司令，1949 年 9 月，調任西安綏靖公署副主任兼第五兵團司令官。年底在成都被俘。1950 年 3 月逃離歌樂山監獄，4 月到香港，1951 年去臺灣。1954 年 4 月任國防部高級參謀。

4　陳開椿，曾任漢中補給區司令、第一總監部總監，1951 年 3 月 17 日調任江浙反共救國軍總指揮部第四處處長。

5　王宇斌，1959 年 1 月調任重砲（240 榴彈砲）營營長。

6　羅張，字建宇，江西新建人。時任海軍陸戰隊第一師參謀長。

7　洪潮，浙江淳安人。時任預備第六師副參謀長。

8　金幼鎔，號大成，雲南墨江人。時為陸軍總司令部附員，美國陸軍指揮參謀大學正規班五十七班。1957 年 9 月任金門防衛司令部第四處處長，1960 年 2 月調任陸軍總司令部第五署副署長。

9　言百謙，號諍，浙江新昌人。時任預備第七師砲兵指揮官。

10　鄭崇城，號百成，察哈爾赤城人。曾任陸軍總司令部第五署副署長，時任陸軍指揮參謀學校教育處處長。1962 年 11 月調任第三軍參謀長。

11　程福培，江西武寧人。時任登陸艦隊長，後接任太湖艦艦長兼第十二戰隊長。

12　陳步墀，時任海軍陸戰隊登陸運輸車營營長。

13　鍾械祥，四川資中人。曾任第十八軍第一一八師第二九七團團長。時任第十九師參謀長。

張德溥[1]　飛彈營長　副　周應霖[2]　南海　校十八　留美砲

張昭德[3]　8 寸榴　607 營副　山東　砲校　王浩禎〔幀〕[4]　南安　校十九

馮倫意　卅六才　立煌縣　校十五　陸大參二

鄭崇城　四三才　察省　校十一　美砲校　　參校

黎天鐸[5]　四三才　江西　校十　陸大十八

葉夷冲[6]

黃　烈[7]

簡　立　兵工署長

吳漢祺　科學儲班教官

于振宇　可任侍從　先用於二局

張德溥　飛彈營長

狄王芳[8]　兵棋室主任

門　肅[9]　張式琦[10]　皆在警備部　現入防大？

黃幼勉[11]

1　張德溥，號偉民，浙江吳興人。原任陸軍指揮參謀學校參謀組教官，1958 年 10 月，任陸軍飛彈第一營營長，負責籌備勝利女神飛彈營。
2　周應霖，廣東南海人。西南聯合大學畢業，在第五戰區司令部任少校秘書。襄陽失守後，回中央軍官軍校成都分校第十八期入學。時任飛彈第一營副營長。
3　張昭德，山東人。時任砲兵第六〇七營副營長。
4　王浩幀，字劍峰，福建南安人。
5　黎天鐸，江西武寧人。原任海軍總司令部第三署副署長，1953 年 4 月調任海軍陸戰隊警衛總隊總隊長。1956 年 9 月調任陸軍軍官基本訓練中心教育長。後任陸軍軍官學校學生第一總隊總隊長、陸軍指揮參謀學校班本部主任。
6　葉夷冲，浙江杭縣人。1958 年 8 月任參謀總部計劃參謀次長室助理次長，1960 年 2 月調任預備第二師師長。
7　黃烈，號節清，浙江諸暨人。1958 年 2 月任陸軍總司令部作戰計畫委員會委員，1959 年 8 月調任國防部入學高參，1960 年 5 月調任實踐學社教官。
8　狄王芳，江蘇溧陽人。時任國防部作戰次長室助理次長。
9　門肅，號迺森，河北天津人。1955 年 11 月任臺灣省保安司令部副參謀長，1958 年 5 月改任臺灣警備總司令部副參謀長。
10　張式琦，又名志新，湖南湘潭人。1958 年 5 月任臺灣警備總司令部警備處處長。
11　黃幼勉，號致松，湖北漢川人。1953 年任陸軍砲兵學校教育長，1955 年 6 月調任高雄要塞司令部副司令，1957 年 5 月任高雄要塞總隊總隊長。

聯參八期考績序列

　　　　　方立人 [1]　蔣開國 [2]　張式琦　馬安瀾 [3]

　　　　　羅文浩 [4]　張光智 [5]　時光琳 [6]

　　　　　劉修政 [7]　賈尚誼 [8]　李光謙 [9]　柳元驊 [10]

　　　　　劉重衡 [11]　卓　異 [12]　鄭寶華 [13]　林仲連 [14]

　　　　　應鞏華 [15]

1　方立人，號力仁，安徽桐城人。1958 年 8 月任國防部人事參謀次長室第四處處長，1959
　　年 3 月入三軍聯合參謀大學第八期深造，1960 年 1 月調任第九師第十五團副團長代團長。
2　蔣開國，浙江象山人。1955 年 5 月任陸軍指揮參謀學校教官。1959 年 3 月入三軍聯合
　　參謀大學第八期深造，1963 年 3 月任第十師參謀長。
3　馬安瀾，原名青海，遼寧遼中人。1956 年 6 月任第十師師長，1959 年 3 月入三軍聯合
　　參謀大學第八期深造，1960 年升任第二軍軍長。
4　羅文浩，湖北黃陂人。1957 年 2 月任預備第七師師長。1959 年 3 月調任臺北師管區司
　　令部司令兼北部地區警備司令部司令。
5　張光智，號廣智，湖北黃陂人。1957 年 7 月調任第二軍副軍長，1959 年 3 月入三軍聯
　　合參謀大學第八期深造，1960 年 2 月調升第三軍軍長。
6　時光琳，河北滄縣人。1956 年 4 月任空軍第二聯隊聯隊長，1959 年 3 月入三軍聯合參
　　謀大學第八期深造，1960 年 3 月調任空軍第三聯隊聯隊長。
7　劉修政，曾名佛照，號岳翰，湖南岳陽人。1956 年 3 月，入美國指揮參謀大學受訓一年。
　　1957 年任第六十八師副師長。1959 年，任國防部作戰處處長。1960 年 10 月，任陸軍
　　訓練部砲兵指揮官。
8　賈尚誼，時任海軍陸戰隊士官學校校長。1959 年 3 月入三軍聯合參謀大學第八期深造。
9　李光謙，湖北黃安人。1955 年 11 月任陸軍指揮參謀學校教官，時任第一軍砲兵指揮官。
　　1959 年 3 月入三軍聯合參謀大學第八期深造。
10　柳元驊，字運劃，浙江慈谿人。1959 年 3 月入三軍聯合參謀大學第八期深造。
11　劉重衡，湖北漢陽人。1959 年 3 月入三軍聯合參謀大學第八期深造。
12　卓異，號一之，四川仁壽人。1955 年 1 月任第五十一師第一五一團團長，1959 年 3
　　月入三軍聯合參謀大學第八期深造，1960 年 1 月調任第九十二師副師長，11 月調任
　　特種作戰第三總隊總隊長。
13　鄭寶華，河北遵化人。1957 年 2 月任陸軍供應司令部副參謀長，1959 年 3 月入三軍
　　聯合參謀大學第八期深造，1963 年 2 月調任陸軍第三十二港口司令部左高兩港守備
　　區指揮部副指揮官。
14　林仲連，又名宗濂，浙江平陽人。1959 年 3 月入三軍聯合參謀大學第八期深造，
　　1963 年 2 月任第四十一師參謀長。
15　應鞏華，號固安，浙江蘭谿人。1955 年 7 月任預備第三師師長，1957 年 4 月調任預備
　　第一師師長。1959 年 3 月入三軍聯合參謀大學第八期深造。

　　韓　斌　羅文浩　王愛華[1]

　　劉修政　卓　異　韓元輝[2]

軍　馬安瀾　張光智　應鞏華

朱其俊[3]　三十四師副

汪起敬[4]　九十二師副　石碑〔牌〕候訓

張錦琨〔錕〕[5]

鄒　凱

李壽沅　　　　　　預九師團長

藍其鑄　　　　　　廿六師團長

趙濟世　　　　　　卅四師團長

楊培湘[6]　四三才　牟平　裝甲 2D 砲指揮　仝左

黃光洛[7]　卅九才　林森　陸戰隊 1D 砲團長　十月調任

1　王愛華，號扶耕，遼寧黑山人。1957 年 4 月任第四十一師副師長，1961 年 11 月調任第
　　九十三師師長。
2　韓元輝，河南光山人。時任第九師副師長。
3　朱其俊，時任第三十四師副師長，9 月調升預備第八師師長。
4　汪起敬，字性謙，江西樂平人。1956 年任預備第三師參謀長，時任第九十二師副師長。
5　張錦錕，號養韜，原名千，四川永川人。1958 年 9 月任第五十八師師長。1961 年 5 月
　　調任第九十二師師長。
6　楊培湘，時任裝甲兵第二師砲兵副指揮官。
7　黃光洛，福建林森人。時任海軍陸戰隊學校教育長，10 月調任海軍陸戰隊第一師砲兵
　　團團長。1968 年 3 月出任海軍陸戰隊第一師師長。

王廣法[1]　九軍參長　察省

皮宗敢

葉夷冲

朱嘉賓[2]

汪奉曾

吳文芝

劉景揚

胡獻羣

龔　愚

軍長候補

　　馬滌心[3]　雷開瑄[4]　馬安瀾　郝柏村[5]

　　張立夫[6]　胡　炘　　　田樹樟

　　張兆驄

　　鄒　凱　張錦琨〔錕〕

1　王廣法，字立言，察哈爾陽原人。1958 年 10 月任國防部作戰次長室助理次長，1959 年
　　10 月調任國防部人事次長室助理次長，1960 年 1 月調任第十九師師長，駐防烈嶼，後
　　任第九軍參謀長。
2　朱嘉賓，號柯坪，遼寧海城人。1955 年 9 月調任第一軍團參謀長。後任陸軍總司令部
　　陸軍作戰計畫委員會委員，1958 年 2 月免職。1961 年 7 月調任國防部計畫參謀次長室
　　助理參謀次長。
3　馬滌心，安徽盱眙人。1957 年 3 月任第十軍副軍長。1958 年 8 月任金門防衛司令部代
　　理參謀長，後任灘頭指揮部指揮官。1959 年 7 月調任第九軍軍長。1962 年 1 月調任第
　　二軍團副司令。
4　雷開瑄，四川閬中人。1954 年 7 月，調任第十軍第九十三師師長。1958 年 6 月，調任
　　第八軍增設副軍長，次年升任副軍長。1963 年 6 月，調任金門防衛司令部副司令官。
5　郝柏村，字伯春，江蘇鹽城人。1956 年 6 月任第八軍六八八砲兵指揮部指揮官，1958
　　年，升任第九師師長兼戰地指揮官，戍守小金門（烈嶼），八二三砲戰期間有功，獲頒
　　雲麾勳章。1962 年 4 月調升第三軍副軍長。
6　張立夫，浙江嵊縣人。1957 年 9 月任陸軍步兵學校校長，1962 年 12 月調任第九軍軍
　　長兼東引守備區指揮部指揮官。

何振起[1]　葉夷冲　王廣法

劉鐵軍〔君〕　預備師　馬武奎　夏亦穆

車慶德[2]　六十八師長　傅伊仁[3]　言百謙

田樹樟　十七師　李自寬　八十四師長

汪英華[4]　八十一師？　鍾械祥　張兆驄　德清　十三期

韓　斌　41D？　李虎臣〔辰〕[5]

張鍾秀[6]　預備師或 81D？　陳桂華　三十二師

楊又曾[7]　27D？　六十二師長

文立徽　馬武奎　劉鐵軍〔君〕　李虎臣〔辰〕　實社教官

1　何振起，號範之，湖南長沙人。1955 年 7 月任第四十六師增設副師長，時任實踐學社
　　教官。
2　車慶德，號積之，河北安新人。曾任國防部第三廳第六組組長、第十九師副師長，
　　1959 年 7 月調任第六十八師師長，1962 年 4 月調任第十軍副軍長。
3　傅伊仁，號擧楚，湖南湘鄉人。1955 年 9 月任總統府侍從參謀，後回任第八十一師副
　　師長。時任預備第五師師長。1960 年 2 月調任第四十九師師長。
4　汪英華，號鍔生、蓴蓀，湖北武昌人。1955 年 5 月任第三十四師副師長，時任預備第
　　七師師長，1961 年 9 月調任陸軍軍官學校副校長。
5　李虎辰，山東泰安人。原任第三十二師第九十六團團長，1955 年 5 月升任第三十二師
　　參謀長。
6　張鍾秀，熱河建平人。原任實踐學社教官，1959 年 11 月調任陸軍砲兵學校副校長。
7　楊又曾，號化儒，河北柏鄉人。1957 年 4 月任預備第三師師長，1962 年 11 月調任第八
　　軍副軍長。

蔣中正日記
Chiang Kai-shek Diaries

索引

蔣中正日記
Chiang Kai-shek Diaries

索引

Chalermkiat Vatthanangkun（差林傑）	158
Chavez, Dennis（蔡維斯）	248, 250
Chervonenko, Stepan（查伏寧可）	258
Church, Marguerite S.（邱吉夫人）	257
Churchill, Winston（邱吉爾）	121, 136
Cline, Ray S.（克來因）	84, 95, 96, 240, 241, 297
Clinton, Gordon S.（克靈登）	269
Cooke, Charles M., Jr.（柯克）	75-77

D

de Gaulle, Charles（戴高樂）	20, 36, 173, 252, 253, 298
De Marco, Roland R.（狄馬可）	85
Dean, Fred M.（狄恩）	242, 296, 297
Dillon, Clarence D.（狄倫）	248, 250, 253, 259, 282
Draper, William H., Jr.（杜瑞德）	49, 50, 62
Drumright, Everett（莊萊德）	19, 82-84, 96, 97, 171, 181, 182, 191, 201, 205, 222, 225, 234, 241
du Cann, Edward（杜康）	205
Dulles, John F.（杜勒斯）	22, 34, 36, 46, 49, 52, 53, 56, 62, 101, 103, 130-132, 134, 136, 172, 190, 194, 310

Durschmied, Erik（杜時美）	192

E

Eisenhower, Dwight D.（艾森豪）	22, 24, 32, 36, 57, 73, 78, 121, 123, 173, 191, 193, 194, 201, 208, 216, 221, 222, 225, 232, 233, 252, 258, 259, 282, 294, 299, 306, 310

F

Felt, Harry D.（費爾德）	55, 57, 112, 238
Fletcher-Cooke, Charles（傅來區）	217
Foch, Ferdinand（福煦）	5, 80, 101-103, 112, 183, 189-192, 194, 201, 204, 205, 312, 315
Fong, Hiram Leong（鄺友良）	182, 247
Friedrich II（腓特烈二世）	5

G

Gaitskell, Hugh（蓋茨克爾）	216
Gale, Richard（蓋爾）	224
Gannon, J. W.（甘農）	182
García, Carlos Polístico（賈西亞）	279
Gromyko, Andrei A.（葛羅米柯）	172
Gruening, Ernest（關隆）	273
Gurdian Rojas, Max（古第恩）	148, 149

蔣中正日記 (1959)
Chiang Kai-shek Diaries, 1959

著　　　者：蔣中正
授權出版：國史館館長 陳儀深
統籌策劃：源流成文化
總 編 輯：呂芳上 源流成
責任編輯：高純淑 張傳欣 蔣緒慧
封面設計：溫心忻 源流成
排　　版：蔣緒慧

出 版 者：民國歷史文化學社 有限公司
　　　　　臺北市大安區羅斯福路三段 37 號 7 樓之 1
　　　　　TEL：+886-2-2369-6912

國史館
Academia Historica
臺北市中正區長沙街一段 2 號
TEL：+886-2-2316-1000

贊助出版：蔣經國國際學術交流基金會
Chiang Ching-kuo Foundation for International Scholarly Exchange

世界大同 文創股份有限公司
AGCMT CREATION CORP.

總 發 行：源流成文化股份有限公司
　　　　　臺北市大安區羅斯福路三段 37 號 7 樓之 1
　　　　　TEL：+886-2-2369-6912
　　　　　FAX：+886-2-2369-6990

初版一刷：2024 年 4 月 5 日
定　　價：新臺幣 850 元

ISBN：978-626-7370-67-4（精裝）
　　　978-626-7370-69-8（1955-1960 套書）

Republic of China History and Culture Society
http://www.rchcs.com.tw

蔣中正日記 (1959) = Chiang Kai-shek diaries,
1959 / 蔣中正著 . -- 初版 . -- 臺北市 : 民國歷史
文化學社有限公司 , 國史館 , 2024.04
　　面；　公分
ISBN 978-626-7370-67-4(精裝)

1.CST: 蔣中正 2.CST: 傳記

005.32　　　　　　　　　113002452